TAGE DER HEILUNG
TAGE DER FREUDE

HAZELDEN MEDITATIONSBÜCHER

Tage der Heilung
Tage der Freude

Earnie Larsen
Carol Larsen Hegarty

Illustriert
von David Spohn

WILHELM HEYNE VERLAG
MÜNCHEN

Titel der amerikanischen Originalausgabe
DAYS OF HEALING — DAYS OF JOY

Ins Deutsche übertragen von Gabriel Stein

2. Auflage

Die Originalausgabe erschien
im Verlag Hazelden Foundation, Minnesota, USA

Umschlaggestaltung: Atelier Ingrid Schütz, München
unter Verwendung einer Illustration von David Spohn
Satz: Schaber, Wels
Druck und Bindung: RMO-Druck, München
Printed in Germany

ISBN 3-453-04376-6

Wir widmen dieses Buch Katie und Steve und Bill: den kostbaren Weggefährten, die mit uns durchs Leben wandern, uns Kraft schenken — und die wir von ganzem Herzen lieben.

EARNIE LARSEN CAROL LARSEN HEGARTY

Zur Einführung

Die Gedanken, die in den folgenden kurzen Texten zum Ausdruck kommen, wollen eine Hilfe sein bei der Suche nach Gelassenheit und geistigem Frieden. Angesprochen werden besonders jene Menschen, die — aufgrund unterschiedlichster Probleme — in ihrer Kindheit Leid erfahren mußten und nun als Erwachsene mit den Schatten jener Zeit konfrontiert sind; die mit dem alltäglichen Leben nicht mehr zurechtkommen und daher spüren, daß es wichtig ist, ihr bisher vernachlässigtes Kind im Innern wiederzufinden. Denn diese Beschäftigung mit dem eigenen Wesen ist unabdingbar für persönliches Glück.

Indem hier die gewohnten Standpunkte in Frage gestellt, neue Einsichten eröffnet werden und gerade die unscheinbare, aber beständige Bemühung Zuspruch erfährt, unternehmen wir den Versuch, jenes unzerstörbare Gefühl der Hoffnung und Hilfsbereitschaft zu vermitteln, das die Zwölf Schritte unseres Programms kennzeichnet. Dazu, und zu nichts weniger, sind wir verpflichtet als selbst dankbare Empfänger der Weisheit dieser Zwölf Schritte.

Der Prozeß der Selbstfindung erfordert hohen Einsatz. Und weil ein beträchtliches Maß an innerer Bereitschaft nötig ist für diese große Reise, wurde eine freimütige, manchmal ganz unverhüllte Sprache gewählt, um die hier thematisierten Vorstellungen zu vergegenwärtigen. Jene Leser, die zum angeschlagenen Ton oder zum Inhalt einiger dieser Meditationen keine Beziehung finden, können gerne einfach das für sich aussuchen, was ihnen nützlich ist, und das andere auslassen.

Zwar ist es nicht möglich, die Vergangenheit ungeschehen zu machen oder neu zu schreiben, aber wir sind imstande, die wesentlichen Elemente unserer eigenen Wirklichkeit noch einmal zu überdenken. Wenn wir uns ernsthaft bemühen, über die richtige Orientierung und Beistand verfügen, können wir diese Elemente untereinander austauschen, manche verwerfen und manche, noch unbekannte, dazufügen. Die Art und Weise, nach der die Dinge bisher abliefen, muß nicht die immer gültige sein.

Solange wir leben, besitzen wir die Kraft, den kostbaren Edelstein unseres Innern glänzen zu lassen, anders zu schleifen — und einzusetzen in eine völlig neue Fassung.

Januar

1. Januar

Du wirst geliebt. Was sonst wäre wichtig?
Edna St. Vincent Millay

Die entscheidende Aufgabe im Prozeß der Selbstfindung besteht darin, die obersten Ziele genau zu bestimmen und sie auch beizubehalten. Wenn der Weg zu uns selbst manchmal beschwerlich wird, bemerken wir, daß die Reihenfolge dieser Ziele durcheinander geraten ist. Es kann dann sein, daß wir übertreiben in unserem Bemühen, das Spielen wieder zu erlernen, unsere Übungen zu machen, ein meditatives Leben zu entwickeln oder einige materielle Dinge zu erwerben, die wir bisher vielleicht viele Jahre lang entbehren mußten.

So lohnend all diese Unternehmungen sein mögen — sie sind letztlich dazu da, uns zu helfen, daß wir mehr Liebe geben und empfangen können. Wenn wir wirklich geliebt werden und fähig sind, in unseren Beziehungen liebend zu handeln — was könnte uns dann noch ernsthaft beeinträchtigen? Gibt es jenseits dieser Liebe überhaupt etwas anderes, das zählt? Auch wenn wir niemals alle Dinge besitzen, von denen wir einmal annahmen, daß sie uns gerechterweise zustünden; auch wenn wir nie imstande sind, wieder so zu spielen, wie es nach unserer Auffassung sein sollte; auch wenn wir niemals all das wissen, was wir wissen müßten: Sobald wir die Liebe, die uns umgibt, freudig zu bejahen und zu teilen vermögen, haben wir den Schlüssel gefunden zu einem lebenswerten Dasein.

Das, was ich als wichtig erachte, ist veränderlich. Meine Bedürfnisse verringern sich, sobald ich erkenne, daß ich das Notwendige schon besitze.

Demütig sein heißt, daß man sich selbst richtig einschätzen kann. Charles Haddon Spurgeon

Was ist notwendig, daß wir in der Lage sind, Stolz einzutauschen gegen Demut? Zuallererst müssen wir die lächerliche Farce beenden, wir seien nichts wert. Der Satz: »Ich tauge nichts« ist oft ausgesprochen worden im Namen der Demut. Aber diese Worte — oder solche, die das gleiche Empfinden ausdrücken — verraten nur Nachgiebigkeit gegenüber einem selbst: sie sind Ausweichmanöver.

Der eigentliche Inhalt der Demut wird vom »Gebet der Gelassenheit« zusammengefaßt: Schenk mir, Gott, die Fähigkeit, jene Dinge anzunehmen, die ich nicht ändern kann, den Mut, das zu ändern, was in meiner Macht steht, und die Weisheit, den Unterschied zwischen beidem zu erkennen.

Demut ist Wahrheit. Demütig sein heißt: die eigenen Grenzen wirklich kennen, herausfinden, was veränderbar ist, und verstehen, daß alle guten Dinge möglich sind mit Hilfe unserer Höheren Macht.

Übermäßiger Stolz verhindert diese Bereitschaft zur Einsicht, weil er die Wahrheit verhindert, und diese besteht eben darin, daß einige Dinge unveränderlich sind. Wenn wir diese Tatsache verschleiern, erleben wir viele Enttäuschungen und eine Menge Ärger — jedenfalls nicht die tiefe Demut.

Heute bitte ich Gott demütig um die Einsicht, das, was ist, als gegeben zu nehmen, und das, was nicht ist, loszulassen.

3. Januar

Wenn man nur redet, wird der Reis nicht gekocht.
Chinesisches Sprichwort

Manche von uns sind ganz verrückt nach Selbsthilfe-Büchern, nach Cassetten, die sie in die rechte Stimmung versetzen, und nach Seminaren, die der inneren Erweiterung dienen sollen. Wir sind bereit, alles zu kaufen, überall uns anzumelden, egal, zu welchem Preis, wenn die Sache nur bahnbrechende neue Einsichten verspricht oder eine narrensichere Methode. Wir wollen uns Erleichterung verschaffen innerhalb eines einzigen Tages und Erlösung finden an einem Wochenende. Und wir wollen, daß der Fachmann, der gerade en vogue ist, das Ganze für uns einrichtet.

Natürlich ist es nicht verkehrt, Wunschgedanken nachzuhängen. Aber wenn wir uns selbst etwas vormachen und dementsprechend unser Leben gestalten, ist einiges schiefgegangen. Wir sollten einmal darüber nachdenken: Wenn wahrer Fortschritt käuflich wäre, müßten wir nicht meditieren; wenn die innere Umwandlung dadurch geschehen würde, daß wir neue Ideen nur sammeln müßten, so wären wir schon längst andere geworden. Es stimmt: Suchen ist etwas Großartiges. Und es ist unabdingbar für unser inneres Wachstum, daß wir uns umsehen nach den Möglichkeiten des Wissens und der Erleuchtung. Aber Veränderung kommt durch das Tun. Alle Programme und Anleitungen zur Steigerung des eigenen Wohlbefindens bewirken gar nichts, solange wir nicht die Grundsätze durch tägliche Übung lebendig werden lassen. Selbst gut klingende Wörter sind nur Wörter.

Heute will ich das beste Konzept auswählen und es auch in die Tat umsetzen. Heute will ich weniger reden und mehr tun.

Ohne Arbeit wird das ganze Leben schlecht.
Albert Camus

Die meisten betrachten ihre Arbeit nicht als Gewinn. Diese Haltung ist oft bedingt durch die Vorstellung, die wir von der Arbeit als solcher haben.

Arbeit kann Schöpfung sein — so, wie der Künstler sie hervorbringt. Derartiges Schaffen ist nicht Reaktion auf ein monotones Signal, ist auch keine ermüdende Tätigkeit nach der Stechuhr. Schöpferische Arbeit steht als vollkommenster Ausdruck dafür, daß wir lebendige Menschen sind. Sie kommt aus unserer Tiefe und kennt keinen anderen Vorgesetzten als den inneren Aufruf: etwas zu gestalten, das von ungekannter Schönheit zeugt.

Die wichtigste Aufgabe des Menschen besteht darin, schöpferisch aus seinem Leben etwas außergewöhnlich Schönes zu machen. Wir mögen Metzger oder Bäcker sein von Beruf, oder Hersteller von Kerzenhaltern — es gibt immer die Möglichkeit, uns wahrhaft schöpferisch zu bemühen in der Lebens-Arbeit, indem wir die rauheren Stellen unserer Existenz glätten und das, was schon gelungen ist, aufstrahlen lassen im Glanz. Wenn wir begreifen, daß das Leben der Pinsel ist und wir die Leinwand, werden unsere Anstrengungen für ein besseres Dasein eher zur erregenden Herausforderung als zur langweiligen Pflicht.

Ich bin dankbar für die Möglichkeit und die Kraft, arbeiten zu können. Ich will mich nicht gegen meine Arbeit wehren.

5. Januar

Gott hat mich nicht aufgerufen, erfolgreich zu sein. Er hat mich aufgerufen zu glauben. Mutter Teresa

Ein Reporter hat Mutter Teresa einmal gefragt, wie sie es ertragen könne, Tag für Tag, Jahr für Jahr ihre Arbeit an solch hoffnungslosen Aufgaben fortzusetzen. Die Menschen, um die sie sich kümmere, seien doch die Ärmsten der Armen. Zudem litten viele von ihnen an Krankheiten. Wie also sei sie imstande, ihre Hingabe aufrechtzuerhalten — obwohl sie wisse, daß Armut und Krankheit auch nach ihrem Tod weiterbestehen würden? Ob sie denn nicht erkannt habe, daß sie den Kampf niemals gewinnen könne?

Ihre Erklärung war einfach: Natürlich wisse sie, daß die Aufgabe gewaltig sei, aber es läge nicht in ihrer Absicht, alles ein für allemal zu lösen.

Mutter Teresa hat ihr Leben und ihren Willen Gott übergeben, und ihre Arbeit ist Ausdruck dessen, was sie als Gottes Wille erfährt, der in ihrem Leben wirksam ist. Deshalb widmet sie sich ganz der Aufgabe selbst, nicht deren letzter Vollendung.

Auch wir können lernen, empfänglich zu werden für einen höheren Zweck. Wir können unsere Energien in eine gute Sache lenken, an die wir wirklich glauben — selbst wenn wir sicher sind, daß die Arbeit niemals ein Ende haben wird. Wir können zum Beispiel mit Familienmitgliedern und Freunden liebevoll sprechen, anstatt in Wortgefechte zu verfallen, die wir gewinnen wollen. Wir können den Willen unserer Höheren Macht annehmen und dadurch zu innerer Gelassenheit finden.

Heute will ich loslassen von dem starken Bedürfnis, Erfolg zu haben oder andere zu beeindrucken. Statt dessen will ich für den Willen meiner Höheren Macht offen sein.

Im Grunde weiß jeder genau, daß er als Mensch einzigartig ist und auf dieser Erde nur einmal vorkommt. Diese herrlich bunte Vielfalt in der Einheit wird durch keinen noch so außergewöhnlichen Zufall ein zweites Mal verkörpert werden.

Friedrich Nietzsche

Jeder von uns ist einzigartig. Keiner sieht die Welt genauso wie wir. Keiner besitzt unser Lächeln, diese besondere Art zu gehen oder zu sprechen. Es gibt viele Charakteristika, in denen wir uns unterscheiden, nicht nur die Handschrift und den Fingerabdruck. Der Denkstil, der Sinn für Humor, der Geschmack: all dies hat sich nie zuvor in einem Menschen so manifestiert — und niemand nach uns wird uns darin genau gleichen. Wir sind wahrhaft wir selbst und unverwechselbar, in keine andere geschichtliche Zeit geworfen als in diese und nirgendwo anders zu Hause als an diesem Ort.

Wir sind zwar bezogen auf jene, die vor uns waren, aber sie bestimmen nicht über uns. Ihre Wahl muß nicht die unsere sein, ihre Fehler und inneren Grenzen müssen wir nicht übernehmen. Sie sind andere Menschen, passend in eine andere Zeit. Wir tragen keine Verantwortung für das, was sie sind. Wir sind neue Menschen: und heute ist ein neuer Tag. *Unser* Tag. Niemand kann dieses Leben für uns führen. Schreiten wir also voran.

Heute bitte ich um weise Einsicht, daß ich mich selbst erkenne als das kostbare, unübertroffene Wesen, das ich bin. Ich will bewußt dieses mir geschenkte Leben als das meine annehmen.

7. Januar

Psychotische Menschen glauben, zwei und zwei mache fünf; neurotische Menschen wissen, daß zwei und zwei vier ist — aber sie können das nicht ertragen.
Anonym

Wir bereiten uns eine ganze Reihe von Enttäuschungen, wenn wir darauf bestehen, daß wir immer alles auf einmal haben wollen. Jedoch bedeutet jedes Ja auch ein Nein — ob wir wollen oder nicht. Ein Ja zu riskanten finanziellen Spekulationen ist ein Nein zur Rücklage eines Notgroschens. Ein Ja zur Spätvorstellung im Kino ist ein Nein zum regen und tätigen Morgen danach. Ein amerikanisches Sprichwort lautet: »Man kann nicht zu Bett gehen und die Laken unbenutzt lassen.«

Es ist empfehlenswert, die Prioritäten festzulegen, ehe wir uns selbst bestrafen mit dem Ja-und-Nein-Spiel. Wenn wir schon nicht beides zugleich haben können, müssen wir versuchen, den inneren Frieden dadurch zu erlangen, daß wir abwägen, *bevor* wir uns auf etwas einlassen. Manchmal werden wir sehen, daß wir uns unnötig quälen: Wenn uns ein Stück Kirschtorte tatsächlich größeres Wohlbefinden schenkt als eine schlanke Taille, dann sollten wir uns das eingestehen und es akzeptieren — und die Torte ohne Schuldgefühle genießen. Schlecht ist nur, nicht wirklich ja zu sagen: erst zu wählen und sich dann das Vergnügen, das daraus erwächst, zu versagen. Das Leben ist zu kurz, um die Kräfte zu verschwenden für Dilemmas, die gar nicht existieren. Wir sollten einfach einen Moment innehalten, wenn wir das nächste Mal vor einer schwierigen Wahl stehen.

Heute will ich versuchen, ganz hinter den Entscheidungen zu stehen, die ich treffe. Als Zaungast lebt man unbequem und unbefriedigend.

Du solltest alle Tage deines Lebens leben.
Jonathan Swift

Tatsächlich gleicht das Leben oft einem Spiel — einem tödlich ernsten und einem, das Lachen herausfordert, Entspannung verlangt und die Fähigkeit zu spielen. Hier wie dort fordert es eine tiefe Bereitschaft.

Vieles im Leben ist wahrhaft aufregend und faszinierend. Aber geben wir darauf acht? Nehmen wir einen heiteren Moment, eine ausgelassene Stimmung wahr, sind wir offen für das, was uns zu rühren vermag und von Größe zeugt?

Diese Situationen sind nicht bloß irgendwie verschwommen vorhanden, sondern wir begegnen ihnen ständig. Genau hier, an dieser Stelle, wo wir uns gerade befinden, zu diesem Zeitpunkt, lebt der Held genauso wie der dumme Esel, gibt es Enttäuschungen und Anlässe, etwas stürmisch zu feiern, besteht das Schöne neben dem Schrecklichen. Nicht jenseits von uns oder im Fernsehen spielt sich das Drama des Lebens ab, sondern mit uns, überall um uns, in uns. Die Aufgabe besteht darin, in der eigenen Existenz gegenwärtig zu sein, sich also nicht nur um die Angelegenheiten anderer zu kümmern. Dann erst entdecken wir die großartige Bedeutung und die Dynamik dieser Wirklichkeit, die die unsre ist.

Das Leben ist wertvoll. Heute will ich mein Leben nicht als eine Summe von Selbstverständlichkeiten betrachten.

9. Januar

Ein Leben ohne Disziplin ist ein Leben ohne Freude.
Muriel B.

Wir wollen einen Augenblick nachdenken. Kommt Freude nicht dadurch, daß wir tun, was wir wollen? Ist Freiheit nicht der Zustand, in dem wir niemals das tun müssen, was wir nicht wollen? Und ist die Disziplin, die wir von unseren Eltern lernten, nicht die Last, das tun zu müssen, was wir gar nicht wollen?

In Wahrheit ist Freude die Freiheit, das zu tun, was getan werden muß. Und es bedarf der Disziplin, um diese Freiheit zu erlangen. Weshalb? Ohne Disziplin landen wir nur in Gewohnheiten. Aber gerade unsere Erfahrung lehrt uns deutlich, daß es alles andere als Freude bringt, wenn wir in Schablonen denken und schon abgenutzte Verhaltensmuster wiederholen.

Disziplin ist vonnöten, um nein zu sagen, wenn es sein muß — auch wenn jede Faser unseres Wesens darauf drängt, daß wir wieder einmal die Flinte ins Korn werfen. Disziplin ist vonnöten, damit wir uns erheben und uns zu erkennen geben, wenn wir bisher immer eine graue Maus waren und uns in jeder Situation perfekt angepaßt haben.

Disziplin fällt nicht leicht, ist auch kein Spaß, sondern vielmehr der beste innere Begleiter, den wir uns wünschen können. Selbstdisziplin zu üben bedeutet, uns im Leben mit der Gewißheit zu bewegen, daß wir unser Ziel erreichen werden.

Heute will ich mich daran erinnern, daß Selbstdisziplin in meinem eigenen Interesse liegt.

Es ist der innere Frieden, mein Freund, den wir finden müssen. Theokrit

Was könnte wertvoller sein als innerer Frieden? Wenn man ihn besitzt, sind keine anderen Schätze mehr notwendig. Wenn nicht, sind alle Schätze der Welt nicht genug. In der Tat gibt es keinen menschlichen Zustand, der wünschenswerter wäre.

Alle Sprachen enthalten Wörter für das tiefe Gefühl der Gelassenheit, das gleichbedeutend ist mit innerem Frieden. In Liberia spricht man von ihm in Begriffen, die, wörtlich genommen, lauten: »Mein Herz setzt sich nieder.« In anderen Teilen Afrikas wird er »Gesang des Körpers« genannt oder: »... wo das kühle Wasser fließt«. Egal, welche Sprache man betrachtet — die Empfindung ist die gleiche.

Innerer Frieden ist nicht etwas, für das wir einfach nach draußen gehen müßten, um es zu bekommen. Er ist Folge unseres Tuns, unserer unablässigen Bemühung. Dieser Frieden ist Belohnung dafür, daß wir unser Leben und unseren Willen der Fürsorge Gottes unterstellen, wie wir ihn verstehen. So können wir das Notwendige tun. Und wenn wir unsere Schamgefühle nicht mit einer Eßorgie betäuben, wird der innere Frieden uns schließlich belohnen. Wenn wir die Beziehung zu einem anderen Menschen bewahren, obwohl wir weglaufen wollten, bescheren wir uns das Gefühl von Frieden. Wenn wir eine Hand ausstrecken und unser Herz zur Welt hin öffnen, nachdem wir vorhatten, uns zu verstecken, ist der Gewinn der tiefe Frieden in uns.

Heute will ich mich darauf vorbereiten, inneren Frieden zu empfangen. Ich will Gott im voraus danken, daß er ihn mir schenkt.

11. Januar

Ärger kann ein Problem genausogut klären, wie ein Windstoß einen Papierstapel ordnen kann.

Susan Marcotte

Manche von uns neigen zu Wutausbrüchen. Wie dunkle Wolken drohen wir, uns augenblicklich zu entladen. Andere Menschen suchen dann bei uns nach Sturmwarnzeichen. Sie wollen Zeit gewinnen, um sich in Sicherheit zu bringen oder wenigstens gewappnet zu sein gegen unseren Angriff. Denn wir haben sie schon einmal überrascht, und das mochten sie nicht. Jetzt haben sie gelernt, vorsichtig zu sein und auf Zehenspitzen zu gehen, wenn wir in der Nähe sind. Aber es ist doch eine dürftige Art, mit anderen umzugehen, indem wir sie einschüchtern — und froh stimmen nur durch unsere Abwesenheit: weil sie sich erst dann richtig entspannen können.

Was bringen uns diese Zornesausbrüche? Einige Minuten lang das billige Gefühl, Macht oder Kontrolle zu haben? Geben wir einfach der Welt bekannt, daß unsere Fähigkeit, mit den Dingen fertigzuwerden, begrenzt ist? Oder reden wir uns selbst ein, daß Dampf ablassen eben manchmal nötig sei? Aber vergessen wir dabei nicht gerne, daß dieser Dampf anderen Menschen ins Gesicht bläst?

Keine Schimpfkanonade hat je ein Problem gelöst. Wut ist keine Methode. Wir haben nicht das Recht, unseren Ärger auf andere abzuladen, die selbst genug mit sich zu tun haben. Unser Programm kann uns lehren, unsere Emotionen besser im Zaum zu halten und dabei ehrlich und gerecht zu verfahren — gegenüber uns selbst und anderen.

Heute bitte ich meine Höhere Macht darum, daß ich im Herzen friedliebend und ehrlich bin.

Nie wurde jemand verändert durch das, was ich sagte; *aber durch das, was* er verstand. Paul P.

Wie oft haben wir all unsere Kraft aufgewendet, um jemanden, der uns nahesteht, zu verändern? Waren wir nicht schon wie besessen, als wir versuchten, den geliebten Menschen dazu zu bringen, daß er doch endlich klarsehen möge? Wie hilflos waren wir gegenüber destruktiven Verhaltensmustern — die wir vielleicht aus eigener Erfahrung sehr wohl kannten —, wenn sie einem lieben Freund schlimmen Schmerz bereiteten?

Jeder von uns hat derartige Situationen miterlebt.

Wir würden alles tun, um die Menschen, die wir lieben, vor Unheil zu bewahren. In unserer Verzweiflung glauben wir, daß das richtige Wort aus unserem Mund, auf die richtige Weise eingesetzt, vom anderen verstanden wird.

Sobald dann sich etwas ändert, glauben wir, daß unsere Mühe sich gelohnt hat und Früchte trägt.

Wenn alles beim alten bleibt, scheint es, als wäre alles umsonst gewesen. Aber weder das eine noch das andere ist wahr. Selbst unsere größten Anstrengungen besitzen nicht die Macht, jemanden zu verändern. Wir tragen dafür auch gar nicht die Verantwortung. Menschen können nur überzeugt werden durch das, was sie verstehen. Und wie wir fassen sie eine tiefere Wahrheit nur dann, wenn ihre Zeit für inneres Wachstum, ihre Bereitschaft für mehr Wissen gereift ist. Nicht vorher.

Heute will ich mich darauf konzentrieren, den inneren Wandel zu erfahren — und jene, die ich liebe, der Höheren Macht anzuvertrauen, von der sie mit mehr Liebe beschenkt werden, als ich sie zu geben vermag.

13. Januar

Gott wird so lange warten, wie wir es nötig haben.
Pfarrer R. Walters

Wann immer wir zu sehr versuchen, die Gründe der Liebe zu verstehen, wenn wir herumforschen und analysieren, zerstören wir sie. Alles, was mit Liebe getan werden kann, ist: sie anzunehmen.

Gott hat gesagt, daß Er uns liebt. Wir werden geliebt. Ungeachtet aller schmerzlichen Erfahrungen, die uns vielleicht davon überzeugten, daß Liebe nicht ewig anhält oder daß immer nur die anderen sie finden, wir aber nicht, und ungeachtet dessen, was wir von der Liebe wissen — Gott hat gesagt, daß Er uns liebt.

In der Bibel gibt es das wunderbare Gleichnis von dem verlorenen Schaf und der unerschütterlichen Liebe des Hirten. Als das Schaf, wie das Gleichnis erzählt, abhanden kam, betrachtete der Hirte dies nicht als einen Verlust, der eben zu seiner Arbeit dazugehört. Nein: Er suchte eifrig, bis er es wiederfand. Von Schelte, Beschimpfung, Strafe ist dann nicht die Rede — nur von der Freude, die der Hirte empfand, als er das ihm Zugehörige, das verloren war, wieder bei sich wußte.

Wir werden genauso geliebt wie dieses verlorene Schaf. Und wir sind manchmal genauso verloren. Gleich, ob wir glauben, dessen wert zu sein oder nicht: Der Große Hirte macht uns ausfindig mit Geduld und Treue. Wir stehen immer unter Gottes Einfluß.

Heute will ich Gott bitten, meinen Glauben zu vertiefen.

Niederlagen dienen genausogut wie Siege dazu, die Seele in Aufruhr zu bringen und ihre Herrlichkeit zu entfalten. Edwin Markham

Wenn das Leben uns einige Kerben geschlagen hat — was macht das schon? Solche Kerben sind notwendig, abgesehen davon, daß man sie nicht verhindern kann und daß sie Schmerz bereiten. Eine jede ist Bestandteil des Prozesses, der uns befähigt, das Leben zu umfassen als schöpferische Erfahrung und die Welt in neuem Licht zu sehen, worin Mitgefühl und Verstehen vereinigt sind. Zu uns selbst finden wir nicht, wenn wir möglichen Rückschlägen von vornherein ausweichen oder die Wunden verbergen, die zu uns gehören. Wir müssen vielmehr begreifen, was sie bedeuten und wie wir mit ihnen umgehen können.

Diese Wunden sind weder Schwachstellen in unserem Charakter, die uns beschämen, noch Schmisse, auf die wir stolz sein sollten. Sie zeigen ganz einfach, daß wir schon eine Zeitlang am Leben sind. Durch die Bereitschaft, das eigene Wesen zu erkunden, ist es uns möglich, aus Fehlern zu lernen und sie so aufzufassen, daß wir neue Räume für inneres Wachstum erschließen. Wenn wir die Entscheidung treffen, Schiefgegangenes eher als gewonnene Chance denn als verlorene zu sehen, stehen wir viel besser da vor unserem eigenen Auge und vor dem der anderen.

Heute will ich meine schwierigen Lebenserfahrungen in neuem Licht betrachten. Heute will ich neue Samen setzen.

15. Januar

Die netten Typen sind immer die letzten.

Leo Durocher

Einige von uns sind es gewohnt, Opfer, Fußabtreter, arme Schlucker zu sein. Egal, was geschieht — wir sagen niemals nein. Je mehr wir versuchen, nette Menschen zu werden, desto weniger können wir konstruktiv mit den Dingen umgehen. Die Schuld geben wir anderen, die dafür auch Verantwortung tragen sollen.

Bei einer unserer Gruppensitzungen hat Darlene, stellvertretend für uns alle, genau diesen Sachverhalt zum Ausdruck gebracht. Sie ist weit über Fünfzig und seit zwanzig Jahren geschieden. Trotzdem sucht sie immer noch nach Mitgefühl für das, was ihr Mann — und Gott — ihr angetan haben. Vor fünfundzwanzig Jahren erbte sie von ihren Eltern fünfzigtausend Dollar. Nach und nach, sagte sie, hat ihr Mann, ein Alkoholiker, alles ausgegeben. Sie habe ihm das Geld sogar selbst gegeben und sie habe auch mit Geld umgehen können. Und doch war es so, daß er »einfach alles zum Fenster hinauswarf«. Und sie fragte: »Wie konnte er so etwas tun?«

Die näherliegende, gesündere Frage kam ihr nicht in den Sinn: Wie konnte sie einem kranken Menschen gestatten, ein kleines Vermögen aufzubrauchen? Die Moral der Geschichte würde demnach lauten: Daß wir »zu nett« sind, ist nicht unser Problem.

Heute will ich mein Gewissen daraufhin untersuchen, ob es Situationen gibt, in welchen ich Verantwortung von mir geschoben und das mit anderen Bezeichnungen versehen habe.

Es sind Zentimeter, die den Meister machen.
Vince Lombardi

Was bewirkt den Unterschied zwischen Erfolg und Mißerfolg? Ideale Bedingungen? Fünfzig Prozent mehr Anstrengung? Doppeltes Talent? »Die Unterbrechungen« immer wieder? Oder liegt es einfach daran, daß einige Menschen haben, was man haben muß zum Erfolg, andere aber nicht?

Vince Lombardi, der Football-Trainer, der seine Mannschaft, die Green Bay Packers, nach fünfzehn mißglückten Saisons wiederholte Male zur Weltmeisterschaft führte, erachtete einen Bruchteil mehr oder weniger als Grund für den Erfolg: etwas mehr Konzentration, einen zusätzlichen inneren Schub im Spiel, eine konsequente zweite Anstrengung, um einen winzigen Zusatzgewinn zu erzielen. Er verlangte von seinen Spielern nicht, plötzlich andere zu werden als die, die sie waren — er verlangte von ihnen, daß sie ihre Bestleistung jeweils um einen Bruchteil verbesserten. Er wußte, daß diese sich nach und nach summieren: im Sport wie im Leben.

Im Leben wie im Football sind es oft die kleinen Dinge, die zählen: etwa, wenn wir zu einem unseren Treffen gehen, obwohl wir lieber zu Hause bleiben möchten; oder wenn wir uns aussprechen, unabhängig davon, wie belanglos unsere Meinung erscheinen mag. Wenn wir uns nur noch verstecken möchten — dann ist es schon der geringste Fortschritt, der den Ausschlag gibt.

Heute will ich mir bewußt sein, daß in mir ein Meister steckt. Vielleicht werde ich keinen ganzen Umschwung schaffen — aber doch Fortschritte machen.

17. Januar

Nun, da ich nicht mehr verrückt spiele, *kann ich akzeptieren, daß ich mich manchmal einfach verrückt* fühle.

Sandy B.

Nein zu sagen zu sich selbst kann einen größeren Beweis von Mut darstellen, als hastig aus einem brennenden Haus ein Kind zu retten. Die heldenhafte Rettungstat mag spontan, fast unfreiwillig erfolgen und schon vollendet sein, bevor Zeit für eine wohlüberlegte Einschätzung der Lage ist. Aber ganz anders verhält es sich im ersteren Fall. Bewußt den eigenen Willen herauszufordern, ist niemals eine Frage von Spontaneität.

Vielleicht fühlen wir uns am ersten Tag wie verrückt, wenn wir uns so gewohnte und angenehme Dinge wie Zigaretten oder Aufputschmittel versagen. Nach dem ersten, fünften oder fünfundzwanzigsten Mal, da wir uns in Enthaltsamkeit üben, werden wir uns wohl völlig kaputt fühlen. Die ersten Bemühungen, Verantwortung für das eigene Verhalten zu übernehmen, können bewirken, daß wir uns selbst fremd werden und den inneren Faden verlieren — so, als ob wir beschlossen hätten, durch unser übriges Leben auf Händen statt auf Füßen zu marschieren.

Aber verrückt sein heißt: nicht aufhören, nach dem zu fragen, was wir nicht wollen. Wenn, für gewisse Zeit, eine gesunde Handlung von verrückten Gefühlen begleitet werden muß — so soll es eben sein. Wenn wir dieses Paradox akzeptieren und trotzdem Fortschritte machen, dann reihen wir uns ein unter jene Helden, die keine Orden bekommen. Nie könnte ein solcher Orden zureichend veranschaulichen, welch heftige innere Kämpfe hier stattfinden.

Heute bitte ich meine Höhere Macht um eine genauere Vorstellung von dem, was mir zu tun aufgegeben ist.

Er, der heut' und gestern Hilfe war,
Hat um die Menschen sich verdient gemacht.
Edgar A. Guest

Es fällt schwer, sich für etwas zu interessieren, das außerhalb der eigenen Reichweite liegt. Gewiß, es tut uns leid, daß die Menschen an entfernten Orten der Welt verhungern. Und wenn die Nachrichten im Fernsehen von Dörfern berichten, die durch ein Erdbeben ganz und gar verschwunden sind, dann fühlen wir uns schrecklich — bis die nächste Nachrichtensendung folgt. Wir sind keine schlechten Menschen, wenn wir auf derartige Tragödien nicht intensiv reagieren. Es ist vielmehr so, daß sie uns persönlich nicht angehen — und nur das Persönliche ist wirklich.

Wir kümmern uns am meisten um die Dinge, bei denen wir unmittelbar betroffen sind. Ist dem nicht so, können wir auch keine Begeisterung entwickeln. Wenn wir zu denen gehören, die ein neues Gruppentreffen, wo Kindheitsprobleme zur Sprache kommen, arrangieren, indem wir Stühle aufstellen, Kaffee kochen und dergleichen mehr tun, bedeutet uns der Erfolg dieser Veranstaltung sehr viel. Wenn unsere Kinder von Drogen abhängig sind, werden wir nicht gelangweilt sein von Stadtratssitzungen, wo neue Programme zur Bekämpfung von Drogen diskutiert werden. Es ist unsere innere Beteiligung an einer Sache, die sie wichtig macht.

Die Welt braucht keine zusätzlichen Zuschauer. Um uns lebendiger zu fühlen, müssen wir lebendiger sein. Leben heißt: Sorge tragen. Sich engagieren heißt: innerlich wachsen.

Heute will ich nicht abseits stehen. Ich will mich für eine gute Sache einsetzen, die meine Unterstützung verdient.

19. Januar

Weil ich Durst empfand,
Grab' ich einen Brunnen,
Aus dem die andren trinken.

Arabisches Sprichwort

Wir tun, was uns gefällt. Wenn wir gehen wollen, gehen wir. Wenn wir bleiben wollen, bleiben wir. Wir sind gewohnt, uns frei zu bewegen, und sind uns dessen gar nicht bewußt. Wir verlassen uns darauf, daß eine Tür sich öffnet, sobald wir die Klinke drücken und schieben. Leider schätzen wir nicht, was uns selbstverständlich vorkommt — und das spricht nicht für uns.

Ein junger Mann erzählte bei einem unserer Gruppentreffen, daß er gerade aus dem Gefängnis entlassen worden sei, also von dort komme, wo die Türen verschlossen sind. Nach der Entlassung sei er gleich als erstes immer wieder vor und zurück durch die automatische Türe der Busstation marschiert. *Er* wollte derjenige sein, der eine Tür sich schließen und wieder öffnen läßt. Die Leute, die herumstanden, hätten ihn ausgelacht, sagte er, aber das sei ihm egal gewesen. Er genoß die Möglichkeit, sich frei zu bewegen, dorthin zu gehen, wo er wollte. Nach der Erfahrung dieses höllischen Zustands, als die Türen sich nicht aufgetan hatten, besaß er eine Wachheit, die uns anderen fehlte. Auf dem Weg seiner Selbstfindung wird er mit jenen Menschen, die in ihrem eigenen, inneren Gefängnis festgehalten worden sind, wichtige Erfahrungen austauschen können.

Möge ich Einblicke gewinnen, um meine besonderen Fähigkeiten zu erkennen, und bereit sein, andere an ihnen teilhaben zu lassen.

Das Programm, das unseren Sitzungen zugrundeliegt, hat mir die schönsten Tage geschenkt, die ich je hatte. Aber wenn ich über all die verlorene Zeit davor nachdenke, werde ich immer noch ganz traurig. Jane S.

Den Unterschied zwischen gestern, heute und morgen zu benennen, mag für die meisten einfach sein, aber nicht für die Mehrzahl von uns, die wir eine schlimme Kindheit hatten. Unsere eigene Vergangenheit hat die Tendenz, Gegenwart wie Zukunft zu überschatten. Bis wir die Linie zu ziehen vermögen zwischen Damals und Jetzt, breitet die Düsterkeit des »Es war einmal« sich aus und verteilt sich wie schädlicher Rauch oder ekelerregender Geruch. Die Vorstellung eines möglichen »Was wird sein« ist ausgelöscht.

Wo endet das Gestern, wo beginnt das Heute? Für uns ist das vielleicht die zentrale Frage, die mit unserer Heilung in engem Zusammenhang steht. Unsere Auseinandersetzung kreist nämlich um das Thema Grenze: was sie bedeutet und wo sie verläuft.

Egal, wie unbefriedigend und sinnlos die Vergangenheit gewesen sein mag: Unsere Zukunft ist ohne Makel. Wenn wir gedanklich Abschied nehmen von der Vergangenheit, können wir anfangen, unsere eigene Geschichte neu zu schreiben und ein bisher unbekanntes Bild von uns selbst zu entwerfen.

Jeder Tag ist neu — rein und glänzend von all den Möglichkeiten. Die Zukunft ist ein langer Faden, an dem solche Tage aufgereiht sind. In dem Maß, wie unsere Wahrnehmung der Zeit sich korrigiert, wie wir lernen, das Gewesene anzunehmen und vorauszuschauen ins Künftige, sind wir fähig zur Konzentration auf das Heute. Dieses kosten wir dann aus.

Heute will ich die schlimmen Tage der Vergangenheit als faule Äpfel betrachten. Ich will sie aus meiner Steige entfernen, um die künftigen, neuen Tage zu schützen.

21. Januar

Entschließe dich, du selbst zu sein; und wisse, daß, wer sich selbst findet, den Kummer verliert.
Matthew Arnold

Unser Bedürfnis nach Anerkennung zwingt uns, gut dastehen zu wollen — egal, was passiert. Wir glauben, daß alles irgendwie in Ordnung ist, solange es den Anschein hat. Mögen unsere Herzen erschüttert werden durch wirkliche oder nur vorgestellte Ängste, Enttäuschungen, Zurückweisungen — wir setzen ein Lächeln auf, so daß niemand unseren eigentlichen Zustand errät. Warum tun wir das? Ist es so schwierig, sich einem Freund zuzuwenden und zu sagen: »Weißt du, mir geht es nicht gut. Ich hatte eine schlechte Zeit und brauche Hilfe —«? Würde die Erde anfangen zu beben, nur weil wir offen und geradeheraus sprechen?

Wir werden wahrscheinlich nicht das bekommen, wonach wir nicht fragen. Anstatt zu verheimlichen, daß die Knie zittern, die Hände schwitzen, der Magen in Aufruhr ist, können wir die Wahrheit zugeben und mit anderen teilen. Wir brauchen nicht »Wunderbar!« zu sagen, wenn jemand bei einer Gruppensitzung uns fragt, wie es uns geht. Unsere wahren Freunde lassen sich nicht beeindrukken von zusammengekniffenen Lippen. Erst unsere tiefe Ehrlichkeit überzeugt sie.

Heute will ich einem anderen die Wahrheit über mein Befinden kundtun. Wenn ich mich nicht wohl fühle, will ich nicht das Gegenteil behaupten.

Hoffnung und Geduld sind allerbeste Heilmittel für jeden: weichste Kissen, auf die wir uns fallen lassen können in Not. Immer schenken sie uns Ruhe.
Robert Burton

Es ist genauso leicht zu denken: »Ich kann« wie »Ich kann nicht«. Beide Haltungen sind übliche Orientierungshilfen im Leben, die durch beständigen Gebrauch ganz wie von selbst funktionieren können. Beide haben weniger mit der unmittelbaren Aufgabe zu tun als vielmehr mit der inneren Gestimmtheit desjenigen, der sie zu bewältigen hat. Beide Male ist die Arbeit die gleiche — nur die Einstellung dazu ist verschieden.

Aber was für ein Unterschied das doch ist! Mit denjenigen, die sagen: »Ich kann«, wollen wir unsere Zeit verbringen. Wir betrachten sie als Vorbild. Sie sind es, die entweder noch nie richtig verloren haben oder aber daran arbeiteten, die positiven Perspektiven wiederzugewinnen, mit denen wir auf die Welt kommen. Es kommt zum Beispiel einem Baby nie in den Sinn, daß all diese Momente des Taumelns und Hinfallens die Bedeutung haben sollten, es könne nicht lernen, zu gehen. Babys wachsen heran, bewegen sich vorwärts, und der Erfolg ist ihnen sicher. Sie haben nicht gelernt, zu zögern oder Niederlagen zu fürchten.

Wir alle können gut darauf verzichten, auf den Knien herumzurutschen und negative Stimmungen zu verbreiten. Wir wollen den Weg rückwärts gehen in jene Zeit unseres Lebens, als alle Dinge möglich waren … weil sie es immer noch sind.

Heute will ich meinen Erfolgen die ganze Aufmerksamkeit schenken. Mein Credo lautet: »Ich kann.«

23. Januar

Mit siebzig ist mein Vater genauso, wie er mit fünfunddreißig war — nur noch ausgeprägter. Es ist erschreckend, daß mir das gleiche passieren könnte.

Jerry Z.

Ein jedes wird sich selbst immer ähnlicher. Was uns aufgegeben war zu tun, taten wir. Was wir taten, wurden wir. Die, die wir wurden, werden wir weiterhin sein — nur ausgeprägter — mit jedem Tag unseres Lebens.

Wir können uns selbst einen Gefallen tun, indem wir dessen gewahr sind, was wir tun. Haben wir in der Vergangenheit gelernt, uns zurückzuziehen? Dann sollten wir daran denken, wie allein wir in zwanzig Jahren sein werden. Haben wir uns geübt in allgemeinem Mißtrauen? Dann sollten wir uns vorstellen, wie tief die Wurzeln der Angst reichen können.

Aber es gibt noch einen anderen Aspekt bei diesen Einsichten. Wenn wir uns heute auf das Finden schöner Dinge konzentrieren, werden wir morgen doppelt so viele zu Gesicht bekommen. Wenn wir heute an uns arbeiten, so daß wir bereit sind, zu verzeihen, sind wir vielleicht morgen ohne Groll. Wenn wir entscheiden, eher mit anderen zu kommunizieren als uns von ihnen zu entfernen, können wir an der Seite von Freunden durch all die Jahre gehen, die vor uns liegen. Was wird uns die Zukunft bringen? Sie bringt uns, was immer wir an Zeit und Kraft für sie eingesetzt haben.

Ich bitte um die Einsicht, daß meine Zukunft zum größten Teil meiner Hände Arbeit und der Beteiligung meines Herzens entstammt. Ich bitte um den Mut, bei der Wahl meines Weges Verantwortung zu übernehmen.

Inneres Wachstum ist der Zweck des Lernens — und unser Geist kann, im Gegensatz zu unserem Körper, im Laufe des Lebens weiter wachsen.

Mortimer Adler

In einigen Lebensbereichen liegen wir genau richtig. Der Grad an Reife, den wir erreicht haben, ist genauso, wie er sein sollte, und wir erklimmen jene Stufen, die Menschen unseres Alters vor sich haben. Auf anderen Gebieten ist das nicht der Fall. Wir sind komplexe Wesen, verhalten uns nicht gleichmäßig und sind schwankend. In jedem von uns gibt es Schichten des Gefühls, die gleichsam unter einer dicken Eisschicht verborgen sind und noch nicht mit der befreienden Sonnenwärme in Berührung kamen.

Wir können nicht von uns erwarten, daß wir alles auf einmal in den Griff bekommen. Es ist nicht nur in Ordnung, daß wir uns langsam weiterbewegen — es ist oft die einzige Möglichkeit. Verwirrungen, Streitigkeiten oder Leid haben uns vielleicht dazu gebracht, Erinnerungen und Gefühle sicher einzufrieren. Dieser Prozeß war gewiß von längerer Dauer, und so können wir uns auch die Zeit zugestehen, die zur Heilung gehört. Die Aufgabe besteht jetzt nicht darin, jene Veränderungen zu leugnen oder vor ihnen zu fliehen, sondern Vertrauen zu haben, daß die heilende Wärme unseres Selbsthilfeprogramms in alle Bereiche unseres Lebens strahlen wird und uns hilft, im Einklang mit uns selbst zu leben.

Ich bin dankbar dafür, daß mir sowohl Zeit wie auch Geduld gegeben sind, um weiterhin innerlich zu wachsen.

25. Januar

Nur solche Sicherheitsmaßnahmen, die du selbst triffst mit deiner dir eigenen Macht, sind gut, verläßlich und dauerhaft. Machiavelli

Auf welches Fundament stützen wir uns, um geborgen zu sein? Dies ist eine wichtige, tatsächlich grund-legende Frage.

Eines der wesentlichen Bedürfnisse des Menschen ist das nach Geborgenheit. Doch wie bei jeder Suche ist es auch hier so, daß der Gegenstand unseres Verlangens aus dem Blick gerät, wenn wir ihn dort aufspüren wollen, wo er nicht sein kann; so fordern wir Mißerfolg und Enttäuschung geradezu heraus.

Viele gründen ihr Streben nach Geborgenheit auf Äußerlichkeiten. Das heißt, sie bauen ihr Haus auf Sand. Schönheit ist vergänglich, den Ruhm hält niemand fest, Reichtum kann sich schnell in nichts auflösen, und die Gesundheit ist zumindest anfällig. Was also ist derart sicher, daß man darauf zählen kann?

Es gibt nur eine Gewißheit, die nicht beeinträchtigt wird, und diese hat ihren Wohnsitz im Innern. Sie gründet im Glauben an uns selbst, in unserer Fähigkeit, nicht nur mit den Dingen so zurechtzukommen und irgendwie zu überleben, sondern das Leben wirklich zu feiern. Das ist die einzige Gewißheit von Dauer. Wie schwer es für uns, die wir mit den Problemen aus der Kindheit konfrontiert sind, auch sein mag zu begreifen, daß wir uns ganz und gar vertrauen können: es ist noch immer die einzige bleibende Gewißheit, die Geborgenheit schenkt.

Der Gewinn, den ich aus dem Selbsthilfeprogramm ziehe, gibt mir Sicherheit. Nie zuvor hatte ich ein stärkeres Selbstwertgefühl.

Ich finde es schrecklich schwer, mir selbst eine Pause zu gönnen. Ich weiß nicht, woher diese Einstellung kommt.
Walker I.

»Ich kann nicht. Ich sollte nicht. Es ist meine Schuld.« Diese selbsterniedrigenden, selbstzerstörerischen Gedanken sind Ausdruck eines unbegründeten Schamgefühls. Und weil Gedanken, ständig wiederholt, zu Überzeugungen werden und Überzeugungen, immer wieder aufrechterhalten, zu Handlungen, können solche Gedanken, die in Scham gründen, ins Unglück führen.

Menschen, die mit ihnen leben, gelangen zu der Auffassung, daß es nicht normal sei, Fehler zu machen. Sie glauben, sie sollten genau wissen, was zu tun ist, ohne es überhaupt erst lernen zu müssen. Sie glauben, wenn sie etwas Falsches sagen oder tun, dann heißt das auch, daß sie selbst ganz und gar nichts taugen.

Aber Fehler machen ist menschlich. Wenn wir anerkennen, daß wir nicht umhin können, uns auf menschliche Weise zu verhalten, so definieren wir uns selbst als immerzu Lernende. (Thomas Edison etwa schaffte es erst im zehntausendsten Versuch, die Glühbirne zu perfektionieren.) Wir sagen damit, daß wir weitermachen müssen, wenn unsere Träume nicht gleich in Erfüllung gehen. (Walt Disney ging siebenmal bankrott, bevor ihm der Erfolg zuteil wurde.)

»Du sollst nicht wie ein Mensch sein« lautet das Gebot, das aus falschen Schamgefühlen abgeleitet ist. Welcher Unsinn! Wie könnten wir anders sein als fehlbar und menschlich? Und: Warum überhaupt sollten wir anders sein wollen?

Ich bitte darum, daß ich gut zu leben verstehe mit den menschlichen Begrenzungen. Ich will versuchen, an mir zu akzeptieren, was ich auch anderen zugestehe.

27. Januar

Die Tatsache, daß wir geboren werden: Welche Bedeutung hat sie für das Leben der meisten Menschen?
e. e. cummings

An irgendeiner Stelle im vorliegenden Meditationsbuch wird jeder seinen Geburtstag finden. Dieser löst in uns vielleicht Panik oder gar einen Schock aus. Es ist der Tag, der uns daran erinnert, daß wir älter werden. Viele, die ihre Kindheit nicht richtig ausleben konnten, versetzt er in eine traurige Stimmung, eben weil sie zurückdenken an ihre Kindergeburtstage.

Was immer dieser besondere Tag in der Vergangenheit uns bedeutet hat — wir bestimmen darüber, welche Rolle er jetzt und in der Zukunft für uns spielen wird.

Ein Geburtstag ist — wie alle jährlich wiederkehrenden Feiertage — ein Zeichen, ein Anlaß, sich an eine bestimmte Bedeutung zu erinnern und darüber nachzudenken. Geburtstage können uns daran erinnern, daß wir aufgerufen sind, in regelmäßigem Abstand eine Art Wiedergeburt zu erleben. Offen zu werden für Schönheit, sie neu zu sehen, ist eine Möglichkeit, wiedergeboren zu werden. Eine Entscheidung zu treffen, die, so unwichtig sie auch erscheinen mag, unser Leben steigert, ist eine andere. Anderswohin aufzubrechen, einen Zustand der Freiheit zu erreichen: auch dadurch werden wir neu geboren. Jeder Tag kann ein Geburtstag sein.

Heute feiere ich die Geburt eines ganz und gar wertvollen menschlichen Geschöpfs. Jeder Tag, den ich dafür bestimme, kann ein weiterer Geburtstag sein.

Du liebst mich so sehr, daß du mich in die Tasche stecken willst. Doch dort würde ich keine Luft mehr bekommen und sterben. D. H. Lawrence

Menschen, die es in ihrer Kindheit schwer hatten, versuchen oft, über andere zu verfügen und sie so davon abzuhalten, sich zu entziehen. Um sicherzustellen, daß sie nicht allein gelassen werden, wären sie imstande, diese anderen mit allem, was sie haben, mit all ihrer Liebe, zu ersticken.

Natürlich verfallen wir dann bezüglich des Menschen, den wir zu beherrschen trachten, nach und nach in eine Art Zwangsvorstellung. Und noch schlimmer: dieses Paß-auf-mich-auf-Verhalten, das wir erwidern, führt schließlich dazu, daß wir abhängiger werden von dem Problem an sich als von der Person. Wir verstehen uns darauf, die Schwierigkeiten anderer Menschen zu lösen und ihre Tränen wegzuwischen. Darin sind wir Meister. Und deshalb landen wir aufgrund gegenseitiger Anziehung so oft bei Menschen, die mit riesigen persönlichen Problemen zu tun haben.

Oftmals garantiert gerade unsere starke Anhänglichkeit das Scheitern einer Beziehung. Wenn wir über die, die wir lieben, bestimmen wollen, besteht die Gefahr, daß wir uns selbst genauso lähmen wie sie. Wir müssen zuallererst darauf bedacht sein, selbst ausgeglichen und gesund zu werden — nur dann können wir lernen, an einer gesunden Beziehung teilzuhaben.

Heute will ich es zulassen, daß die, die ich liebe, selbst mit ihren Problemen umgehen. Ich kann sie lieben ohne Besitzanspruch.

29. Januar

Wir gaben zu, daß wir dem Alkohol gegenüber machtlos sind — und unser Leben nicht mehr meistern konnten. Erster Schritt des AA-Programms

Die eigene Machtlosigkeit einzugestehen, ist eine Vorbedingung, um zu sich selbst zu finden. Uns, die wir als Kind so oft hilflos waren, mag diese Vorstellung verblüffend erscheinen oder sogar lächerlich. Lebten wir nicht die ganze Zeit schon mit dem Gefühl, ausgeliefert zu sein? Sollten wir also nicht versuchen, davon wegzukommen und die eigene Macht zu erproben?

Aber wir haben erkannt, daß im Rahmen unseres Selbsthilfeprogramms »machtlos« etwas anderes bedeutet. Wir sehen ein, wie sehr wir all die unproduktiven, untauglichen Arten, mit unseren Lebenslagen fertigzuwerden, ausgeschöpft haben. Machtlosigkeit heißt hier demnach: Wir verzichten auf den dominierenden Willen, auf die Ausübung von Zwang, auf die Gewohnheit, alles nur mit dem Verstand zu begreifen — einfach deshalb, weil diese Methoden zu nichts führten.

Wenn wir zugeben, machtlos zu sein, sagen wir damit, daß wir die Absicht, alles immer auf eigene Faust machen zu wollen, hinter uns gelassen haben; daß wir nicht mehr durch eigene Stärke und eigene Schlauheit versuchen, zu uns selbst zu kommen. Abzulassen von jenen inneren Kräften, die sich als verbraucht erwiesen haben und keinen Erfolg brachten, ist schließlich nicht viel anders, als ein altes, kaputtes Fahrrad mit platten Reifen auszurangieren. Dieses war immer noch besser als nichts — aber jetzt verfügen wir über eine neue Möglichkeit, unseren eigenen Weg zu gehen.

Heute bin ich dankbar und erleichtert, daß ich meine unrealistischen Erwartungen hinter mir lassen kann.

Wenn man den Zweig biegt, neigt sich der Baum.
Vergil

Die positive Vorstellung, die man von sich hat, ist entscheidend für die Selbstwerdung. Warum? Weil diese Vorstellung die Brille ist, durch die wir uns sehen, der Handschuh, mit dem wir die Dinge berühren, die Tür, durch welche wir eintreten in die Beziehung mit dem Leben. Sie enthüllt zwar nicht unser wahres Wesen, aber ist doch eine Kombination der Person, die wir zu sein wünschen, mit der, die wir zu sein fürchten, und der, die wir in Gedanken zusammensetzen aus dem Bild, das andere sich von uns machen.

In jeder einzelnen Situation agieren wir die Rolle aus, die wir uns in der Welt zugewiesen haben. Diese Rolle, die Vorstellung von uns selbst, funktioniert wie ein Schlüssel, der entweder paßt oder nicht paßt in einer Welt voller verschlossener Türen. Unterschiedliche Schlüssel öffnen unterschiedliche Türen. Und wie wir alle wissen, führen einige Türen in schreckliche Räume.

Es ist nicht einfach, die Schlüssel zu wechseln, aber es lohnt sich ungemein. Denn immer geben wir die Vorstellung von uns selbst an unsere Kinder weiter. Sie kennen uns zu gut, als daß wir sie täuschen könnten. Wenn wir wollen, daß sie aufrecht durchs Leben gehen, fröhlich lachen und aus Freude singen — dann müssen wir selbst diese Dinge so tun, daß sie sie deutlich wahrnehmen können.

Heute bitte ich um den Mut, daß ich die Neigung, mich selbst herabzusetzen, bekämpfe. All meine Stärken werden mir heute sehr deutlich sein.

31. Januar

> *Als meine Freunde in der Gruppe mir sagten, ich solle Gott* sein *oder Gott einfach* tun lassen, *habe ich mich zunächst dagegen gewehrt.* Myrna K.

Wer könnte ganz bewußt beschließen, Gott zu spielen? Ich nicht, du nicht. Aber vielen von uns fällt es schrecklich schwer, Gott die Geschäfte der Welt führen zu lassen. Wir übernehmen Verantwortung für Dinge, über die wir nicht zu bestimmen haben, obwohl wir das mehr oder weniger gar nicht wollen. Genau das heißt: Gott spielen — und genau das ist es, was viele von uns immer und immer wieder getan und sich angewöhnt haben.

Gott zu spielen ist nicht nur ein hartes Stück Arbeit. Es ist auch die beste Art, menschliche Beziehungen zu zerstören. Die anderen haben einfach etwas dagegen, von sterblichen Möchtegern-Göttern umgeben zu sein, deren »Füße aus Lehm« für jedermann nur allzu sichtbar sind. Die gute Absicht allein läßt dann die Abwehrhaltung der Menschen ringsum nicht geringer werden.

Loslassen ist nicht einfach. Vor allem dann nicht, wenn wir Loslassen verwechseln mit Gleichgültigkeit. Natürlich kümmern wir uns um andere. Aber das heißt nicht, das darf nicht heißen, daß wir Verantwortung an uns reißen. Sind uns die anderen soviel wert, daß wir sie ihre eigenen Fehler machen, ihre eigenen Siege erringen und Verantwortung für ihr eigenes Leben übernehmen lassen? Wenn nicht, erzeugen wir Abhängigkeit, sowohl in ihnen als auch in uns, wie auch immer wir dazu stehen mögen. Wir müssen sorgsam sein, daß sie sie selbst sein dürfen.

Heute will ich mir bewußt machen, daß mein Tun für *jemand anderen auch ein Tun ist* an *diesem anderen.*

Februar

1. Februar

Wenn ich erwachsen werde, will ich ein Kind sein.
Dick H.

Einige von uns müssen erst heranwachsen, bis sie das Kind sein können, das sie nie waren. Es kann Jahre dauern, bis wir alt und weise genug sind, um jung zu sein — aber die Möglichkeiten dafür sind gegeben. Mit genügend Verständnis, Entschlossenheit und Erfahrung aus all den Wechselfällen des Lebens können wir unsere verlorene Kindheit wiedergewinnen.

Was aber braucht es im einzelnen, um dorthin zu kommen? Zunächst müssen wir uns überhaupt einmal dafür entscheiden, und dann die Bereitschaft aufbringen, die erforderlichen Fähigkeiten auszubilden. Was ist es uns eigentlich wert, die Kindheit wiederzufinden? Alles? Unser ganzes Engagement muß hinter dieser Entscheidung stehen. Ein wehmütiges »Wäre es nicht wunderbar, wenn ...« reicht nicht aus.

Was zeichnet ein Kind aus? Offenheit, Unbeschwertheit, Vertrauen und die Fähigkeit, an wundersame Überraschungen zu glauben. Jene unter uns, die solche Einstellungen nicht mühelos und natürlich erlernt haben, müssen sie üben. Aber wenn wir es wollen, können wir sie erlernen. Wir können lernen, Sandburgen zu bauen, uns über geheimnisvolle Möglichkeiten zu wundern und an jedem neuen Tag das Gute zu erwarten. Die Welt, die kleine Kinder umgibt, umgibt auch uns. Der entscheidende Unterschied liegt im Standpunkt. *Wir* haben die Wahl, ob wir im Herzen froh sein wollen oder nicht.

Heute will ich um den unverstellten Blick der Jungen und um ein junges Herz bitten.

Die Menschen geben immer den Verhältnissen die Schuld für das, was aus ihnen geworden ist. Doch diejenigen, die in dieser Welt ihren Weg machen, sind die, die sich erheben und Ausschau halten nach den Verhältnissen, die sie brauchen. Und wenn sie die nicht finden, dann stellen sie sie eben her.

George Bernard Shaw

Wenn nur das Wetter besser und die Menschen freundlicher wären, wenn es bessere Arbeitsmöglichkeiten gäbe, weniger Verkehr — wenn die Familie mehr in der Nähe leben würde, wenn die Steuern niedriger wären und die Sonne nicht gerade auf die falsche Seite des Hauses schiene ... dann wären wir wahrscheinlich glücklich, wo wir uns gerade befinden. Der Haken ist nur, daß just hier, bei uns, zu große Anspannung herrscht, zu viele Enttäuschungen und Irritationen erlebt werden. Die Antwort darauf scheint einfach genug zu sein: Zieh um in ein anderes Haus, in eine andere Stadt — oder gar: Wandere aus in ein anderes Land.

Die Schwierigkeit besteht freilich darin, daß wir uns selbst mitnehmen, wohin wir auch ziehen. Der Ort, an dem wir leben, ist der, den wir uns ausgesucht haben. Wenn wir also auf diese Instanz im Innern, die die Auswahl trifft, nicht unsere ganze Aufmerksamkeit lenken, werden wir uns wieder und wieder für die gleichen Menschen, die gleichen Zwangslagen entscheiden.

Wenn wir das als wahr akzeptieren, erlangen wir eine ungeheure Freiheit. Dann erheben wir Anspruch auf jene Kraft, durch die wir die Qualität unseres Lebens selbst bestimmen, und sind Schöpfer unseres eigenen Schicksals.

Heute will ich die Entscheidungen, die mein Leben geformt haben, näher untersuchen.

3. Februar

Warum fühle ich mich nur immer so allein? Ich begreife es einfach nicht. LaVonne D.

Das Gefühl, allein zu sein, ist ein Teil der menschlichen Existenz, und es hat wirklich nicht sehr viel damit zu tun, ob andere Menschen um uns sind oder nicht. Viele von uns haben sich immer wieder in der Menge einsam gefühlt.

Im Grunde bedeutet Einsamkeit, daß wir von unserem eigenen Selbst getrennt sind. Im Maße, wie wir lernen, unser Inneres zu erkennen und gelassen anzunehmen, kann die Stille zu einem Freund werden. Jene, die es geschafft haben, sich soweit selbst zu akzeptieren, sind niemals wirklich allein.

Genau hier liegt der springende Punkt. Jahrelang mochten wir vielleicht die Gesellschaft von Menschen deshalb nicht, weil wir uns selbst nicht mochten. Wir waren nicht bereit, hinter die Mauern zu blicken, die wir um unsere eigensten, intimen Geheimnisse aufgebaut hatten. Und weshalb? Hatten wir Angst davor, es gäbe dann nichts als Verletzungen und Enttäuschungen?

Unser Selbsthilfeprogramm zeigt uns, daß dem nicht so ist. In unserem tiefsten Inneren gibt es nicht nur Verletzungen, Enttäuschungen und Versagen. Was wir entdekken, ist eine wunderbare Person, die mit ihren Gaben und Anlagen ihr möglichstes tut.

Wir brauchen uns, wenn wir fortschreiten auf unserem Weg, niemals mehr so einsam zu fühlen, wie wir es einmal waren.

Heute ist der Tag der Dankbarkeit. Ich bin dankbar dafür, daß ich innerlich wachse.

Ah, gewiß: Nichts stirbt, ohne daß ein anderes trauert. George Gordon (Lord Byron)

Der Schmerz übermannt uns, wenn wir etwas Wertvolles verloren haben — eine Arbeit etwa, die uns ausfüllte, oder einen lieben Freund. Diese Zeit des Kummers, da wir leiden, empfinden die meisten von uns als normal, natürlich, wohl wissend, daß sie nicht für immer anhalten wird. Schwieriger ist es, jenen Schmerz zu begreifen, der manchmal ausgelöst wird, wenn wir dabei sind, tiefer zu uns selbst zu gelangen. Aber lassen wir dann nicht das zurück, was sowieso keinen positiven Wert für uns besitzt? Weshalb also sollten wir traurig sein? Reagieren wir etwa falsch, wenn wir es trotzdem sind?

Die alten Gewohnheiten und Verhaltensmuster waren uns gleichsam kostbare Freunde. Sie halfen uns, mit dem Leben fertig zu werden, als wir sonst nirgendwo eine Stütze fanden. Und selbst wenn wir heute unsere alten Gepflogenheiten als unaufrichtiges Geplänkel und nutzlose Spielerei entlarven — so haben sie uns doch viele Jahre lang geschützt. Sie gaben uns das Gefühl, sicher zu sein selbst dann, als wir es gar nicht waren.

Obwohl sie sich als destruktiv erwiesen haben, waren diese alten Verhaltensweisen bequem, solange wir sie beibehielten. Und so ist es ganz natürlich, daß wir Schmerzen empfinden, sobald wir sie abstreifen, genauso, wie es normal ist, daß eine frische Wunde einige Zeit blutet — ehe sie zu heilen beginnt.

Ich verstehe meine momentanen Verlustgefühle und nehme sie an.

5. Februar

Für meine Gefühle bin ich nicht verantwortlich — aber für das, was ich mit ihnen mache.

Dr. Ceophus Martin

Die meisten Gefühle stellen sich spontan ein, sind geheimnisvoll und verwirrend. Wir treffen keine bewußte Entscheidung, diese oder jene Stimmung heraufzubeschwören. Sie keimt auf in unserem Bewußtsein, ohne daß wir die Erlaubnis dazu erteilt hätten.

Ohne ersichtlichen Grund empfinden wir vielleicht lähmende Angst davor, verlassen zu werden, oder haben das entsetzliche Gefühl von Einsamkeit. Solche Emotionen kommen über uns mit einer Macht, die dazu führt, daß wir uns selbst abhanden kommen und zu verschwinden meinen in einer Welt höchst realer Gegebenheiten und voller Menschen, die immer genau wissen, was sie tun.

Das belangloseste Wort, die unbedeutendste Vorstellung oder sogar die bloße Ahnung kann die tief verborgenen Mechanismen unserer Gefühle in Gang setzen. Wir können über diese Mechanismen nicht verfügen — aber wir bestimmen, auf welche Weise die eigenen Gefühle ausgelebt werden. Ihre Beherrschung ist uns nicht in die Wiege gelegt, wir müssen sie lernen. Ein auf positive Ziele gerichtetes Handeln ist, war und wird immer das beste Heilmittel gegen unberechenbare Gefühle sein. Unser konsequentes, bejahendes Tun ist die eigentliche Grundlage für den richtigen Umgang mit unseren Gefühlen.

Nun, da ich zu agieren lerne anstatt zu reagieren, habe ich weniger Schwierigkeiten mit zerstörerischen Gefühlsausbrüchen als früher.

Wer Schuldgefühle hat, ist für Anschuldigungen sehr empfänglich. Henry Fielding

Ein Teilnehmer erzählte bei einem unserer Gruppentreffen eine seltsame Geschichte, um etwas zu sagen über die sehr menschliche Neigung, sich schuldig zu fühlen ohne einen wirklichen Grund. Die Geschichte handelt von einem kleinen Streich, den er ganz gerne anderen spielte, und zwar von Zeit zu Zeit in seinem Büro. Aufs Geratewohl suchte er einen Mitangestellten aus, näherte sich ihm unschuldig und flüsterte ihm ins Ohr: »Sie wissen Bescheid.« Dabei schaute er verstohlen um sich. Er entfernte sich dann schnell und beobachtete aus einigem Abstand, was geschehen würde. Es war immer so, sagte er, daß der Empfänger dieser sonderbaren Botschaft zunächst verwirrt, dann besorgt aussah. Manchmal fing er zu schwitzen an, und jedes Mal zeichneten sich seine verzweifelten Gedanken ziemlich deutlich auf dem Gesicht ab: »O mein Gott, wieviel sie wohl wissen? Was werden sie unternehmen? Werden sie es irgend jemandem weitererzählen?«

Der Kern der Geschichte ist, daß fast jeder offen ist für Schuldgefühle. Selbst Unschuldige haben dann die Neigung, mit zitternden Knien etwas zu verheimlichen und sich zu schützen. Wie würden *wir* wohl erschrecken, fragte unser Freund, wenn jemand uns zuflüsterte: »Sie wissen Bescheid?« Würden wir in Panik ausbrechen? Oder wären wir innerlich soweit im Gleichgewicht, daß wir das Ganze mit einem Lachen abtun würden: eben weil ein anderer nichts wissen kann als das, was wir selbst uns schon so sehr klargemacht haben, daß wir damit fertig werden können?

Heute bitte ich um den Mut, mich weiterhin durch meine Ängste hindurchzuarbeiten.

7. Februar

Eine Sache ist nicht vorüber, ehe sie wirklich vorüber ist. Yogi Berra

Ein äußerer Beobachter wird vielleicht auf uns, die wir das Kind im Innern finden wollen, schauen und dabei ungläubig seinen Kopf schütteln. Menschen, die doch schon erwachsen sind und dennoch mit solch elementaren Aufgaben zu kämpfen haben und solch grundlegende Fragen stellen: Wer bin ich? Was fühle ich? Wie füge ich mich ein in den Lauf der Welt? Was ist wirklich mit mir geschehen? Was kann ich tun? Wer könnte mir helfen? Wie kann ich denen, die dazu bereit sind, Vertrauen schenken? Und: Wie kann ich mir selbst trauen?

An der Oberfläche betrachtet, wirken unsere Ziele ziemlich unrealistisch. Die Aufgabe ist zu groß, und die Ziele liegen in weiter zeitlicher Ferne. Wer uns sieht, könnte zu dem Schluß kommen, daß die Chancen gegen uns stehen.

Wir könnten diesem Außenstehenden erklären: Anfänge sind doch keine Schlußpunkte. So manche erfolgversprechende Aussicht endet in Enttäuschung, und so manches scheinbar unbedarfte Pferd ist plötzlich aus dem Pulk geprescht — zur großen Überraschung derer, die Wetten abgeschlossen hatten. Die Menschen sind zu vielschichtig, und die menschliche Dynamik ist zu geheimnisvoll, um anhand mathematischer Vorhersagen Urteile darüber fällen zu können. Die Sehnsucht, die uns treibt, die Entschlossenheit, die wir besitzen — sie können immer die ursprünglichen Erwartungen ad absurdum führen. Wir haben entschieden, unser Glück selbst zu schmieden. Wir laden die anderen ein, dabeizusein und zuzusehen, was passiert.

Heute bitte ich um den Mut, unbeirrt weiterzumachen trotz aller Rückschläge. Ich will nicht vergessen, daß ich ein geborener Sieger bin.

Einzig im Wachstum erweist sich das Leben.
Kardinal Newman

In unserer materialistisch orientierten Gesellschaft herrscht die große Versuchung, andere Menschen anzustellen, um unsere eigenen Probleme zu lösen. Soll der Schnee auf dem Bürgersteig beseitigt werden? Dann miete dir einen Burschen mit einer Schaufel. »Hier, das ist unser Problem«, sagen wir unseren Anwälten, Beratern und Politikern: »Mach, daß es gelöst wird.« So verdichtet sich die Auffassung, daß *jedes* Problem, wie auch die Verantwortung für dessen Lösung, abgewälzt werden kann und soll.

Einige Probleme jedoch sind nicht übertragbar — egal, wie unzulänglich wir uns vorkommen, wenn wir sie selbst lösen sollen, egal auch, wieviel Geld uns zur Verfügung steht, um Hilfe zu kaufen. Gerade die Notwendigkeit, sich selbst innerlich zu erneuern, ist ein solches Problem. Kein anderer kann uns vor uns selber retten. Kein »Experte« könnte soviel wissen wie wir, wenn es darum geht, an welchem Punkt wir in unserer Entwicklung standen und was wir benötigen, um weiterzukommen. Wir sind selbst verantwortlich für unsere innere Entfaltung. Entweder, wir übernehmen die Aufgabe selbst, oder wir lassen es: So einfach ist das, und doch so schwierig.

Ich will mich einem Problem stellen, das ich früher umgangen habe. Die Beschäftigung mit ihm wird nicht so schmerzlich sein wie die Furcht vor ihm.

9. Februar

Wenn alles gesagt und getan ist, entscheidet der Wille über alles Weitere. Frank D.

Die meisten von uns, die wir Probleme aus der Kindheit in uns tragen, wissen sehr wohl, daß es keine Heilung, keine konstruktive innere Entwicklung gibt, solange wir nicht zuallererst dazu bereit sind.

Manchmal bringt uns der Unterschied zwischen Gewillt-sein und Wollen ganz durcheinander. Denn wir brauchen nicht zu wollen — oder gar gerne zu tun—, was getan werden muß. Die Einstellung, etwas nicht tun zu wollen, ist ganz und gar verschieden von jener, bei der wir nicht gewillt sind, etwas zu tun. Eine Frau auf dem Weg zu sich selbst hat dies so zum Ausdruck gebracht: »Alles, was ich je in meinem Leben losgelassen habe, trug überall Kratzspuren von mir.« Wichtig ist, daß sie losließ, so sehr sie auch daran festhalten wollte: Sie war gewillt dazu.

Wenn wir an jene Menschen in der Gruppe denken, die wir am meisten bewundern, jene, deren Fortschritte so vehement zu sein scheinen verglichen mit unseren, dann haben auch sie vielleicht überhaupt keine Lust, an einem unserer Treffen teilzunehmen. Sie empfinden es vielleicht als unangenehm, die zu sehen, die ihnen schon sehr geholfen haben, oder freundliche Worte zu sagen, obwohl sie sich eigentlich beklagen wollen. Es kann sein, daß sie wünschen, bestimmte Leute nicht bessern zu müssen. Aber es geht nicht darum, was sie wollen. Es geht darum, daß sie gewillt sind, das zu tun, was getan werden muß.

Heute will ich Gott um Hilfe bitten, daß ich meine Bereitschaft für inneres Wachstum stärken und den Unterschied zwischen dem, was ich will, und dem, wozu ich gewillt bin, erkennen kann.

Die Menschen werden stärker durch ihre Schwächen: Sie gewinnen an Weisheit. Edmund Waller

Es liegt ein guter Teil an Wahrheit in der alten Redensart: »Zeige mir deine Stärken, und ich sage dir deine Schwächen.« Jeder Gewinn hat auch seinen Nachteil. Menschen etwa, die tüchtig und strebsam sind, neigen dazu, alles derart in den Griff zu bekommen, daß ihre Antwort wie aus der Pistole geschossen kommt, bevor sie überhaupt eine Frage gehört haben. Im Rahmen unseres Programms machen sich diese robusten Seelen daran, ihre charakterlichen Mängel schnell zu reparieren. Genauso schnell aber sind sie dann frustriert. Sie haben für sich eine Technik gefunden, alle Schwierigkeiten sofort zu beseitigen, und sie hat immer funktioniert. Warum also sollte es jetzt anders laufen?

Hochintelligente Menschen neigen manchmal dazu, arrogant und ungeduldig zu sein. Während ihres ganzen Lebens haben sie sich immer gefragt, weshalb die anderen so lange brauchen, um zu kapieren. Aber sobald die Reise ins eigene Innere Weisheit verlangt anstelle bloßer Intelligenz, sind sie außer sich und irritiert. Sie haben immer Einser erhalten — warum also kommen sie jetzt nicht mit den neuen Anforderungen klar? Wie kann es sein, daß das Ausgeklügelte nicht das Richtige ist?

Die meisten von uns erachten ihre Stärken als wertvolle Schätze. Vielleicht würden wir etwas lernen, wenn wir einmal die Kehrseite der Medaille genauer untersuchten.

Wenn ich heute eine innere Bestandsaufnahme mache, will ich überprüfen, ob ich meine Stärken und charakterlichen Mängel richtig eingestuft habe.

11. Februar

Und siehe, Du warst in mir, und ich außerhalb meiner — und dort suchte ich nach Dir. Augustinus

Erinnern wir uns: Augustinus war der Mann, der Gott darum bat, ihm Keuschheit zu schenken — aber noch nicht gleich. Er war einer der ursprünglichen Denker nach dem Motto »Jetzt kaufen, später zahlen«. Viele von uns können sich mit dem Dilemma, das Augustinus lange nicht losließ, identifizieren. Wir wissen, daß unsere Fehler zahlreich und schwerwiegend sind. Wir wissen, was wir tun müssen, und wir nehmen uns gewiß auch vor, Abhilfe zu schaffen — bald, doch nicht gerade jetzt. An irgendeinem der nächsten Tage fangen wir an, in Ordnung?

Als Augustinus sich schließlich aufraffte, seine Irrtümer einzugestehen, als er aufhörte, Gott zu verleugnen, wurde er zu einer der überragenden Figuren seines Jahrhunderts. Aber was ist mit uns? Werden *wir* unsere Eigensinnigkeit aufgeben? Oder wird es so sein, daß »an irgendeinem der nächsten Tage« gleichbedeutend ist mit dem Sankt-Nimmerleinstag? Der Aufschub ist gefährlich, wenn es uns ernst ist mit der Suche nach dem tiefen Innern. Augustinus stellt eine Ausnahme dar: Er wurde zu einer dominierenden geistigen Größe deshalb, weil er letztlich seinen Willen an dem Willen einer Höheren Macht ausrichtete — und nicht, weil er so lange wartete.

Heute bitte ich um den Mut, die Dinge sofort in Angriff zu nehmen. Ich will mir klarmachen, daß verlorene Zeit für immer verloren ist.

Ich bin nicht verpflichtet zu gewinnen, aber ich bin verpflichtet, aufrichtig zu sein. Ich bin nicht verpflichtet, Erfolg zu haben, aber ich bin verpflichtet, diesem Licht gerecht zu werden, das ich in mir trage.

Abraham Lincoln

Es gibt so viele Auffassungen darüber, was unter Erfolg zu verstehen sei, wie es Menschen gibt. Einige wollen Ruhm, einige Geld — einige Ruhm *und* Geld. Manche sprechen von Erfolg, wenn sie berufliche Ziele erreicht haben, manche, wenn sie allseits bekannt geworden sind. Diese welchselnden Definitionen markieren die Unterschiede innerhalb der Gesellschaft — zwischen den Generationen, im kulturellen Bereich, im Erziehungssystem und auch in bezug auf die Glaubwürdigkeit einzelner Personen. Jede Gruppe hat ihre eigenen Vorstellungen vom Erfolg.

Vielleicht ist das Fehlen einer allgemein akzeptierten Bewertung von Erfolg verantwortlich für die Entfremdung, die so viele von uns verspüren. Vielleicht sollten wir uns darauf verständigen, daß wahrer Erfolg spiritueller Natur ist und nicht mit Händen gegriffen werden kann. Er hängt davon ab, inwieweit wir es verstehen, noch lebendiger, offener zu sein — und nicht noch effektiver in der Beschaffung dessen, was wir haben wollen. Ein reicheres Leben ist ein Geschenk, das allein wir den anderen und uns selbst machen können. Ein Gebender sein: das ist es, was uns erfolgreich werden läßt.

Wenn ich heute das Programm für mich durcharbeite, will ich meinen Blick eher auf inneren als auf äußeren Erfolg richten. Es spielt keine Rolle, wenn die Welt mir einen Erfolg zugute hält; entscheidend ist, daß er für mich *Gültigkeit besitzt.*

13. Februar

> *Ich hatte ein bitteres Gefühl meinen Eltern gegenüber, bis ich sah, wie verbittert* sie *waren gegenüber* ihren *Eltern.* Birdie V.

Manchmal werden wir, wenn wir uns mit der eigenen Kindheit auseinandersetzen, ganz aufgesogen von unserer Familiengeschichte und vergessen dabei, daß jeder eine Familie hat, von welcher er abstammt. Sogar unsere Eltern. Ja, gerade sie — das liegt in der Natur der Sache.

Es kann heilsam sein, über das frühere Leben unserer Eltern nachzusinnen: welche Verhaltensmuster ihnen vorgegeben waren und welche Reaktionen man von ihnen erwartete. Sie besaßen wahrscheinlich keine Selbsthilfe-Bücher wie wir, sie konnten an keinen Gruppensitzungen teilnehmen, sie hatten wohl keinen geistigen Paten, der ihnen zur Seite stand, und gewiß auch keine Programme in unserem Sinn. Sie hatten nicht die Vorstellung von einem lebenslangen Fortschreiten in Richtung auf ein erweitertes Selbst.

Einer muß den Teufelskreis durchbrechen. Ärger bringt Ärger hervor, Bitterkeit schlägt sich nieder in noch mehr Bitterkeit. Wenn wir haßten, was unsere Eltern uns mitgegeben haben, so ist es wahrscheinlich, daß sie ihrerseits haßten, was sie durch ihre Eltern erfahren hatten. Aber keiner hob diesen ewigen Ablauf auf, und so setzte er sich fort und fort.

Eines Tages werden sich vielleicht unsere eigenen Kinder mit ihrer Familie auseinanderzusetzen haben. Darüber sollte man einmal nachdenken, nicht wahr? Wie groß wird dann unsere Hoffnung sein, daß sie *uns* verstehen werden?

Heute will ich unvoreingenommen über Lebensrhythmen nachdenken. Ich will leben im Wissen, daß meine eigenen Kinder eines Tages auch mich beurteilen.

Die wahre Selbstliebe ist der beste Schutz gegen Beziehungen, die auf Abhängigkeit beruhen.

Robert Coleman

Bei Gruppensitzungen, wo wir über die Probleme in der Kindheit sprechen, können Frauen Hilfe finden, die sich von Männern zutiefst abhängig fühlten und nun um ihre innere Freiheit kämpfen. Eine dieser Frauen sagte: »Ich habe jede Art von Benehmen hingenommen, nur um einen Mann zu haben. Um meine Selbstachtung zu bewahren, habe ich eine unbefriedigende Beziehung gerade beendet. Aber es fällt mir immer noch schwer, nicht rückfällig zu werden. Manchmal habe ich derart Angst, daß ich mich schnell in seine Arme flüchten möchte. Und doch konnte ich es bisher vermeiden. Ich betrachte jeden Tag, an dem ich mich zurückhalte, als Erfolg.«

Wie schon viele vor ihr, lernt diese Frau den Unterschied verstehen zwischen Liebe und Abhängigkeit. Sie fängt an, neue Gedanken zu haben und bessere Perspektiven zu entwickeln. Indem sie ihr Programm befolgt, konzentriert sie sich eher auf ihre eigenen Bedürfnisse als auf die anderen. Indem sie erkennt, daß die Höhere Macht sich ihrer schon immer angenommen hat, sieht sie, wie ihre ersten Schritte sich in Riesensprünge verwandeln: gerichtet auf das Ziel innerer Unabhängigkeit, die aus wahrem Selbstwertgefühl resultiert.

Ich will lernen, Sorge zu tragen für mich selbst, und dabei begreifen, daß ich gegen Beziehungen, die auf Abhängigkeit gründen, nicht mehr wehrlos bin.

15. Februar

Weshalb sind wir überrascht, wenn ein Feigenbaum Feigen trägt? Margaret Titzel

Eine ständige Quelle des Unbehagens und des Leids im Umgang mit Menschen, die auf der Suche nach ihren Wurzeln sind, liegt in den unrealistischen Erwartungen, die sie hegen. Mit am stärksten rechnen sie mit gesundem, vernünftigem, vertrauenerweckendem Verhalten bei jenen Menschen, die es vielleicht gar nicht zu geben fähig sind.

Alkoholismus ist eine Art Wahnsinn, dessentwegen man vielleicht nicht in eine Anstalt kommt — aber er stellt doch eine Krankheit dar, bei der das Opfer nicht imstande ist, sich so zu verhalten, wie es die meisten als normal bezeichnen würden. Bis die Heilung einsetzt, ist der Alkoholiker einer verwirrenden Mischung von Gefühlen, Illusionen, Verleugnungen, Manipulationen und Täuschungen unterworfen. Kurzum: Alkoholiker, die nicht behandelt werden, sind unfähig, ihre Rollen in einer gesunden Beziehung zu erfüllen.

Wenn wir von einem Alkoholiker, den wir lieben, der aber weiterhin trinkt, mehr erwarten, als unter den Umständen möglich ist, programmieren wir den eigenen, großen Kummer schon im voraus. Feigenbäume tragen Feigen, keine Pfirsiche. Was wir zu tun vermögen, kommt aus dem, was wir sind — nicht aus dem, was wir gerne sein würden.

Heute will ich mich nicht selbst frustrieren durch unrealistische Erwartungen. Was ich nicht ändern kann, will ich akzeptieren.

Ich verbrachte mein ganzes Leben mit dem Gedanken, daß ich eine Ausnahme sei. Ich hätte mir nie träumen lassen, daß jeder andere mir so sehr ähnelt.

Teresa P.

Manchmal klingen die Diskussionen bei unseren Gruppentreffen ziemlich seltsam. Man bekommt zu hören, daß jeder in dieser Welt ganz klar »zu den anderen« oder »zu uns« zu gehören scheint. Die anderen sind immer anders als wir. Manchmal sind sie gesund und wir krank. Und manchmal verhält es sich gerade umgekehrt: Sie sind nicht so sensibel, so wertvoll, so intelligent wie wir. Schließlich arbeiten sie nicht mit Hilfe eines Programms an sich selbst, was bedeutet, daß sie nicht unsere Worte benutzen oder das gleiche denken wie wir.

Was tun wir eigentlich, wenn wir uns in eine solch zweifelhafte, abgesonderte Position hineinreden? Macht es Sinn, zwischen uns und dem Rest der menschlichen Rasse eine Grenzlinie zu ziehen? Tatsächlich ist die Idee von der totalen Verschiedenheit zwischen uns ein Gerücht. Trotz der Unterschiede in spezifischen Einzelaspekten sind wir einander eher ähnlich als unähnlich: Wir brauchen Liebe und Unterstützung, wir fühlen uns einsam und ängstlich, und wir sehnen uns nach der Freundschaft jener, mit denen wir geistig verbunden sind. Wir alle bluten, wenn wir tief verletzt werden.

Heute will ich in meinem Herzen forschen, ob es Anzeichen dafür gibt, daß ich mir etwas einbilde auf meinen Schmerz. Ich will mich daran erinnern, daß alle Menschen an Schmerz leiden und also Mitgefühl verdienen — genauso wie ich selbst!

17. Februar

Angst heißt, daß wir falsche Zusammenhänge als wirklich empfinden. Paula L.

Es steht außer Frage, daß die Angst ein Tyrann ist, der die Fähigkeit besitzt, unser Leben total zu lähmen. Er übt einen starken Druck aus. Er spricht mit einer lauten, einschüchternden Stimme. Angst ist mächtig.

Und doch verhält es sich so, daß wir uns fast alle Ängste im Laufe unseres Lebens angeeignet haben. Indem wir auf den einen oder anderen Anlaß reagierten, lernten wir, Angst zu haben vor den Dingen, die wir taten. Angst ist eine Vorhersage, welche sich selbst bewahrheitet: Eine Situation stellt sich als beängstigend dar, wir handeln verängstigt, und die daraus resultierenden Folgen, verursacht von dieser Angst, verstärken die Angst, die uns bei früheren Gelegenheiten beigebracht wurde. Die Frage ist: War bei diesem ersten Anlaß wirklich Angst nötig? Normalerweise eben nicht. Der Anlaß war im Grunde nichtig. Ist es etwa tatsächlich wahr, daß die Menschen uns nicht mögen, wenn wir für uns selbst einstehen? Ist es wahr, daß wir keine Freunde haben, wenn wir nicht in der Menge mitmarschieren? Ist es wahr, daß alle Beziehungen letztlich zum Scheitern verurteilt sind?

Es steht außer Frage, weshalb viele unter uns gelernt haben, derart ängstlich zu sein. Es gab einen bestimmten Anlaß, einen bestimmten Zusammenhang. Aber rechtfertigte er die Empfindung?

Heute kann ich meine Ängste vertreiben, indem ich mich darauf besinne, daß das Gute in meinem Leben wirksam ist.

Auch wenn die Geduld eine müd' gewordne Stute ist, sie wird weitertrotten. William Shakespeare

Wirklich selten ist der Mensch, der nicht viel Zeit braucht, um etwas zu lernen. Die meisten von uns aber brauchen oft nicht nur Zeit, sondern auch all die vielen Zwischenschritte, wo Fehler über Fehler möglich sind, bis die Lektion soweit klar ist, daß wir sie endlich verstehen.

So machten viele die Erfahrung, mit enttäuschten Erwartungen zurechtkommen zu müssen, mit Erwartungen, die uns stolpern ließen und zu Fall brachten. Die Folge davon war ein niederschmetterndes Bild von uns selbst. Vielleicht hat jemand in unserer Vergangenheit die ganz unrealistische Erwartung gehabt, wir würden etwas blitzschnell wissen, das wir doch erst durch Ausprobieren allmählich begreifen konnten. Und so haben wir versagt.

Viele tragen dieses Gefühl von Mißerfolg mit sich durch die Jahre. Unabhängig davon, was wir vollbringen oder wie schnell wir es schaffen: Es reicht nie aus, dieses frühe prägende Erlebnis, die Geister der Vergangenheit, auszulöschen. Vielleicht ist es an der Zeit, daß wir uns an jemand anderen wenden.

Heute will ich auf die ermutigenden Worte der Freunde und Familienmitglieder hören, die das Gute in mir erkennen.

19. Februar

Ich hatte genug davon, meine Krankheit zu belohnen. Das kostete mich zuviel Kraft. Marvin H.

Wenn wir bereit sind, eine Belohnung zu geben, zeigt das die Wertschätzung an, die wir einer bestimmten Sache entgegenbringen. Das Entgelt steht für unsere Hoffnung, daß das gleiche sich noch einmal ereignen möge. Belohnungen machen Mut, denn eine gute Vorstellung kann wiederholt werden.

Wenn wir nicht achtgeben, kann es sein, daß wir unsere eigene Krankheit belohnen. Das kommt, wenn wir unsere alten, destruktiven Gewohnheiten und Verhaltensmuster einfach nachleben: dadurch üben wir sie weiter ein und behalten sie. Je mehr wir aber nach ihnen handeln, desto weniger sind wir uns der Dinge bewußt, die eigentlich ablaufen.

Wir belohnen unsere Krankheit, wenn wir Angst haben und dann zulassen, daß dieses Gefühl unsere Tätigkeit zum Stillstand bringt. Sobald wir nur hilflos zuschauen, wie unsere Schamgefühle die Oberhand gewinnen, indem sie uns zu unrealistischen Erwartungen verleiten — dann belohnen wir die Krankheit. Wenn die geringe Selbstachtung uns in Beziehungen stolpern läßt, die zwangsläufig in Kummer und Leid enden müssen, oder wenn wir es gestatten, daß eine unannehmbare Verhaltensweise von uns nicht hinterfragt wird — auch dann belohnen wir die Krankheit.

Wir brauchen nicht die hohen Kosten zu tragen, die dadurch entstehen, daß wir die Krankheit gleichsam nähren durch solch selbstzerstörerische Muster. Wir haben genug bezahlt für Niederlagen. Es ist Zeit, in den Erfolg zu investieren.

Heute will ich meine ganze Energie für die positive Neuorientierung einsetzen. Nichts von dem, was ich heute tue, wird zur Bestätigung meiner Krankheit beitragen.

Gott hat Achtung vor mir, wenn ich arbeite — aber er liebt mich, wenn ich singe. Rabindranath Tagore

Welche Vorstellung beschwört das Wort »Gott« herauf? Viele assoziieren mit diesem Wort Bilder, die aus der Vergangenheit entlehnt sind und nicht weiter untersucht, nicht auf die Probe gestellt, nicht bestritten wurden. Wie so manch andere unserer Anschauungen, muß auch die Idee, die wir von Gott haben, einer erneuten Betrachtung unterzogen werden — und zwar im Licht jenes Prozesses, den wir als Selbstfindung bezeichnen.

In vielen der alten Vorstellungen erschien Gott gewöhnlich als die etwas strenge, weiß gekleidete Figur, die in der Höhe thront und einen kritischen Blick auf all das wirft, was wir sind und tun. Vielleicht glaubten wir, Gottes einziger Wunsch bestünde darin, daß wir hart arbeiten und tapfer unser Leid ertragen. Oftmals denkt der Gott unserer Kindheit nur an die Arbeit, die allein zählt.

Wenn wir jedoch nachdenken, gelangen wir vielleicht zu einem erleuchteteren, liebevolleren Gottesbild. Indem wir mehr über das Wesen der Liebe erfahren und sehen, wie sie sich äußert, mag das Verständnis reifen, daß es unsere Zufriedenheit ist, unsere Glückseligkeit und innerer Friede, was Gott uns am meisten wünscht. Vielleicht befinden wir uns dann in der wunderbaren Lage, wo wir zu begreifen beginnen, daß Gott mit uns glücklich ist, egal, ob wir spielen oder ob wir arbeiten. Es kann sogar sein, daß er uns lieber spielen sieht.

Heute weiß ich, daß der Gott, der immer nur Mühsal bereitete, pure Einbildung ist. Im Maß, wie ich mich selbst besser kennenlerne, verstehe ich allmählich mehr von Gott.

21. Februar

Niemals wurde etwas Großes geschaffen ohne Begeisterung. Ralph Waldo Emerson

Apathie ist tödlich. In der gleichen Weise, wie die einfühlsame, liebevolle Haltung gegenüber anderen ein Zeichen innerer Lebendigkeit darstellt, lassen Apathie und Gleichgültigkeit darauf schließen, daß die Gefühle fast gänzlich verkümmert sind. Solange wir das Bedürfnis verspüren, Sorge zu tragen für jemanden, flackert die Flamme noch, und wir haben eine Chance. Wir können vielleicht nicht sehr wirksam mit unseren Problemen umgehen, aber solange uns nicht alles egal ist, können wir immer noch etwas tun.

Manchmal scheint die Apathie über uns zu fallen wie eine Decke, die uns zu ersticken droht. Oft überkommt sie uns, wenn wir deprimiert sind oder wenn wir eine Situation erlebten, die so schmerzlich war, daß wir einfach nicht die Kraft haben, sie abzuschütteln und unseren Geist zu erheben. In solchen Fällen ist es hilfreich, sich eine Sache oder einen Menschen vorzustellen, die uns etwas bedeuten. Wenn wir an Menschen und starke Überzeugungen denken, die uns teuer sind, können wir das erlöschende innere Feuer schüren und daraus neues Leben entfachen. Das heißt, wir müssen unsere eigentlichen, tiefen Anliegen zum Glühen bringen. Wie die Funken dieser Glut können dann unsere Gefühle aufzischen und zurückkehren ins Leben. Die Liebe, die wir so erzeugen, wird uns selber wärmen, damit wir neuen Auftrieb erhalten.

Ich kann das nur auf mich selbst gerichtete Interesse abstreifen und mich statt dessen auf jene konzentrieren, die mir besonders wichtig sind. Ich will sie wissen lassen, daß sie mir etwas bedeuten.

Solange Gewohnheiten und Routine den Ablauf des Lebens bestimmen, werden neue Dimensionen der Seele nicht auftauchen. Henry van Dyke

Wenn nichts sich ändert, ändert sich nichts.

Ein Grund, warum Menschen Bücher wie das vorliegende lesen oder auf Gruppensitzungen sich drängen, liegt darin, daß sie Veränderung wollen — und wenn nicht die vollkommene, so doch mindestens eine kleine in bezug auf jene Bereiche ihres Lebens, die Leid verursachen. Es gibt immer gute Gründe dafür, daß wir an der Stelle, wo wir gerade sind, nicht weiterkommen. Damit geben wir uns selbst die Verhaltensmuster und die Gewohnheiten vor, in die wir verfallen. Wenn die tatsächlich schmerzlichen Folgen dessen, was im Leben die Macht hat, uns zu verletzen, häufiger sind und sich ständig wiederholen, dann haben wir uns ein Verhalten angeeignet, das negativ ist, weil es uns nicht hilft.

Solange solche Muster, solch eingefleischte Reaktionen unangefochten bestehen bleiben, kann natürlich im Leben nichts Neues eintreten. Diese Gewohnheiten sind wie Maschinen, die ständig und Jahr für Jahr die gleichen Produkte ausstanzen. Zu nichts anderem sind sie fähig. Sie sind ersonnen worden, damit sie diese eine spezielle Ware hervorbringen.

Die Veränderung verlangt neue Verhaltensweisen, neue Gedanken, vielleicht auch eine neue Umgebung. Sie verlangt die Bereitschaft, alten Gewohnheiten den Krieg zu erklären. Das mag erschreckend sein — ja. Aber noch mehr ist es — erregend.

Ich bin bereit, die Sicherheit ausgetretener Pfade aufs Spiel zu setzen — zugunsten der Aussicht auf eine neue, glückliche Zukunft.

23. Februar

Was ist Stärke ohne den doppelten Anteil an Weisheit? Sie ist unkontrollierbar, schwerfällig und wird zur Last; sie schenkt einem stolze Sicherheit — und doch vergeht sie so leicht. John Milton

Was meinen wir eigentlich, wenn wir sagen, jemand sei stark? Daß er große Muskeln hat? Daß er alles ertragen kann, ohne müde zu werden? Daß er schon gar nicht ans Aufgeben denkt? Sinken starke Menschen niemals in die Knie? Brechen sie nie zusammen?

Einige von uns fürchten sich davor, irgendeine Art von Schwäche zu zeigen. Wir nehmen die eigene, angenommene Stärke als das zentrale Faktum unseres Lebens. Mit der Zeit werden wir uns selbst vielleicht gar als unzerstörbar betrachten. Wir glauben, daß alles — ob Menschen, ob Dinge — in die richtige Richtung gestoßen werden kann, wenn wir mit genügend Kraft auftreten. Bei einem Gruppentreffen erzählte ein Mann, daß er nach einer schlimmen Herzattacke im Krankenhaus liegen mußte. Und gerade auch weil ihm jede Art von Anstrengung untersagt worden war, zwang er sich dazu, wie er sagte, vom Bett aufzustehen, im Zimmer umherzuwandern und ein Stück Papier vom Boden aufzuheben — nur um zu beweisen, daß er dazu imstande war.

Viele von uns gleichen diesem Mann mehr, als sie zuzugeben bereit sind. Mögen wir also, wie er, allmählich gewillt sein, unsere Stärke als unsere Schwäche zu akzeptieren, wenn der Augenblick dafür gekommen ist.

Hoffentlich bin ich heute fähig, meine sehr realen und menschlichen Begrenzungen zu akzeptieren.

Manchmal muß es erst noch schlechter werden, ehe es besser werden kann. Joe B.

Wie sehr wir doch Schmerz verabscheuen! Geht es nicht jedem so? Und es stimmt einfach nicht, daß Schmerz »adelt« oder auf irgendeine andere geheimnisvolle Art »gut für dich« ist. Die einzigen Menschen, die das behaupten, sind solche, die bisher ohne viel Schmerz durchgekommen sind. Aber manchmal muß es erst noch schlechter — schmerzhafter — werden, ehe es besser werden kann.

Der innere Konflikt, wenn wir anfangen, zu uns selbst zu kommen, ist schmerzlich. Immerhin haben wir über viele Jahre nach gewissen Ordnungen gelebt. Und diese erhalten und erneuern sich von selbst — sie streben nach innerer Stabilität. Funken sprühen, wenn wir in dieses feste System eindringen und beginnen, die Regeln zu ändern. Es kommt immer zur Konfrontation, wenn wir agieren anstatt reagieren. Und Konfrontation bedeutet Herausforderung. Im Zentrum eines Konflikts, einer starken Verwirrung, kann der Schmerz fast unerträglich werden, wenn wir weitergehen. Es wäre so einfach, das Handtuch zu werfen, aufzugeben. Aber manchmal gibt es einfach keinen Ausweg für uns — wir müssen durch alle Beschwernisse hindurch. Wenn wir den richtigen Pfad finden, ist die Belohnung groß. Wir zehren davon ein Leben lang.

Heute erbitte ich den Mut, unbeirrt fortzufahren. Wenn ich den Schmerz nicht vermeiden kann, so will ich ihn jetzt annehmen, mit ihm zurechtkommen und ihn hinter mir lassen.

25. Februar

Die Liebe hieß mich willkommen:
Doch meine Seele, unrein, sündig,
Wich vor ihr zurück.
Der Liebe schnelle Augen aber,
Sehend, wie ich träge ward
Von Anbeginn, kamen nah zu mir:
Und fragten mich mit süßem Glanz —
Ob etwas mir fehle.

George Herbert

Eine liebevolle Einladung ist viel wirkungsvoller als irgendeine Verkaufsmasche. Wenn wir Neulinge willkommen heißen im Rahmen unseres Programms, ist es immer angebracht, ihnen zu versichern, daß die Dinge besser laufen können, daß sie sie besser machen können. Wir dürfen nie den Eindruck erwecken, der Prozeß der Selbstfindung stelle eine leichte Aufgabe dar, die man einfach nur angehen müsse.

Die Dämonen jenseits der verschlossenen Türen im Innern sind schon viele Jahre dagewesen. Diese Dämonen verschleiern vielleicht den Tod eines anderen Menschen, ein Leben in Drogenabhängigkeit, oder kaschieren die Ecke, in der wir uns verkrochen haben, weil alles andere zu häßlich war, um es ertragen zu können. Wahr ist, daß wir uns den Dämonen stellen müssen, um geheilt zu werden. Aber es ist genauso wahr, daß eine gefühllose Haltung Neulinge so abschrecken kann, daß sie sich zurückziehen. Ein tief empfundenes: »Wir sind froh, dich hier zu wissen«, ist eine starke Botschaft der Hoffnung.

Heute will ich mich daran erinnern, was ich fühlte, als ich zum ersten Mal aufblickte zu jenem langen Pfad, der über den Berg führt.

Geduld: diese Mischung aus moralischer Standhaftigkeit und einer Art körperlicher Scheu.
Thomas Hardy

Alle schönen Dinge verlangen Zeit und haben ihr eigenes Tempo, um sich zu entfalten. Sie tragen eine Uhr in sich, die nicht nach der unsrigen geht. Warum also hegen wir solch unrealistische Erwartungen, wenn es um innere Fortschritte geht? Warum glauben wir immer so sicher zu wissen, wie lange etwas dauern müßte?

Es geschieht sehr häufig, daß man bei einem Treffen, wo wir auf den Spuren der Kindheit sind, einen der Teilnehmer etwa sagen hört: »Ich weiß nicht, was mit mir los ist. Ich muß geistig krank sein oder irgend so etwas. Immer, wenn ich einen Schritt vorwärts mache, gehe ich zwei Schritte zurück. Ich glaube nicht, daß ich mich überhaupt verändere. Warum vergesse ich immerzu, was gut für mich ist und was mir hilft?« — Aber: Wie schnell sollte das vonstatten gehen? Wessen Uhren ziehen wir zum Vergleich heran? Und: Wieviel Lebenszeit haben wir doch gebraucht, um all unsre charakterlichen Mängel zu verstärken? Wie schnell sollten sie also, unserer Ansicht nach, behoben werden können?

Eine große Aufgabe kann nicht auf einmal bewältigt werden. Das ist einfach so. Es gibt keinen legitimen Grund dafür, ungeduldig zu sein. Wir kommen niemals zu spät. Die Zeit, die verstreicht, ist die Zeit, die notwendig war. Wir werden dahinkommen, dies einzusehen.

Heute will ich mir jenes inneren Wachstums bewußt sein, das ich schon erzielt habe, und fortfahren mit der geduldigen Durcharbeitung meines Programms.

27. Februar

Wieder hab' ich's getan! Ich fühle mich scheußlich! Ich bin *scheußlich!* Jim E.

Diese quälenden Gedanken kamen bei einem unserer Treffen zum Ausdruck, wo wir die Probleme mit dem ungeliebten Kind in uns thematisieren. Der, der da sprach, war ein junger Mann, der es geschafft hatte, drei Jahre lang trocken zu bleiben. Nach schlimmen Kindheitserfahrungen hatte Jim, als er schon trank, geheiratet, und er wurde geschieden, als er bereits kein Glas mehr angerührt hatte. Nachdem der Trennungsschmerz überwunden war, beschloß Jim, sich nie wieder auf das Trinken einzulassen.

Aber mit der Zeit fühlte er sich einsam. Er wollte Liebe bekommen wie wir alle. Da traf er Julie. Sie verliebten sich ineinander. Aber gerade das bereitete Jim schreckliche Angst. Was er am meisten ersehnte, war das, wovor ihm äußerst bange war. Je näher Julie ihm kam, desto mehr geriet er in Panik.

Dann, eines Nachts, geschah es, daß er einen Streit vom Zaun brach. »Ohne jeden Grund«, sagte er. Er war grausam zu ihr, stieß sie zur Seite. Jetzt fragt er sich, ob Julie je wieder mit ihm sprechen wird.

Aber es gab einen Grund für diese Auseinandersetzung. Jim befindet sich an einem Scheideweg, wie all seine Gefährten mit ähnlichen Problemen: Sollen sie alte Verhaltensmuster wiederholen oder neuen Wahrheiten folgen? Es geht darum, ob wir uns für das Leben und die Liebe entscheiden oder für Rückzug und Tod. Wir alle wissen, wohin die alten Wege uns führen. Wir verstehen sehr gut, und wir sympathisieren mit der einen Richtung wie mit der anderen. Aber die Zeit kommt, da jeder von uns die Wahl treffen muß. Welcher Weg wird es sein, den wir gehen?

Heute will ich mich gegen die innere Verzweiflung auflehnen. Ich will an mich glauben trotz der Schwächen, die sich immer wieder bemerkbar machen.

Wir kamen zu dem Glauben, daß eine Macht, größer als wir selbst, uns unsere geistige Gesundheit wiedergeben kann.

Zweiter Schritt des AA-Programms

Nachdem wir im Ersten Schritt des AA-Programms unsere Machtlosigkeit eingestanden haben, beginnen wir nun, unser Herz und unseren Geist einer Wirklichkeit zu öffnen, die uns übersteigt. Es braucht Zeit, den Glauben an höhere Mächte zu finden, Zeit, um unser Bedürfnis nach Erneuerung zu erkennen. Wir haben unsere fehlerhaften Verhaltensmuster aus der Kindheit ins Erwachsenenalter übernommen und damit weitergemacht, nach solchen Mustern zu leben, selbst wenn wir sie gar nicht mehr brauchen. Das ist unsere Art von Wahnsinn.

Die geistige Gesundheit, die der obige Zweite Schritt verheißt, gibt uns wieder die Fähigkeit, selbständig zu denken und eher auf die Entscheidungen einzuwirken, die heute zu treffen sind, als auf jene, die schon vor Jahrzehnten fielen innerhalb eines nicht funktionierenden Systems von Abhängigkeiten. Diese Gesundheit resultiert aus vollkommener Integration: Gedanken, Handlungen und Gefühle verbinden sich zu einer Einheit; und nicht aus einem Wahnzustand, in dem alles zersplittert erscheint, weil wir das Gegenteil dessen tun, was wir denken.

Wir unternehmen also diesen Zweiten Schritt im Vertrauen darauf, daß die Höhere Macht unsere Fähigkeit, vernunftgemäß zu leben, wiederherstellen kann.

Vielleicht bin ich zum ersten Mal in meinem Leben bereit zu glauben, daß mir Hilfe zur Verfügung steht.

29. Februar

Wenn du die Liebe wegnimmst, wird unsere Erde zum Grab. Robert Browning

Die Wissenschaftler haben viel über das normal funktionierende Gehirn erfahren, indem sie Gehirne untersuchten, die verletzt waren. Sie fanden heraus, daß gewisse Verletzungen bestimmte Funktionsstörungen hervorrufen. Jeder Verlust birgt einen Hinweis darauf, wie das Ganze normalerweise arbeitet. Und jede unterbrochene Verbindung erzählt eine Geschichte.

Spezifische Verhaltensweisen signalisieren es, wenn unsere Liebesbeziehungen zusammenbrechen. Einige der üblichen Fehlfunktionen sind: Wir reiten auf den Fehlern der anderen herum, die wir bei uns selbst am meisten verabscheuen: wir schlagen um uns, wenn wir uns am ohnmächtigsten fühlen; wir versuchen, anderen Menschen Schuldgefühle zu geben, wenn unsere eigenen unerträglich werden. Beschädigte Beziehungen verhindern nach der einen wie nach der anderen Richtung, daß die Liebe sich ausbreiten kann. Alle Verhaltensweisen, die dazu führen, sind Zeichen, daß wir einen großen Verlust erlitten haben, daß unsere emotionale Gesundheit angegriffen ist. Liebe, die frei fließt, ist für den Geist genauso notwendig wie das pulsierende Blut für den Körper.

Ich will heute meine Liebe gesund erhalten, indem ich meine eigene Bestandsaufnahme mache und über die Schwächen derer, die ich liebe, hinwegsehe.

März

1. März

Das Schweigen ist die Sphäre, in der sich die großen Dinge gestalten. Thomas Carlyle

Wenn wir jenen Punkt erreichen, wo das Schweigen unser Freund wird, gewinnen wir ein großes Maß an Kraft und Weisheit. In dieser Stille sind wir ganz und gar Lauschende, und so manches der tiefsten Lebensgeheimnisse wird uns offenbar.

Jene, die vor sich selbst und den schmerzlichen Lektionen der Vergangenheit davonlaufen, fürchten die Stille mehr als jede andere Realität. Die Angst entsteht dadurch, daß sie sich selbst in der Stille hören können, und die Bitternis dieser Erfahrung würde sie gewiß krankmachen. Solche Menschen fühlen sich immer einsam — ob sie nun allein sind oder in der Menge.

Wenn wir aber innehalten und leise sind, hören wir, wie die im Hof unsrer inneren Burg sanft gesprochenen Wörter in Wahrheit herrlich und schön sind. Wenn wir zuhören, erfahren wir, daß wir eben nicht schlechte, ekelhafte und nicht von Pech verfolgte Menschen sind, sondern daß wir durchaus Kraft besitzen. Ja, da ist sogar viel Richtiges und Edles in uns.

Allein oder einsam — wie wir uns fühlen, hängt davon ab, ob wir das Schweigen lieben oder nicht.

Mit jedem Tag finde ich mehr Gefallen an der Gesellschaft mit mir selbst.

Ich wurde als Mädchen geboren. Das war meine Erbsünde. Molly S.

Es ist unfair, ja überhaupt eine der schlimmsten Formen der Ungerechtigkeit, für etwas bestraft zu werden, das man nicht verschuldet hat — besonders dann, wenn die Betroffenen Kinder sind. Viele Jungen haben sich darum bemüht, den Eltern gerecht zu werden, die von ihnen — ohne Sinn für die Gegebenheiten, ohne Sensibilität — ein männliches Verhalten erwarteten. Viele Mädchen werden nicht ernst genommen, weil sie dem schwachen Geschlecht angehören. Als wir Kinder waren, wollten wir alle, daß die anderen uns so annehmen würden, wie wir sind, und daß unser Wert erkannt würde. Vielleicht sind wir nie wirklich akzeptiert worden.

Mag sein, daß wir einige unserer Freunde um die traumhaften Beziehungen beneideten, die sie mit ihren Eltern zu haben schienen. Wir sahen den vertrauensvollen Blick in den Augen dieser Freunde, wenn ihre Väter in der Nähe waren, oder wir hörten, wie ihre Mütter sich lobend über die schulischen Vorhaben des Kindes äußerten. Wir träumten davon, mit ihnen zu tauschen. Wir verstellten uns, erfanden Lügen und bauten Fantasieschlösser. Aber wir wußten sehr wohl, daß dies alles nicht stimmte.

Jetzt erkennen wir, was diese für uns damals nicht nachvollziehbare Zurückweisung eigentlich war: eine Form von Wahnsinn. Wir suchen nicht länger nach Bestätigung von solchen Menschen, die in ihrem Gefühlsleben behindert sind. Wir, die wir im Begriff sind, zu uns selbst zu kommen, Frauen und Männer — wir geben aufeinander acht: um den eigenen, wahren Wert im Spiegel des anderen genau zu betrachten.

Ich bitte, daß ich jenen verzeihen möge, die mich das verzerrte Spiegelbild meiner selbst schauen ließen.

3. März

Wir wissen aber, daß denen, die Gott lieben, alle Dinge zum Besten dienen ... Römer 8,28

Manchmal fällt es sehr schwer zu glauben, daß Gott weiß, was Er tut. Man sagt uns, wir sollen nicht mehr versuchen, alles zu kontrollieren — und wir tun das, was uns gesagt wird. Wir folgen der Maxime: »Suche inneren Abstand«, wir übergeben unseren Willen. Wir lösen unseren Griff von Menschen, Orten und Dingen. So sehr wir uns auch an all das klammern wollen — wir zwingen uns dazu, Gott die Geschäfte der Welt selbst tun zu lassen. Dann warten wir ab und schauen, ob die guten Dinge wirklich einzutreten beginnen.

Doch meistens läuft das Geschehen weiterhin unregelmäßig und unterschiedlich ab wie jedesmal zuvor. Mißgeschicke ereignen sich, weil Rückschläge, Ungerechtigkeiten und böse Absichten belohnt werden, während das Gute im Gewand des Bettlers daherkommt. Wir glauben, daß unser Vorsatz, einfach loszulassen, ad absurdum geführt wird, daß Gott die Sache auch nicht besser macht als wir. Wir fragen: Warum erfüllt er seine Aufgaben nicht?

Aber Gott schreibt auch auf krummen Linien gerade. Es mag sehr wohl sein, daß sein Zeitplan nicht der unsere ist. Wir sind dazu aufgefordert, uns einzuüben im Glauben, ohne sogleich konkrete Ergebnisse sehen zu müssen, und Vertrauen zu haben, wenn es so aussieht, als könnten wir alles sehr viel besser machen.

Heute bitte ich um den Glauben an mich selbst, der mir hilft, die Dinge geschehen zu lassen. Wie ein Kind, das von seinen Eltern aufgefangen wird, weiß ich, daß ich zu wertvoll bin, um fallengelassen zu werden.

Das Leben großer Menschen ist uns Mahnung:
Daß auch wir erhaben leben können —
Und dann, wenn wir scheiden, hinterlassen
Den Fußabdruck im Sand der Zeit.

Henry Wadsworth Longfellow

Nur wenige von uns halten sich selbst für »groß«, und noch weniger betrachten ihr Leben als ein »erhabenes«. Und dennoch steht es außer Frage, daß wir alle eines Tages aus dem Leben scheiden und irgendeine Art von Fußabdruck hinterlassen werden. Ob es uns zur Ehre gereichen wird oder ob wir es bedauern — wir lassen unsere Spuren zurück.

Auch wenn wir uns dessen nicht gewahr sind: Die Menschen beobachten uns. Alles, was wir sagen oder nicht sagen, was wir tun oder nicht tun, hat Auswirkungen auf andere. Unsere positive, hoffnungsfrohe Einstellung setzt sich um in einen ermutigenden Zuspruch für die Weggefährten, die mit Schwierigkeiten kämpfen, während vielleicht eine scharfe Bemerkung wie ein Wassersturz die schwache Flamme eines anderen endgültig auslöscht. Es kommt auf unsere Handlungen und Werte an.

Wenn wir unsere bisher hinterlassenen Fußabdrücke betrachten: Führen sie in die Richtung, wo wir zu uns selbst finden? Es ist niemals zu spät, in eine andere Richtung weiterzugehen.

In den nächsten vierundzwanzig Stunden will ich denen, die um mich sind, ein ermutigendes Beispiel geben.

5. März

Ohne eigene Stimme kann man nicht wählen. Ohne Wahlmöglichkeit ist man machtlos. Von nun an will ich mir Gehör verschaffen. Dave C.

Wenn wir unsere Stimme nicht erheben, haben wir keine Wahl und auch keine Macht. Kinder sind jene Mitglieder der Gesellschaft, die oft über keine eigene Stimme verfügen. Fast alle von uns sind nach der weitverbreiteten Ansicht aufgezogen worden: »Kinder sollte man nicht hören, nur ab und zu sehen« — oder nach einer Variation dieser Befehlsformel. In unserem Zuhause, wo einiges schiefgegangen ist, lernten wir, die Kinder, daß es für uns kein Mitspracherecht gab. Das Resultat war verheerend.

Wenn wir uns nicht bewußt mit ihnen auseinandersetzen, werden die früheren Vergehen sich in der Gegenwart und in der Zukunft wiederholen. Es ist ganz gut möglich, daß man alt wird und stirbt, nachdem man ein ganzes Leben lang blind, stumm und passiv der traurigen Melodie gefolgt ist, die man von Jugend an gezwungenermaßen im Ohr hatte.

Aber wer sagt, du und ich sollten *heute* keine eigene Stimme haben? Müssen wir diesen Menschen aus unserer Vergangenheit noch immer eine solche Macht über unser Leben zugestehen?

Egal wie scheu, unsicher oder ängstlich wir uns fühlen, wir müssen lernen zu sagen: »Ich bin da. Ich gehöre dazu. Das ist meine Meinung.« Es ist eine wunderbare, gesunde Sache, sich zu erheben und aus innerer Überzeugung zu sprechen. Wir alle verdienen es, gehört zu werden.

Heute danke ich Gott für das Wunder, daß ich meine eigene Stimme gefunden habe, nachdem ich lange Zeit so stumm war.

Reichtum verloren — etwas verloren; Ehre verloren — viel verloren; Mut verloren — alles verloren.
Altes deutsches Sprichwort

Der Prozeß der Selbstfindung ist nichts, womit man herumspielen könnte. Wenn wir sagen: »Gestern hatte ich Lust dazu; heute ist mir nicht danach«, so ist das unter Umständen eine nicht weiter ins Gewicht fallende Einstellung, wenn wir auf Bongos trommeln lernen wollen — aber wir schaden uns selbst, wenn wir auf diese Weise dem inneren Gleichgewicht näherzukommen versuchen.

So etwas wie Stillstand gibt es nicht. Entweder bewegen wir uns stückchenweise vorwärts, oder wir fallen zurück. Alles, was wir an Boden dazugewonnen haben, kann verlorengehen — für immer. Unser Leben ist keine Fernsehserie. Die Probleme, mit denen wir umgehen, sind real, ernst und bedeutsam. Unser Einsatz dabei ist hoch — und in einigen Lebensbereichen nicht mehr zurückzubekommen.

An vielen Wänden der Gruppenräume, wo wir uns treffen, steht die Aufforderung: »Mach niemals Kompromisse.« Die Idee dahinter ist nicht, daß wir etwa perfekt sein müßten, aber daß jeder kleine Ausrutscher die Einladung ist für einen größeren. Der Prozeß der Selbstfindung ist derart wichtig, daß sogar den kürzesten Strecken, die wir zurückgelegt oder verpaßt haben, entscheidende Bedeutung zukommt.

Ich will wachsam sein, daß ich nicht kilometerweit vom Weg abkomme, weil ich die ersten Zentimeter übersehen habe.

7. März

Die Wahrheit wird dich frei machen — aber zuerst macht sie dich unglücklich. Garfield

Was eine junge Frau bei einem unserer Treffen sagte, hört man oft aus dem Munde derer, die gerade angefangen haben, bewußter mit sich selbst umzugehen und innere Ruhe zurückzugewinnen: »Dieser Prozeß erzeugt mehr Probleme, als ich vorher hatte.« Die Wirklichkeit dieser Frau stellt sich natürlich eher so dar, daß es gar nicht derart viele neue Schwierigkeiten gibt, sondern daß sie jetzt imstande ist, die alten überhaupt zu sehen, die für sie vorher gar nicht existierten. Dasselbe gilt für uns alle, sobald wir im Begriff sind, den ersten Schritt zu tun.

Dieser Prozeß der Selbstfindung schafft ein neues Verständnis — und dadurch sind wir uns der Notwendigkeit von Entscheidungen mehr bewußt. Diese können schmerzhaft sein. Es kann sein, daß sie solche Stärken und Fähigkeiten von uns fordern, die wir am wenigsten besitzen und vor denen wir am meisten zurückschrecken.

Bevor unser innerer Prozeß begann, brauchten wir keine Entscheidungen zu treffen, weil wir uns den eigenen Problemen nicht stellten. Nachdem er nun eingesetzt hat, wird es gewiß einige schmerzliche Entscheidungen geben — aber aller Schmerz ist Wachstumsschmerz.

Ich kann eher nach jenen Wegen suchen, wo ich mich mit meinen Problemen auseinandersetze, als nach solchen, wo ich sie umgehe.

Vielleicht bin ich noch nicht angekommen, aber ich bin heute dem Ziel näher als gestern. Susie McD.

Viele Erwachsene, die als Kinder verleugnet wurden, haben — aus verständlichen Gründen — oft das Gefühl, sie seien nichts wert, sie seien schuldig und müßten sich schämen. Unsere Selbstachtung scheint einen Knacks erlitten zu haben — zumindest haben wir diesen Eindruck —, so daß wir nur schwerlich den eigenen Fortschritt erkennen können. Vielleicht haben wir Angst davor, uns wohl zu fühlen.

Es braucht Mut, um in die dunkle Straße, die wir gegangen sind, zurückzuschauen und festzustellen, wie weit wir uns dem Licht genähert haben. Aber die Belohnungen sind beträchtlich. Wenn wir uns selbst Glauben schenken: all dem inneren Fortschritt, dem Wunsch und der Bereitschaft zuliebe, die finsteren Winkel unserer Seele zu erforschen, dann haben wir guten Grund, uns selbst, so wie wir sind, zu feiern!

Wir müssen also mutig sein, um den Dämonen der Schuldgefühle und der geringen Selbstachtung in die Augen blicken zu können und sie zu bannen. Und wenn wir fähig sind, nicht nur zurück, sondern auch vorwärts zu schauen, so ist unsere Aufgabe noch größer.

Es ist nicht die ganze Geschichte erzählt, wenn feststeht, woher wir kommen oder wo wir gerade in unserer Entwicklung stehen. Wohin wir unterwegs sind — das läßt die Hoffnung steigen und uns freudig rufen: »Ich bin auf dem richtigen Weg zum Ziel! Ich mache meine Sache gut!«

Heute will ich dankbar sein für die innere Freiheit, daß ich jeden Tag, an dem ich mein Programm durcharbeite, für mich nutzen kann. Ja — ich nutze ihn wirklich.

Säe einen Gedanken, und du wirst ernten eine Tat;
Säe eine Tat, und du wirst ernten eine Gewohnheit;
Säe eine Gewohnheit, und du wirst ernten einen Charakter;
Säe einen Charakter, und du wirst ernten ein Schicksal.
Samuel Smiles

Gott stellt Nahrung für jeden Vogel bereit, aber er legt sie ihm nicht ins Nest. Gott sorgt auch für uns. Wir sind von herrlichen Quellen der Weisheit umgeben: von Gefährten, die, wie wir selbst, über ihre Kindheitserfahrungen reflektieren und uns daran teilnehmen lassen, von spiritueller Literatur, von den praxisorientierten Zwölf Schritten des Programms. So haben wir alles, was wir brauchen, für unsere Heilung und unser inneres Wachstum! Aber genauso, wie die Vögel die vorgesehene Nahrung finden und sammeln müssen, so auch haben wir zu handeln, wenn die Gabe nach Hause gebracht werden soll.

Wir müssen anwenden, was wir gelernt haben. Wenn wir all die weisen Einsichten in den Lauf der Dinge nicht in die Tat umsetzen, bringen sie uns auch nicht weiter. Wenn solche Einsichten uns vermitteln, daß falsche Schamgefühle nicht ständig durchgespielt zu werden brauchen — so müssen wir damit aufhören. Wenn wir bei uns die Neigung entdeckt haben, solche Beziehungen einzugehen, die zum Scheitern verurteilt sind — so müssen wir uns diesen widersetzen.

Nicht was wir wissen, wird den Unterschied ausmachen; sondern was wir mit unserem Wissen anfangen.

Ich übe im Rahmen meines Selbsthilfeprogramms starke Gewohnheiten ein, um die vorhandenen Hilfen richtig zu nutzen.

Im Mitgefühl bekundet sich das Wagnis, das eigene Schicksal anzuerkennen — so daß man gemeinsam mit anderen vorwärts schreiten kann.

Henri Nouwen

Wir sollten Gott danken für die Freunde, die uns im Rahmen des Programms begleiten — besonders für jene, die vor uns damit anfingen und uns erwarteten, als wir kamen. Wie sonst hätten wir gewußt, daß die Angst unser Problem war? Wer sonst hätte uns zeigen können, daß diese Angst zu bannen ist? Weil sie mit ihrer eigenen Angst fertiggeworden waren, vermochten die Freunde hinter unsere Maske zu blicken, als wir lauthals redeten, ständig wichtig taten und leichtfertig alles aufgeben wollten. Sie durchschauten das Ganze, weil sie bereits das verlorene Kind mit ihren eigenen Augen gesehen hatten.

Da sie ihr eigenes Versagen zugeben und annehmen, gehen sie weder zu nachsichtig noch zu hart mit den Fehlern anderer um. Sie wissen die Wahrheit — nämlich daß das Scheitern zum Leben dazugehört. Weil sie vom Unheil gekostet haben, sind sie auf eine segensreiche Art frei von autoritären Sprüchen, von Urteilen, die andere oft fällen, indem sie vorgeben, alles zu wissen. Mögen wir immer dankbar sein für diese Menschen, die uns kannten und liebten, sogar schon bevor wir einander begegneten.

Heute bitte ich darum, daß jenen großherzigen Menschen, die mich zur Gruppe einluden, alles Gute zuteil werden möge.

11. März

Du bist nur so krank wie deine Geheimnisse.

Kay B.

Denken heißt: entdecken, was sich im Kopf abspielt. Sich mitteilen heißt: entdecken, was sich im Herzen regt. Eigentlich wissen wir oft nicht genau, was wir denken und fühlen, ehe wir es nicht gegenüber einem anderen aussprechen. Erst durch diese geheimnisvolle, subtile, mächtige Handlung: diese Äußerung über uns selbst, können wir den Mut aufbringen, unsere Ängste anzugehen und abzustreifen. Indem wir andere um Unterstützung bitten und sie auch erhalten, sind wir fähig, Vertrauen zu haben und uns gestärkt im Licht zu erheben, wie alle anderen göttlichen Kreaturen.

Unsere Freunde in der Gruppe können nicht wissen, was wir ihnen nicht sagen. Sie können nicht Gedanken lesen. Und sie verdienen auch nicht unsere Abneigung und unseren Groll, wenn sie nicht auf ein Problem reagieren, an dem wir sie gar nicht teilhaben lassen. »Warum sehen sie das denn nicht?« jammert vielleicht unsere innere Stimme. »Ich habe doch vielen dieser Menschen geholfen, als sie in Not waren. Jetzt lassen sie mich geradewegs verbluten. Muß ich denn erst sterben, ehe jemand von mir Notiz nimmt?«

Nein. Wahrscheinlich müssen wir ihnen nur von uns erzählen. Wenn wir sie wissen lassen, was mit uns geschieht, werden wir erstaunt sein, daß sie die ganze Zeit schon für uns da waren.

Heute will ich all die Gründe hinterfragen, die mich davon abhielten, einem anderen mein Herz zu öffnen. Ich will der Bereitschaft, mich mitzuteilen: und damit mir selbst, eine Chance geben.

Die Einsamkeit drückt den Schmerz des Alleinseins aus — die Abgeschiedenheit dessen Reichtum.
Paul Tillich

Man kann sagen, daß die Trennlinie zwischen Einsamkeit und Abgeschiedenheit den Weg zur Selbstfindung darstellt. Bevor zum ersten Mal der Fuß darauf gesetzt wird, fürchten sich die meisten vor der Einsamkeit und fliehen vor ihr. Wir empfinden Angst vor dem Alleinsein, weil wir uns selbst für keine gute Gesellschaft halten. Sobald wir aber begonnen haben, den Weg zu uns selbst zu beschreiten, entdecken wir gerade in diesem Alleinsein eine wirklich wunderbare Person: uns selbst.

Unsere Aufgabe besteht darin, den alten, gräßlichen Botschaften zu widerstehen, die uns gewöhnlich vor uns selbst zurückschrecken ließen. Sie besteht darin, daß wir dieses laute Getöse im Innern hinter uns lassen und anerkennen, wie wunderbar unsere Gedanken sind, wenn wir nur selbst an sie glauben. Wir müssen die Tatsache akzeptieren, daß viele Menschen uns lieben — ihr Leben wäre ärmer, wenn wir nicht daran teilhätten. Wir lieben und wir werden geliebt. Das zeichnet uns auf besondere Weise aus.

Es ist nicht die Stille, die den Ausschlag gibt, denn sie gehört sowohl zur Einsamkeit wie zur Abgeschiedenheit. Der Unterschied liegt in der Einstellung zu uns selbst.

In dem Maß, wie ich zunehmend zu mir selbst komme, steigt die Fähigkeit, mich wohl zu fühlen mit mir allein.

13. März

Wenn ich erst einmal die Dinge akzeptiert habe, wie sie sind, dann vermag ich Dinge hervorzubringen, wie sie sein könnten. Mike O.

Nichts fesselt uns so sehr an die Vergangenheit wie das Bedürfnis, etwas ungeschehen zu machen. Wir sollten unser ständiges Bedauern einmal überdenken. Denn es ist fast unmöglich, in Neuland vorzudringen, wenn man sich immerzu umdreht.

Aber die Wirklichkeit, wie sie heute sich zeigt, ist das, was wir akzeptieren, womit wir umgehen müssen. Was vorbei ist, ist vorbei. All unsere Fähigkeiten müssen sich im Hier und Jetzt erweisen: um das Heute anzunehmen, wie es ist, ohne Zorn und Beschuldigungen, ohne Bedauern und Ressentiment. Alle Weichen wurden bereits gestellt, damit das Heute werden konnte, was es ist.

Aber die Zukunft! Das Morgen! Das ist eine ganz andere Sache. Heute treffen wir die Wahl für das, was morgen geschehen wird. Die Saat von heute ist die Ernte von morgen, und die Kämpfe jetzt sind die künftigen Siege.

Wenn wir den heutigen Tag annehmen, wie er ist, ohne Bedauern, werfen wir die schreckliche Last des Selbstmitleids mit all seinen Ausflüchten wie »Ich sollte«, »Wenn doch nur«, »Was wäre, wenn«, einfach ab. Ein tausend Mal gedachtes »Wenn« wiegt kein einziges »Ist« auf. Wenn wir auf der Wirklichkeit, wie sie von uns akzeptiert wurde, aufbauen, bauen wir auf festem Fels.

Jetzt entscheide ich mich. Vom heutigen Tag an ist die Wahl mir überlassen!

Der große gütige Gott sah hinab, lächelte und zählte all seine lieben Kinder; denn jeder Mönch, Brahmane, Türke oder Jude liebte letztlich Ihn: durch die Götter, die jedem von ihnen vertraut waren.

Alfred Lord Tennyson

Das Zwiegespräch mit einem anderen Menschen heißt Kommunikation, das Zwiegespräch mit Gott Gebet. Es gibt verschiedene Arten des Betens, unterschiedliche Zeiten, in denen es stattfindet, und jeweils andere Namen, die für die Höhere Macht benutzt werden. Wir müssen nicht alle auf die gleiche Weise beten — aber wir alle brauchen das Gebet.

Das Gebet hilft. Ein endloser Strom von Beispielen fließt durch unsere Gruppentreffen und spiegelt diese Wahrheit wider: Das Gebet hilft. In einer angespannten Zeit, da wir uns ängstigen, in einer schweren Zeit, da wir verwirrt sind, in einer Zeit des Feierns und der Dankbarkeit gab es immer irgendwo einen, der betete. Gott wurde gesucht, und die geistigen und seelischen Tore im Innern wurden geöffnet mit einem einfachen: »Hilf mir, sei bei mir.« Die Gegenwart Gottes stellte sich ein.

So schwach und zögerlich unsere Bemühungen bei einem bewußten Kontakt mit ihm auch sein mögen: Gott wird uns ein Fest bereiten, wenn wir ihn nur dazu einladen.

Ich will die Hand ausstrecken nach Gott, egal, wie unsicher und unwürdig ich mich fühle.

15. März

Danke Gott jeden Morgen, wenn du aufstehst, daß du etwas zu tun hast, das getan werden muß — ob du magst oder nicht. Charles Kingsley

Marshall McLuhan hat davor gewarnt, daß dieses Zeitalter elektronischer Wunderdinge sich als weniger wunderbar für die menschliche Entwicklung erweisen könnte. Er prophezeite, eine Folge werde sein, daß riesige Massen von Zuschauern erzeugt würden — Menschen, die lieber zusehen, anstatt sich zu beteiligen, die den Ersatz, das Leben aus zweiter Hand, eher suchen als die unmittelbare Erfahrung und offensichtlich den Unterschied zwischen beidem nicht mehr wissen.

Wir alle kennen (oder sind vielleicht selbst) Menschen, die normalerweise lieber fernsehen, anstatt am lebendigen Drama der heutigen Welt teilzunehmen. Als Zuschauer ist man sicher. Die indirekten Niederlagen und Triumphe, die Liebes- und Verlustgeschichten, die über die Mattscheibe flimmern, verlangen nicht, daß man Widerstand leistet oder sich anstrengt. Solange, wie wir nicht innerlich beteiligt sind, brauchen wir auch keine Entscheidung zu treffen oder Wagnisse einzugehen.

Aber das wirkliche Leben spielt sich in den Schützengräben ab, und die echten Handlungen sind nie aus zweiter Hand. Wenn die Jahre vorübergehen und wir auf unser Leben zurückblicken — werden wir uns dann gerne daran erinnern, daß wir uns den Anforderungen des Lebens stellten? Oder daß wir nur auf Sicherheit bedacht waren?

Heute bitte ich um den Mut, mich auf mein eigenes Drama einzulassen.

Vater, wie konntest du nur? Warum hast du nicht? Wenn du doch hättest ... Glen D.

Für uns Erwachsene, die wir das innere Kind verstehen wollen, repräsentiert das Wort *Vater* oft eine Wirklichkeit, die sowohl mächtig als auch verwirrend ist. Für einige unter uns geht es dabei um den Vater, den wir nie hatten. Für andere um den Vater, den wir lieber niemals gehabt hätten. Vielleicht meinen wir auch die Sonne, die nie warm genug schien, um dieses innere Frösteln zu vertreiben, die Stimme in der Höhe, die niemals sprach in all den Jahren, da wir warteten, lauschend.

Uns wurde beigebracht zu beten: »Unser Vater«, und wir taten es. Vielen von uns kamen die Gebete vor wie unechte Wörter aus einem Märchen. Wenn wir sie aussprachen, empfanden wir nur Leere und ein Gefühl, das uns verwirrte. Viele der Väter in unserem Zuhause waren nicht fähig, die Sicherheit, den Trost und die Wärme zu schenken, die wir brauchten, um uns zu entfalten.

Aber wir *haben* einen Vater, der unsere Bedürfnisse kennt, unsere Hoffnungen wahrnimmt und um unsere Verluste weiß. Er ist unwandelbar, unfehlbar: Sein Tun ist frei von menschlichem Scheitern. Unser Vater ruft jeden bei seinem Namen. Wir werden nicht verlassen.

Heute will ich offen sein für eine andere, größere Wirklichkeit, als ich sie in der Vergangenheit wahrgenommen habe. Ich will lernen, Trost zu finden in der Vaterschaft Gottes.

17. März

Gott bietet jedem Geist die Wahl zwischen Wahrheit und Ruhe. Nimm, was dir gefällt — niemals wirst du beides haben. Ralph Waldo Emerson

Der Verdrängung haftet etwas Raffiniertes an, und es ist schwer, sie zu entlarven. Wie ein Chamäleon neigt die verdrängte Wirklichkeit dazu, die Farben zu wechseln, bis sie sich harmonisch einfügt und zu passen scheint. Da wir nicht mit dem umgehen müssen, was wir nicht sehen, tarnen wir einige Wahrheiten, bei denen wir befürchten, sie könnten uns verletzen oder herausfordern.

Einige unter uns streiten ab, daß irgend jemand sonst je in einer so zerrütteten Familie wie der ihrigen gelebt habe, oder daß ihre Familie überhaupt zerrüttet gewesen sei. Andere bestehen darauf, nur ihre Geschwister seien davon betroffen gewesen, oder aber nur sie selbst. Wir mögen uns weismachen, wir überlegten alles sehr genau, wo wir doch eigentlich nur zaudern. Die verschiedenen Formen von Selbstbetrug sind nahezu unerschöpflich.

Unser Talent, Dinge zu verdrängen, ist ein wichtiger Grund dafür, daß wir Freunde brauchen im Rahmen des Programms. Wir brauchen Menschen, denen wir soweit vertrauen können, daß sie uns die Wahrheit sagen: liebevolle Menschen, die aussprechen, was ausgesprochen werden muß, selbst wenn es für uns zunächst unangenehm ist, das zu hören.

Ich erkenne mein Bedürfnis nach einem ehrlichen Feedback. Ich habe vor Offenheit weniger Angst als früher.

Beurteile einen Menschen eher nach seinen Fragen als nach seinen Antworten. Voltaire

Lernen heißt: mehr und mehr fähig werden, sinnvolle Beobachtungen zu machen, etwa: »Ach so! Deshalb hat der Lehrer gesagt, daß man das so macht!« oder: »Jetzt hab ich's! Es ist dieser Befehl, nicht jener, der das Programm steuert«. Meistens sind wir dann fähig, die richtigen Fragen zu stellen, wenn wir den Unterschied erkannt haben.

Wir können zum Beispiel die Tatsache einer Scheidung nicht mehr ändern, aber wir sind in der Lage, mit der Einsamkeit schöpferischer umzugehen. Wenn wir klein von Wuchs sind, können wir uns selbst nicht größer machen, aber doch mit den unsensiblen Späßen, die wir über uns ergehen lassen müssen, allmählich besser fertig werden. Wenn jemand gestorben ist, so können wir diesen Menschen nicht wieder zum Leben erwecken, aber gerade durch das verzweifelte Gefühl, das uns befällt, Kraft finden für einen Neuanfang. Lautet demnach die richtige Frage: Wird Gott die Geschehnisse rückgängig machen? Oder nicht eigentlich so: Wird Gott uns die spirituelle Kraft schenken, daß wir mit dem Gegebenen zurechtkommen?

Wenn wir bisher Gott baten, er möge uns Schmerz ersparen, sollten wir es jetzt vielleicht mit einer anderen Frage versuchen: Wird Gott uns durch den Schmerz führen mit dem Ziel, daß wir ein umfassenderes Verständnis vom Leben erhalten?

Ich will lernen, der Höheren Macht und der Richtung, die sie meinem Leben gibt, mehr zu vertrauen.

19. März

Am Ende begriff ich, daß die Ansichten meines Vaters nicht besser waren als die Informationen, die er besaß. Die aber waren falsch. Dana J.

Ehe wir in den Prozeß der Selbstfindung einwilligen, gründen die Ansichten, die wir über uns selbst haben, oft auf fehlerhaften Informationen. Gewöhnlich sind dies Informationen, die wir vor langer Zeit von Menschen empfingen, die die Wahrheit über das Leben, wie es sein könnte, über ihren eigenen Wert, die eigene Würde, oder über das schöne Wesen anderer Menschen nicht kannten. Als wir diese fehlerhaften Informationen erhielten, benutzten wir sie, um nicht nur das Bild von uns selbst zu prägen, sondern auch das der anderen Menschen und von der Welt um uns. Zu oft verfestigten sich jene Bilder und wurden zu unumstößlichen Tatsachen. Und diese wiederum begruben uns in der Vergangenheit.

Wir, die wir dabei sind, das Kind in uns auferstehen zu lassen, sind dazu aufgefordert, aus dem hart gewordenen Zement der Gefühle auszubrechen. Wir sind aufgerufen, die Wahrheit zu verstehen — daß jene, die uns falsche Informationen übermittelten, nicht immer wußten, was der tiefen Wahrheit entspricht. Sie gaben nur weiter, was ihnen selbst mitgeteilt worden war.

Wir erkennen allmählich eine neue Wahrheit: Die Welt um uns setzt sich zum größeren Teil aus unseren Einstellungen zusammen.

Heute frage ich mich selbst: Sind meine Ansichten wirklich die meinen — oder habe ich sie von einem anderen übernommen? Welche Wahrheiten liegen diesen Meinungen zugrunde?

Wenn der Winter kommt — kann dann der Frühling weit sein? Percy B. Shelley

Im Rahmen der Vorhersagbarkeit der Naturkreisläufe können wir immer gewiß sein, daß der Frühling auf den Winter folgt. Aber dem ist nicht so in menschlichen Angelegenheiten.

Jene von uns, die über eine gesunde Einstellung und liebevolle Unterstützung verfügen, können tiefes Leid ertragen und überstehen, weiter genesen und vielleicht sogar wertvolle und weise Einsichten aus dieser Erfahrung gewinnen. Für sie ist dieser Übergang vom Tod ins Leben wie ein Wechsel der Jahreszeiten.

Für einige jedoch gibt es keine Brücke ins Leben, sondern nur die Ablösung eines todesähnlichen Zustands durch den anderen. Zu selten wurden heilsame Erfahrungen gemacht, zu wenig Wissen wurde erlangt, als daß die Verletzung kuriert werden könnte.

Der Frühling des Geistes vollzieht sich nicht nach natürlichen Gesetzmäßigkeiten, er ist nicht selbstverständlich. Wir müssen uns für ihn entscheiden. Daß wir dazu imstande sind, macht die Größe unseres Daseins aus. Am Programm arbeiten heißt: Wir wählen die Jahreszeit, in der wir leben.

Ich erhebe Anspruch auf die Kraft, die mir zugehört, um die Einstellung zu wählen, die mich leben macht.

21. März

Wenn der Frühling kommt, wächst das Gras von selbst.
Taoistischer Spruch

Menschen, die nicht wissen, wie sie sich entspannen sollen, haben es sehr schwer in dieser Welt. Und jene, die so unmittelbar mit den Problemen aus der Kindheit konfrontiert sind, haben es nötiger als irgend jemand sonst, den Zustand innerer Entspannung einzuüben.

Viele unter uns leben nach der vorherrschenden Maxime: Tu mehr, mach es besser, sei schneller. Da uns wahrscheinlich niemand diese Botschaft mit so vielen Worten beigebracht hat, setzten wir sie einfach in die Praxis um, bis sie zum Maßstab der Perfektion wurde, und ließen uns im inneren Kontrollraum nieder, von wo wir unser Dasein überwachen. Es kommt uns so vor, als würden unsere Projekte scheitern, wenn wir nicht härter arbeiten wie jeder andere, wenn wir nicht, auf noch schnellere Art, noch größere Erfolge erzielen. Und selbst das günstigste Ergebnis ist — natürlich — nicht gut genug. Der Maßstab des Perfektionismus macht es uns unmöglich, Freude über ein gelungenes Vorhaben zu empfinden.

Wenn wir die Regel, nach der wir uns ständig beeilen sollten, auf unseren Prozeß der Selbstfindung anwenden und wenn wir nicht *jetzt* die alten Ketten abwerfen und wirklich frei werden, machen wir uns selbst zu Narren, Versagern und Schwindlern.

Aber sofortige Selbstfindung ist unmöglich. Das einzige, was wir unmittelbar tun müssen, ist, uns zu entspannen.

Ich lerne, nein zu sagen zu der inneren Stimme, die übermenschliche Anstrengungen fordert.

Wir sind vielleicht die einzige Osterlilie, die je ein Mensch zu Gesicht bekommt.

Pfarrer R. Oelerich

Egal, wie seltsam es klingen mag — wir sind mächtig! Wir bewirken Veränderungen im Leben anderer Menschen, auf gute oder auf schlechte Weise. Wir verbessern ihr Dasein, wenn wir sie ermutigen, unterstützen und ihnen Glückwünsche aussprechen. Es ist leicht, die Bedeutung, die unsere Hilfe für die Weggefährten hat, herunterzuspielen, aber sie ist keine Kleinigkeit, sobald wir selbst die Nutznießer solch lebensspendender Gaben sind.

Eine Zeitung brachte die Geschichte von einem Mädchen im Teenageralter, die eine Prostituierte gewesen war. Der Bericht bestand zu einem großen Teil aus einem Interview, wo sie wiederholt davon sprach, wie sie zu Hause unterdrückt worden war, wie man ihr das Gefühl gab, daß sie nicht zählte, wie die Zuneigung ihr vorenthalten wurde und wie sie allmählich zur Überzeugung kam, daß all ihr Tun keinen Sinn hatte, weil niemand sich darum kümmerte.

Die Veränderung in ihrer Lebensgeschichte war das Resultat eines schwer errungenen Sieges, bei dem ein Sozialarbeiter ihr beigestanden hatte. Er sagte dem Mädchen immer wieder, daß sie sehr wohl zählte und daß sie ein Mensch voll Liebe und Schönheit war.

Vielleicht hielten sich weder die Eltern noch der Sozialarbeiter für mächtig — aber in diesem Fall bewirkte ein jeder auf seine Weise die ganze Veränderung.

Heute will ich daran denken, daß es auf mich ankommt. Ich will die Welt ein wenig besser machen. Dazu bin ich da.

23. März

In deinem Gesicht seh' ich verzeichnet Ehre, Wahrheit und Treue. William Shakespeare

Jeder findet aus unterschiedlichen Gründen seine Freunde. Hier ist es der unwiderstehliche Glanz in den Augen eines jungen Mannes, dort, bei einer Frau, die anmutige Rundung des Knöchels; vielleicht ist es der Wunsch, auszubrechen von zu Hause, oder, im Gegenteil, ein Zuhause zu haben. Vielleicht braucht man finanzielle Unterstützung oder denkt ganz einfach zweckmäßig — jeder kann seinen Grund nennen. Aber eine Beziehung muß noch etwas anderes beinhalten, wenn sie lebendig sein soll, etwas, das sie grundsätzlich stärkt. Sie braucht Vertrauen.

Ein unerschütterliches Vertrauen gibt uns die Gewißheit, daß der andere für uns da ist, daß man sich auf ihn verlassen kann, was immer auch geschieht. Das heißt, auf vielerlei und wichtige Weise ist er uns *gegenwärtig.* Wenn dem nicht so ist, bedeutet fehlendes Vertrauen letztlich fehlende Erfüllung — egal, wie sehr wir glauben, wir bräuchten diesen Menschen, egal, wie verzweifelt unser Wunsch nach einer funktionierenden Beziehung sein mag.

Ehe der andere sich als vertrauenswürdig erweist (jenseits aller Versprechen und guten Absichten), zögern wir innerlich. Die Beziehung ist vielleicht in mancher Hinsicht großartig — doch die Prüfung ihrer Dauerhaftigkeit mündet immer in die Frage: »Kann ich ihm oder ihr vertrauen?«

Heute bin ich stolz auf die Art und Weise, wie andere mir vertrauen.

Jedes mißhandelte Kind wuchs in Armut auf.
Mack M.

Es gibt viele Formen von Mißhandlung. Gewiß ist es oft der Körper, der zu leiden hat, aber es können auch die Gefühle sein oder der Geist. Jeder Schlag hinterläßt tiefe Spuren im Geist eines Kindes.

Viele von uns erinnern sich nicht daran, geschlagen worden zu sein. Indem wir nie auf unsere verkümmerte emotionale Umgebung, wie sie damals war, zurückschauen, nehmen wir manchmal an, die momentane Verzweiflung sei von uns selbst verursacht. Wenn die Schläge, die wir über uns ergehen lassen mußten, nicht auf unseren Körper trafen, neigen wir dazu, sie für etwas anderes zu halten. Oder wir denken überhaupt nicht mehr an sie.

Aber fast jedes Kind, das glaubt, es zähle nicht, bedarf der Liebe. Und ein Kind, das davon überzeugt ist, es könne überhaupt nichts recht machen, lebt in wahrhaft ärmlichen Verhältnissen. Das Bewußtsein, daß wir genau richtig sind und Würde besitzen, ist für ein gesundes Leben von großer Bedeutung. Durch unser Geburtsrecht anerkennen wir uns selbst als herrliche, unschuldige Geschöpfe. Ein Entzug dieses Geburtsrechtes bewirkt Armut in ihrer schlimmsten Form.

Wenn wir in ein rohes Umfeld der Gefühle hineingeboren wurden, sind wir dadurch nicht notwendig verurteilt zu lebenslänglicher geistiger Verarmung. Die Vergangenheit konnten wir uns nicht aussuchen — über die Gegenwart bestimmen wir.

Ich bin verantwortlich für die Welt, in der ich heute lebe. Ich will mein Leben nicht durch die Verletzungen von gestern bestimmt sehen.

25. März

... wer Weisheit erwirbt, hat mehr als Perlen.
Hiob 28,18

Unser Programm gründet auf weisen Einsichten, und diese sind das Licht unseres Lebens. So kommt Helligkeit in die dunklen Winkel unseres Geistes, wo die alten Geschichten fortleben und darauf lauern, uns zu schaden und gefangenzuhalten, anstatt uns aufzubauen und freizumachen. Die weise Einsicht läßt uns durchschauen, welches Spiel wir spielen und wer es veranlaßt hat. Ist es mein Spiel oder deines? Wenn wir das nicht wissen, hängen wir wie eine Marionette mit Kopf und Gliedern an Schnüren, die an uns ziehen.

Es mag ein Spiel sein über Schuld, darüber, ob man Verantwortung trägt für das Leben eines Mitmenschen, ob man gewillt ist, für äußeren Frieden alles zu geben — oder irgendeine andere Form von Spiel, bei der wir in Abhängigkeit geraten. Wie könnten wir uns Klarheit verschaffen ohne die weisen Einsichten des Programms? Wie wären wir ohne sie in der Lage zu lernen, daß wir eher den inneren Fortschritten vertrauen sollten, als uns dafür zu schelten, wie langsam es mit uns vorangeht? Welch eine Erleichterung, welch einen Trost verspüren wir doch, wenn wir imstande sind, uns auf die weisen Schritte und Traditionen des Programms zu verlassen — und somit sicherer Führung gewiß sein dürfen.

Heute bin ich dankbar für die Lehren des Programms.

Wir faßten den Entschluß, unseren Willen und unser Leben der Sorge Gottes — wie wir Ihn verstanden — anzuvertrauen.

Dritter Schritt des AA-Programms

»Übergib deinen Willen« ist eine Redewendung, die wir oft hören im Rahmen des Zwölf-Schritte-Programms. Sie besagt nicht: »Gib auf« oder »Laß dich gehen«. Sie meint auch nicht, daß wir von nun an niemals mehr Verantwortung hätten für das Leben, das wir in andere Hände legen.

Der Gott, wie wir ihn heute verstehen, ist nicht die Vorstellung eines anderen von Gott, die uns vor Jahren vielleicht aufgezwungen wurde. Heute ist Gott — wie auch immer wir ihn fassen — mehr als nur eine traurige Widerspiegelung der Unvollkommenheit menschlicher Macht. Das Programm lehrt — und der Dritte Schritt stellt dies fest —, daß der Gott unserem Verständnis nach ein sorgender Gott ist. Obgleich wir erfahren haben, daß die, die stärker waren als wir, sich nicht gerade wohltätig verhielten, läßt der Dritte Schritt keinen Zweifel darüber, daß uns jetzt diese Fürsorglichkeit zuteil werden kann.

Wenn wir unser Leben und unseren Willen einem solchen Gott anvertrauen, handeln wir aufgrund einer überlegten, intelligenten Entscheidung und eines mutigen, überzeugten Vertrauens. Es ist dies die Anerkenntnis der Tatsache, daß wir wirklich nicht selbst die Geschäfte der Welt leiten können.

Heute bin ich imstande, mich für eine wichtige Sache einzusetzen, ungeachtet jeden Angstgefühls.

27. März

Die Menschen haben das Recht, nicht zu sich selbst zu finden. Lauren B.

Es kann leicht sein, daß unsere besten Absichten und eifrigsten Bemühungen nicht zu dem Ziel führen, das wir uns ersehnen — besonders dann, wenn unser Wunsch sich auf die innere Heilung derer bezieht, die wir lieben. Egal, wie sehr wir wollen, daß sie mit sich im Einklang sind und sich selbst in ihrer Ganzheit wahrnehmen, egal, wie viele Informationen wir ihnen geben, wie viele Hilfen wir ihnen anbieten — sie haben das Recht, nicht zu sich selbst zu finden.

Keiner kann einen anderen zur Veränderung zwingen. Wir sind nicht imstande, die Gedanken anderer Menschen zu denken und für sie die Wahl zu treffen. Entscheidungen, die mit Konsequenzen verbunden sind, entstammen dem freien Willen eines jeden. Sie kommen von innen, nicht von außen; man selbst fällt sie, nicht die anderen.

Unser eigenes Lebensbeispiel ist das mächtigste Instrument, über das wir in solchen Situationen verfügen. Die einzige Kraft, die Einfluß ausüben kann, ist die sittliche, gewonnen aus einem Leben voll innerer Gelassenheit und Wahrheit. Alles, was wir tun können, besteht darin, das Licht des Programms durch uns hindurchscheinen zu lassen und darum zu bitten, daß der Vorhang im Innern, der es abhält, auf irgendeine Weise, an irgendeinem Tag, zurückgezogen wird, damit dieses Licht eindringen kann.

Indem ich weiß, daß die geplagten Menschen, die mir nahestehen, geliebte Kinder Gottes sind, und daß Er für sie sorgen wird, finde ich Trost.

Erst wenn ein wahrer Freund Anteil nimmt an uns, können wir hoffen, unsere Welt klar zu erkennen — denn sonst bestimmt unsere eigene Wahrnehmung allein über die Wahrheit. Dr. Richard Fritz

Wir brauchen unsere Freunde. Nicht nur für die guten Zeiten, sondern um innerlich gesund zu bleiben. In der Absonderung von der Außenwelt erscheinen die Dinge anders, als sie sind. Wenn andere uns nicht dabei helfen, die eigenen Grenzen zu erkennen und zu gestalten und unsere Wahrnehmungen zu ordnen, entgleitet alles, was wir uns vorstellen können, ins Monströse, aus dem sich dann unsere Wirklichkeit zusammensetzt.

Wenn die alten Spielregeln uns sagen, wir sollten uns zurückhalten und jede nähere Begegnung vermeiden, gefährden wir uns selbst, sobald wir ihnen gehorchen. Durch den Mangel an Erfahrungen, die wir mit anderen teilen, werden wir anfällig — nicht nur für Einsamkeit, sondern für krasse Fehldeutungen der Wirklichkeit. Kleinere Rückschläge werden vielleicht als katastrophale Niederlagen eingestuft, und Menschen, die sich keine besondere Mühe geben, uns gegenüber freundlich zu sein, haben sich dann gleich gegen uns verschworen.

Durch die Verbindung mit Freunden jedoch sind wir imstande zu erkennen, daß die Ungeheuer uns nur bis etwa ans Knie reichen, daß die meisten unserer Ängste sich in Luft auflösen — und daß kein grauer Tag sich behaupten kann gegen das klare Licht des gesunden Menschenverstands und des bewährten Programms.

Ich bin dankbar für den stabilisierenden Einfluß durch Freunde.

29. März

Die Gier nach Macht, nach der Beherrschung anderer, bringt das Herz mehr in Aufruhr als jede andere Leidenschaft. Tacitus

Wir wissen, daß Mary John liebt, weil sie sich so viele Sorgen um ihn macht und weil sie sich so um ihn kümmert. Sie ahnt jeden seiner Wünsche, verschont ihn vor jeder Unannehmlichkeit und verbindet seine Wunden, bevor er überhaupt weiß, daß er verletzt ist. Johns Leben zu führen, füllt in der Tat Marys ganze Zeit aus. Sie arbeitet dabei hart und kann kaum noch etwas anderes tun.

Meistens ist Mary zufrieden mit den Entscheidungen, die sie in ihrem Leben getroffen hat. Sie ist stolz auf Ordnung und Tüchtigkeit, die ihren Haushalt regieren. Mary mag nicht untätig herumsitzen, und sie mag keine unklaren Situationen — in ihrer Welt gibt es auch keine. John scheint heute glücklicher zu sein als früher, bevor Mary sich seiner annahm. Bis sie ihn davon überzeugen konnte, einfach sich zurückzulehnen und die Dinge leichter zu nehmen, war er wohl seltsam abgeneigt und ärgerte sich über jedes kleine Detail ihres Organisationsplanes. Aber er kam darüber hinweg. Jetzt döst er oft vor dem Fernseher ein, während Mary ihre Listen abhakt.

Friede um jeden Preis ist kein wahrer Friede. Dieser stellt sich erst dadurch ein, daß wir Entscheidungen treffen, die *mehr* Leben erzeugen, nicht weniger.

Heute will ich meine Entscheidungen prüfen, um sicherzustellen, daß ich nicht Willfährigkeit gegen Integrität eingetauscht habe.

Als sie mich nicht liebten, dachte ich, mit mir wäre etwas nicht in Ordnung. Donna B.

Kinder sehen mit den Augen von Kindern und denken mit kindlichem Verstand. Sie haben schließlich noch nicht viele Erfahrungen gesammelt.

Als wir uns ungeliebt fühlten, waren wir gedanklich noch nicht so weit, daß wir uns gefragt hätten, ob unsere Eltern sich liebten. Wir hatten keinerlei Möglichkeit herauszufinden, daß Lieben sehr viel mehr zu tun hat mit dem Vermögen des Gebenden als damit, ob der Empfänger die Gabe auch verdient. Kinder denken nicht so vernünftig. »Wenn du mich nicht hältst«, stellten wir fest, »dann muß es wohl so sein, daß ich nicht wert bin, gehalten zu werden. Andere Kinder werden geliebt. Der Fehler muß also bei mir liegen.«

Wir sind jetzt keine Kinder mehr. Wenn wir reifen, können wir die Einsicht gewinnen zu verstehen, Verantwortung zu übernehmen und dadurch das Vergangene vom Gegenwärtigen zu trennen. Wir können um Beistand bitten, wenn wir ihn brauchen.

Heute wissen wir, daß gar nichts verkehrt war mit uns. Damals nicht, heute nicht. Weil wir dies wissen, vermögen wir zu verzeihen und loszulassen — um vorwärts zu kommen. Wir verdienen es, geliebt zu werden, wie immer schon. Wir brauchen nicht mehr mit dem Verstand eines Kindes zu denken.

Ich will meine Fähigkeit, zu lieben und geliebt zu werden, entwickeln, indem ich mit Menschen verkehre, die Liebe geben können.

31. März

Indem wir unsere eigene Unschuld wiederfinden, erkennen wir die Unschuld unseres Nächsten.
Henry David Thoreau

Von Zeit zu Zeit werden wir müde, das Wort »Gemeinschaft« zu hören. Vielleicht wurde das Wort selbst so häufig benutzt, daß es seine Bedeutung verloren hat. Oder vielleicht fürchten wir tief im Innern, die Gemeinschaft beraube uns der eigenen Individualität. Aber dem ist einfach nicht so. Sowohl die Gemeinschaft als auch die Menge setzt sich aus einzelnen Menschen zusammen. Der Unterschied zwischen beiden besteht in der spezifischen Weise, wie die einzelnen aufeinander reagieren.

Der Mob ist ohne Verstand — egal, über welche Mitglieder er verfügt. Auf der anderen Seite verhält sich eine Gemeinschaft immer authentisch, weil ihr voneinander getrennte, je besondere Menschen angehören. Ohne die verschiedenen Beziehungen innerhalb der Gruppe könnte eine Möchtegern-Gemeinschaft sich niemals realisieren.

Innerhalb der größer werdenden Gemeinschaft, in der wir über unsere Probleme sprechen, die mit der Kindheit in Verbindung stehen, gilt jedes Mitglied als einzigartig und wertvoll — der einzelne wird so genommen, wie er ist. Wir sind eins, weil wir viele sind.

Ich finde Trost, wenn ich das Gute in uns allen erkenne. Diese Einsicht bewirkt, daß ich wertvollere Qualtitäten in mir selbst entdecke.

April

1. April

*Gott gebe mir die Gelassenheit,
hinzunehmen, was ich nicht ändern kann,
und den Mut, zu ändern, was ich ändern kann,
sowie die Weisheit, den Unterschied zwischen
beiden zu erkennen.*

Reinhold Niebuhr

Einige Dinge kann ich nicht ändern: mein Alter; die Tatsache, daß ich mit bestimmten Menschen verwandt bin; meine Augenfarbe; meine Körpergröße; meine Kindheitserfahrungen; meine Begabungen; meine Wesensart; den Mißbrauch von Alkohol und Drogen bei einem anderen Menschen; ob die Sonne scheint oder nicht; meine bisherige berufliche Laufbahn; was ich erben werde; wie meine Eltern sich fühlen; die gestern verpaßten Chancen; wie lange ich leben werde; wer mir verzeihen wird; wie meine Eltern mich behandelten; wie sehr ich geliebt werde — die Vergangenheit.

Einige Dinge kann ich ändern: die Jugendlichkeit meines Geistes; wer meine Freunde sind; meine Haarfarbe; mein Gewicht; meine Erfahrungen als Erwachsener; meine Leistungen; einzelne Merkmale meines Charakters; meine Reaktion auf den Mißbrauch von Alkohol oder Drogen bei einem anderen; ob meine Augen leuchten; meine Berufsaussichten; was ich hinterlassen werde; wie ich mich fühle; meine Fähigkeit, auf die Gelegenheiten, die der heutige Tag bietet, Einfluß zu nehmen; wie gut ich lebe; wem ich verzeihe; wie ich meine eigenen Kinder behandle; wie tief ich liebe — die Zukunft.

Ich danke Gott, daß ich fähiger werde, die richtige Wahl zu treffen.

Das Leben ist ewig; und die Liebe unsterblich; und der Tod nur ein Horizont; und ein Horizont nichts als die Grenze unseres Blicks.

Rossiter Worthington Raymond

Ob wir nun religiös sind oder nicht, der Gehalt der Ostergeschichte ist bedeutsam für uns alle. Sie verkündet die triumphale Botschaft, daß das Licht mächtiger ist als die Finsternis, daß die Liebe stärker ist als die Angst und daß das Leben den Tod besiegen kann.

In uns allen liegen die Keime der Finsternis, der Verzweiflung und des Todes. Einige, die mit den Problemen aus der Kindheit mehr oder minder bewußt konfrontiert sind, haben ihr ganzes Leben mit der Angst zugebracht, eines Tages von dieser Dunkelheit heimgesucht zu werden. Für sie, für uns ist das Osterfest das Symbol dafür, daß der endgültige Sieg des Lichts herbeigeführt wurde durch die Kraft, die uns übersteigt. So feiern wir an diesen Tagen unsere tiefe Verbundenheit mit dieser Höheren Macht.

Gleich, welchem Glauben wir anhängen — die Ostergeschichte handelt nicht nur davon, was mit einem anderen geschehen ist. Sie sagt, was mit uns geschieht — oder geschehen kann. Sie läßt uns die Erfahrung der Auferstehung und des neuen Lebens machen — selbst wenn wir dazu aus eigener Kraft nicht fähig wären.

Ich glaube daran, daß ein neues Leben möglich ist durch die Macht des liebenden Gottes.

3. April

Ein Leben innerer Zufriedenheit ist kein gegebener Zustand, es muß erst entwickelt werden. Es bedeutet nicht Ankunft, sondern Unterwegssein.

Carl Rogers

Nicht nur das zufriedene Leben, sondern Leben überhaupt ist ein Prozeß. Wenn unsere Vorstellung klar genug ist, sehen wir, daß nicht alles gleichzeitig geschieht, daß nichts erst ganz abwesend und dann plötzlich ganz da ist. Der Teil unseres Wesens, der Schmerz und Furcht erzeugt, entstand erst mit der Zeit. Wir wurden nicht auf einmal ängstlich, sondern nach und nach und durch einzelne Erfahrungen. So lernte ein Teil unseres Inneren, das Schlimmste zu erwarten, sich zu verkriechen vor dem Leben und sich mit Brosamen zufriedenzugeben.

Die Entfaltung einer gesunden, zufriedenen Lebensweise ist gleichfalls ein Prozeß. Der Teil unseres Wesens, der auf Besserung hofft, der uns mutig aufstehen und unsere Rechte beanspruchen läßt, entwickelt sich ebenfalls nach und nach und durch Erfahrungen. Deshalb ist es so wichtig, jeden Erfolg zu feiern, wie klein er auch sein mag. Er gibt uns zu verstehen, daß die Richtung stimmt. Wir haben allen Grund, Gesundheit und Glück zu erwarten. Solange wir uns vorwärts bewegen, kommen wir auch an.

Ich bejahe, daß das Leben eine Reise ist. Ich habe die Illusion aufgegeben, eine »Ankunft« sei notwendig, um sich glücklich zu fühlen.

Wenn ein Kind Zustimmung erfährt, lernt es, mit sich selbst zu leben. Dorothy Law Nolte

Man hat gesagt — und es ist immer wieder bewiesen worden —, daß die Vorstellung, die jemand von sich selbst hat, größtenteils durch Widerspiegelung des Bildes geprägt wird, das andere sich von ihm oder ihr gemacht haben. Die Menschen unserer Umgebung sind Spiegel. Je mehr Bedeutung sie für uns haben, desto mehr Macht besitzen sie, unsere Identität auf uns zurückzuspiegeln. So befindet sich die Welt weitgehend in einem Prozeß, durch den sie täglich neu vor unseren Augen erschaffen wird.

Für unsere Kinder sind wir die wichtigsten Menschen der Welt. Ihre Identität, wie wir sie ihnen zurückspiegeln, ist die erste und wichtigste Information, die sie empfangen.

Trotz der eigenen Ohnmacht, die wir als im wahrsten Sinne gebrannte Kinder vielleicht empfinden, sollten wir uns auch des enormen Einflusses bewußt sein, den wir auf unsere eigenen Kinder ausüben: Wir prägen das Bild, in dem sie sich selbst sehen. Wenn wir das anzweifeln, müssen wir uns nur unsere eigenen Eltern zurückrufen, wie sie auf uns wirkten, indem sie jene Bilder formten, darin wir uns spiegelten. Wir sind in der gleichen mächtigen Position gegenüber unseren Kindern. Wie wir damals beeinflußt wurden, so beeinflussen wir jetzt. Ein Wunder geschieht vor unseren Augen, wenn wir es nur sehen.

Ich will keine Gelegenheit auslassen, meinen Kindern zu zeigen, wie wunderbar sie sind.

5. April

Natürlich betete ich — und was
Kümmerte es Gott?
So viel, als hätte ein Vogel oben,
In der Luft, mit dem Fuß aufgestampft
Und geschrien: »Gib mir!«

Emily Dickinson

Kinder sind gute Beispiele für fehlende emotionale Reife. Ihr ganzes Wohlbefinden hängt oft vom augenblicklichen Verlangen ab — ob es um ein zu teures Spielzeug geht, um die Fußballmannschaft, wo sie mitspielen wollen, oder um ein Ausgehkleid für den Sonntag, das sie haben müssen. »Jetzt« ist die einzige Zeit, die existiert, und das erwünschte Objekt oder Ereignis die einzige Sache, an die zu denken sich lohnt. Das Kind empfindet eine Enttäuschung nicht als Rückschlag, der wieder vorbeigeht; sie scheint alles für immer zu verwüsten.

Sind wir Erwachsenen denn so verschieden? Sind wir nicht manchmal genauso besessen, was bestimmte, von uns ersehnte Ergebnisse angeht? Treten wir nicht auch mal um uns, schreien oder stampfen mit den Füßen auf den Boden — zumindest innerlich —, wenn gewisse Wünsche nicht in Erfüllung gehen?

Menschen, die noch nicht sehr alt sind, haben jedes Recht, unreif zu sein. Andererseits können wir die Vorteile solcher Reife erst genießen, nachdem wir den Preis bezahlt haben, um so weit zu kommen.

Ich fühle mich zunehmend wohler, indem ich mein Bestes gebe und das Leben nehme, wie es kommt.

Ich gehe jetzt viel weniger hart mit mir selbst um. Ich habe erkannt, daß meine Dämonen in Wirklichkeit Engel sind, die vom Weg abkamen.

Manny J.

»O nein! Nicht noch etwas, an dem ich arbeiten muß!«

Wie oft fühlen wir uns doch entmutigt, wenn uns noch ein weiteres selbstzerstörerisches Verhaltensmuster in unserem Leben bewußt wird. »Wer braucht denn überhaupt ein solches Maß an Bewußtheit?« mögen wir uns fragen.

Viele dieser frustrierenden Verhaltensmuster wurzeln jedoch in einer gesunden, an Liebe ausgerichteten Suche nach dem Wunderbaren. Das Bedürfnis nach Liebe ist uns allen angeboren. Die Familie, in die wir hineingeboren wurden, bildete »die Schule«, wo wir lernten, unsere Bedürfnisse zu befriedigen, wie wir es heute tun. Einige dieser Lektionen führten uns in die falsche Richtung. Bei unserer Suche nach der Wahrheit haben wir vielleicht auch zu lügen gelernt. Bei unserer Suche nach angenehmen Gefühlen haben wir womöglich gelernt, gar nichts zu fühlen. Indem wir das Beste wollten, lernten wir manchmal das Schlechteste. Aber dies geschah doch immer um des Besten willen. Wir sind besser, viel besser als die Summe all unserer Schwächen.

Ich will lernen, meine Frustrationen als das zu nehmen, was sie sind: Ergebnis meines Unterfangens, den wirklichen und legitimen Bedürfnissen gerecht zu werden.

7. April

Ergötze dich nie am Unglück eines anderen.
Pubililius Syrus

Das Wort *Schadenfreude* bedeutet genau dies: »Freude am Unglück eines anderen«. Wie viele von uns sind in größerem der kleinerem Maße dieser unschönen Denkungsart schuldig? Manchmal vielleicht ist es einfach Langeweile, die uns veranlaßt, die Ohren zu spitzen bei Nachrichten über das Mißgeschick eines anderen. Ein Feuer, zum Beispiel, oder ein schlimmer Autounfall zieht oft eine Menge Schaulustiger an, denen Nervenkitzel wichtiger ist als Mitleid.

Einige unter uns finden es befriedigender, die Schicksalsschläge anderer genau zu verfolgen, als deren Erfolge wahrzunehmen. Wir sind schnell im Verurteilen und langsam im Mitfühlen. Uns macht es überhaupt nichts aus, wenn die Leute »abkriegen, was sie verdient haben«. Wir sehen es gern, wenn sie »von ihrem hohen Roß herunterfallen«.

Eine solche Gesinnung setzt voraus, daß wir zwei Dinge wissen, die wir eigentlich nicht wissen: 1) alle Tatsachen und Hintergründe, 2) was jeder verdient. Schadenfreude ist eine Art Geschwür im Herzen. Wenn wir es dort vorfinden, müssen wir es beseitigen — sofort.

Ich will anderen Gutes wünschen, damit auch mir gleiches geschieht. Ich ernte, was ich gesät habe.

Oft ist mehr Mut zum Leben nötig als zum Tod.
Orestes

Einige Situationen im Leben können derart bitter, derart vernichtend sein, daß wir einfach wünschen, wir hätten eher den Mut zu sterben, als ihnen weiterhin gegenüberstehen zu müssen. Wieviel Mut wäre nötig, mögen wir uns fragen, um geradewegs mit allem Schluß zu machen? Aber Mut ist nicht das richtige Wort. Denn in Wahrheit bedarf es mehr Mut zu leben als zu sterben. Die Bruchstücke unseres Lebens aufzusammeln, standhaft zu bleiben gegen unsere destruktiven Gedanken- und Verhaltensmuster und nicht aufzugeben — das ist Mut in seiner ausgeprägtesten, höchsten Form.

In unseren schlimmsten Depressionen müssen wir den Mut haben, einen Freund anzurufen, ein Gruppentreffen zu besuchen oder inspirierende Literatur zu lesen. Und wir sind imstande, diesen Mut auch zu finden. Wir können — mit der Hilfe Gottes, wie wir ihn verstehen, und derer, die uns lieben — lernen, uns glücklich zu schätzen, zu sehen, wie wir mit der Welt in Einklang leben, und zu entdecken, daß wir von Liebe umgeben sind.

Die hinderlichen Grenzen, die wir erfahren haben, können uns nichts anhaben, wenn wir nicht nachlassen in unserem Bemühen. Es ist einfach Mut vonnöten, Mut allein, um diese Grenzen zu verschieben in ein Gebiet, wo wir gesünder leben.

Heute will ich ja sagen zum Leben, ja zur Liebe, ja zu meiner eigenen Kraft, positive Entscheidungen zu treffen.

9. April

Ich mache mir Sorgen, daß ich nicht normal bin. Dann beunruhigt es mich, daß ich nicht einmal weiß, was »normal« eigentlich bedeutet.

Hugh M.

Viele von uns kämpfen mit der Angst, sie seien nicht normal, sie seien nicht wie andere Menschen. Aber was besagt dieses Wort wirklich? Für die meisten bedeutet »normal«, daß sie etwas lange genug fühlten oder taten, bis sie damit angenehm leben konnten.

Viele von uns Erwachsenen, die wir das innere Kind finden wollen, haben lange Zeit damit verbracht, rein gar nichts zu fühlen — das war für uns normal. Einige haben sich so sehr an ihre Schuldgefühle gewöhnt, daß sie nicht mehr wissen, was es heißt, selbstsicher und zuversichtlich zu sein. Andere wiederum sind derart vertieft in ihre Arbeit, daß sie es als unwürdig betrachten, wenn ein verantwortlicher Erwachsener einmal spielt — es ist eben nicht normal.

Da die Gefühle unser Verhalten gleichsam einhüllen, empfinden wir es nach und nach als selbstverständlich, daß viele nicht normale Verhaltensweisen ganz normal sind. So kommen wir dahin, uns erst dann normal zu fühlen, wenn wir etwas Selbstzerstörerisches tun. Umgekehrt fühlen wir uns vielleicht gerade dann nicht normal, wenn wir in unserem eigenen Interesse handeln und uns selbst zum besten Freund werden. Für uns ist also die Frage: »Was ist gesund?« viel wichtiger als die Frage: »Was ist normal?«

Heute will ich mir keine Sorgen darüber machen, ob ich den Maßstäben eines anderen gerecht werden kann. Ich will gesunde Entscheidungen treffen in der Gewißheit, daß daraus gesunde Verhaltensmuster entstehen, die »normal« für mich sind.

Niemand predigt besser als die Ameise. Und die sagt keinen Ton. Benjamin Franklin

Viele von uns sind geradezu versessen darauf zu predigen. Obwohl wir selbst es haßten, Predigten gehalten zu bekommen, und vielleicht feierlich versprachen, niemals zu predigen, selbst dann nicht, wenn wir älter sind, wurden wir trotz dieses Vorsatzes zu Menschen, die gerne zur Tugend mahnen. Nun, da wir tatsächlich ein gewisses Alter erreicht haben, finden wir überall, wo wir sind, eine Kanzel.

Aber die beste Predigt bestand schon immer darin, ein lebendiges Beispiel abzugeben. Die stärksten Botschaften kommen aus dem, was wir sind, nicht aus dem, was wir sagen. Das wirkungsvollste Mittel, das wir haben, um andere zu »erleuchten«, ist, daß wir selbst das Licht klarer sehen.

Weitaus hilfreicher als die Klage über Gleichgültigkeit und Gedankenlosigkeit ist es, anderen zu zeigen, wie wunderbar Umsicht und Rücksicht sein können, indem wir ihnen liebenswürdig begegnen. Die Welt durch unsere eigene positive Geisteshaltung zu erhellen ist besser als das ständige Moralisieren über negative Einstellungen. Gewichtiger als der Ruf gegen die Intoleranz ist die Entfaltung jenes Verhaltens, das darauf zielt, das Leben anderer zu achten, und dadurch uns selbst zum besseren Leben verhilft.

Heute will ich gewährleisten, daß meine lauteste Predigt die Qualität meiner eigenen Lebensführung ist.

11. April

Große Menschen sind solche, die erkannt haben, daß die geistige Kraft stärker ist als jede körperliche, daß Gedanken die Welt regieren.

Ralph Waldo Emerson

So vieles in unserer Welt ist nicht in Ordnung. So viele schreckliche Dinge stoßen Unschuldigen zu. So viele schlechte Menschen scheinen die Machtpositionen innezuhaben. Aber sind diese Menschen tatsächlich schlecht, oder einfach nur blind? Sind sie von Bösem geradezu erfüllt, oder entbehren sie der Spiritualität — sind ihnen die geistigen Wahrheiten verschlossen?

Wenn wir älter werden und differenzierter denken, verhärten wir oft im Innern. Wir nehmen einen »realistischen« Standpunkt ein, wenn wir Elend und Ungerechtigkeit betrachten. Etwas in uns sagt: »So soll es sein« — als ob es keine andere Möglichkeit gäbe, wie die Dinge sein könnten. Wir schauen nicht mehr hin und entscheiden uns für die Blindheit.

Aber dieses »So soll es sein« kann auch etwas anderes bedeuten. Es kann darauf verweisen, daß wir erkannt haben, wie sehr der Zustand der Welt den Zustand menschlicher Geistigkeit widerspiegelt. Es kann heißen, daß wir uns entschieden haben, unsere ganze Kraft gegen die Unterdrückung einzusetzen, die vom Gedanken ausgeht, das Unannehmbare hinzunehmen. »*So* soll es sein« kann unsere Kriegserklärung darstellen gegen geistige Blindheit.

In der Bemühung, klar zu sehen, will ich meine Haltung gegenüber Ungerechtigkeiten deutlich machen und der Schönheit Beifall spenden.

Das gestohlene Brot schmeckt dem Manne gut; aber am Ende hat er den Mund voller Kieselsteine.
Die Sprüche Salomons 20,17

»Den dritten Weg« wählen heißt: Man erlaubt sich selbst, unehrlich zu sein in einer Beziehung. Es bedeutet, daß wir, während eine ursprüngliche, auf geistigem Vertrauen beruhende Verbindung, die wir eingegangen sind, noch besteht, gleichzeitig eine neue beginnen, ohne die andere zu beenden. Es kann auch heißen, daß wir zulassen, selbst dieser Dritte zu sein, der hineingezogen wird. Der dritte Weg besagt, daß wir bereit sind, uns auf Halbheiten einzulassen.

Wie läuft so etwas ab? Wenn wir nicht ständig ehrlich sind in unseren Worten und Taten, können wir einem anderen leicht signalisieren, daß wir Interesse und Bereitschaft haben, uns auf einer Ebene zu engagieren, auf der wir eigentlich nicht ungebunden und zu einem solchen Engagement frei sind. Die schmeichelhafte Reaktion des oder der anderen mag uns dann das Gefühl geben, gebraucht zu werden und wichtig zu sein. So machen wir Schritt für Schritt weiter, bis wir tief verstrickt sind in eine Situation, die schädlich ist.

Der Preis, den wir für den »dritten Weg« zu zahlen haben, ist immer hoch. Er kostet uns Selbstachtung, gesteigerte Scham- und Schuldgefühle und täglich eine Menge Angst. Und immer, immer die Gewißheit, daß irgendwann die Rechnung präsentiert wird.

Meine Beziehungen können ehrlich sein. Das schulde ich mir selbst und denen, die mir anvertraut und wichtig sind.

13. April

Laßt die tote Vergangenheit ihre Toten begraben!
Henry Wadsworth Longfellow

Gefühle sind rückwärts gewandt, wie Rückspiegel. Sie zeigen, was hinter uns liegt — nicht, wo wir jetzt sind oder wohin wir gehen. Wie wir uns jetzt fühlen, ist durch jene Lektionen bedingt, die wir in der Vergangenheit gelernt haben. Unsere alltäglichen Gefühle sind Widerspiegelungen des Zustandes, in dem wir uns einmal befanden, und der Begegnungen, die wir mit anderen Menschen hatten.

Mag sein, daß wir lernten, uns schuldig zu fühlen, wenn wir das verlangen, was wir brauchen. Haben wir diese Lektion gut begriffen, dann fühlen wir uns wirklich jedesmal schuldig, wenn wir ein Recht einfordern. Vielleicht auch haben wir gelernt, daß wir eigentlich mißtrauisch und unruhig reagieren sollten, wenn zu viel Gutes geschieht — und so empfinden wir dann auch.

Wenn wir zu uns selbst finden wollen, können wir uns nicht mehr an diesen alten Gefühlen orientieren. Wir müssen uns neue Arten zu denken schaffen, neue Verhaltensweisen, neue Gefühle. Wir müssen uns entscheiden für ein vernünftiges, gesundes Verhalten, egal, wie wir uns fühlen. Und wir müssen unsere Gefühle wieder in die Schule schicken, indem wir auf unserem neuen Verhalten beharren, bis die neuen Lektionen genauso gut gelernt sind wie die alten.

Ich weiß jetzt, daß mein heutiges Tun der Samen ist für die Gefühle von morgen. Heute harre ich aus in freudiger Erwartung.

Sie *haben vielleicht keine Vergebung verdient,* ich *aber schon.* Anne P.

Vergebung ist ein Akt, kein Gefühl. Obwohl sie Gefühle erzeugen mag, wird die Vergebung vom Willen geleitet. Wenn wir vergeben, lassen wir uns damit keinen weiteren Schaden mehr zufügen durch die anderen und ihr fehlerhaftes Tun.

Die Weigerung, zu vergeben, nennt man Ressentiment. Das Opfer solcher Abneigung ist immer der, der sie hegt. Die Menschen, denen wir keine Vergebung gewähren wollen, wissen vielleicht gar nichts von unserem Ärger oder scheren sich nicht darum.

Wenn man am Ressentiment festhält, beherbergt man einen Dieb im Herzen. Jede Stunde, jede Minute nimmt der Groll uns die Freude, die wir jetzt bewahren könnten, um uns für alle Zeit an sie zu erinnern. Ressentiments stehlen die Kraft, die wir brauchen, um das Leben zu feiern — um anderen eher als Bote von Anmut und Würde gegenüberzutreten denn als Botschafter des Verhängnisses. Wir machen uns selbst zu Opfern, wenn wir Vergebung verweigern.

Heute will ich mich daran erinnern, daß Vergebung etwas gibt und Abneigung etwas nimmt. Ich *habe es verdient, altes, mir zugefügtes Unrecht zu verzeihen. Ich will dieses Verzeihen als ein Geschenk an mich selbst betrachten.*

15. April

Was immer du tun kannst, oder zu können glaubst — fang an. In der Kühnheit liegt Genie, Kraft und Magie.
Goethe

Wir müssen nicht ganz und gar gewiß sein, bevor wir mit etwas beginnen. Wir brauchen uns nicht vollkommen sicher zu fühlen über die Ergebnisse unseres Tuns. In Wirklichkeit ist es nämlich meistens so, daß die Menschen, die mit dem stärksten Selbstvertrauen zu handeln scheinen, eher bluffen. Aber das macht nichts. Wichtig ist allein, daß die eigene Trägheit überwunden wurde.

Im Prozeß unserer Selbstfindung wird es sicherlich oft vorkommen, daß wir in Situationen geraten, wo unsere Gedanken und Handlungen uns mit allem anderen als mit Selbstvertrauen erfüllen. Ungeachtet unserer Unsicherheit müssen wir beherzt handeln und unserem Urteil vertrauen. In der Kühnheit liegt wirklich Genie, und Magie — die Magie, daß wir uns selbst beweisen, daß wir imstande sind, das Nötige zu tun, sobald die Zeit gekommen ist. Wenn wir das schaffen, liegt die ganze Welt in unserer Reichweite.

Wenn ich fähig bin, bei einer kleineren Sache mutig zu handeln, kann ich das auch bei zweien. Wenn ich fähig bin, bei kleinen Sachen mutig zu handeln, kann ich es auch bei großen. Wenn ich immer weitermache, kann nichts mich aufhalten.

Die Liebe heilt die Menschen. Sowohl jene, die sie geben, als auch jene, die sie empfangen.
Karl Menninger

Welchen Gewinn wollen wir aus dem Prozeß der Selbstfindung ziehen? Wenn man zehn Leute befragt, erhält man gewöhnlich zehn verschiedene Antworten. Freiheit, Reife, Befreiung von Schmerz, das eigene Selbst erfahren, das verwundete Kind im Innern heilen — dies sind nur einige der klassischen Antworten. Und eine jede ist gewiß ein berechtigter, zwingender Anlaß, weiterzumachen, wenn die spirituelle Arbeit mehr Transpiration als Inspiration zu verheißen scheint.

Jedoch dürfen wir nicht vergessen, daß es dabei ein Ziel gibt, welches alle anderen einschließt und zugleich übersteigt. Es besteht darin, *immer fähiger zu werden für das Lieben und das Geliebtwerden.* Wir können viele Dinge im Leben vollbringen, aber die Geschichte menschlicher Erfahrung zeigt uns, daß ohne die Liebe alle anderen Belohnungen wertlos sind.

Je stärker wir unsere Bemühungen im Prozeß der Selbstfindung auf die Fähigkeit richten, mehr an gesunden Beziehungen teilzuhaben, desto wirksamer werden diese Bemühungen auch sein. Besonders für uns, die wir im Begriff sind, alte Kindheitsprobleme aufzulösen, wird die vollkommene Liebeserfahrung immer der höchste Gegenstand unserer Suche sein.

Ich befinde mich im Heilungsprozeß und werde ein ganzer Mensch. Ich habe jetzt mehr einzubringen in eine Beziehung als früher.

17. April

Ich wußte nicht, daß ich zuerst zerstören mußte, um neu aufbauen zu können. Eleanor F.

Warum nur ist der Prozeß der Selbstfindung, den wir ja sehnlichst wünschen, so furchtbar anstrengend? Normalerweise brauchen wir uns viel weniger zu bemühen, um das Ersehnte zu erreichen. Aber jener Prozeß hängt nicht einfach davon ab, etwas *zu tun*, sondern all das *nicht zu tun*, was wir uns all die Jahre über beigebracht und angeeignet haben.

Wir verstehen uns auf die Angst, die verhindert, daß wir für uns selbst eintreten; auf das Schuldgefühl, wenn wir uns eine Pause gönnen; und auf die panikartige Verwirrung, sobald die Dinge *zu* gut laufen. Für viele von uns sind diese Gefühle genauso Teil der eigenen Person wie Fingerabdrücke.

Jetzt üben wir, gegen einige dieser starken Gefühle anzugehen. Wir tun, was notwendig ist, um zu bekommen, was wir wollen — trotz unserer Gefühle. Das Problem ist nur, daß diese Gefühle Teil von uns selbst sind. Sie sind wir selbst — genauso wie der Wunsch und die Anstrengung, das innere Wesen zu entdecken. Es ist eine Art Bürgerkrieg, der in uns stattfindet!

Kein Wunder also, daß die Selbstfindung ein Kampf ist. Und es kann nicht darum gehen, ob sie Schmerzen bereitet oder nicht. Sie schmerzt. Die Frage lautet vielmehr: Welcher Weg wird uns dahin führen, wohin wir, Schritt für Schritt, gehen wollen?

Heute bitte ich um den Mut, die inneren Konflikte auszuhalten. Ich will nicht mich selbst frustrieren durch die Erwartung, es sei leicht, mich selbst zu finden.

Die Sorge nimmt dem Morgen nie den Kummer;
sie raubt nur dem Heute die Kraft. A. J. Cronin

Viele von uns, die wir eine schwere Kindheit hatten, beherrschen es meisterhaft, sich ständig Sorgen zu machen. Nichts ist zu geringfügig, als daß wir es nicht doch zu etwas Gewichtigem aufbauschen könnten. Schon der leiseste Hinweis, daß etwas sich zusammenbraut, kann den Katastrophen-Mechanismus auslösen, der uns auf den Plan ruft. Es braucht Jahre, um solch einen Reflex zu entwickeln. Ursprünglich hatten wir uns vielleicht ganz zu Recht Sorgen gemacht darüber, daß uns etwas, an dem wir hängen, weggenommen oder überhaupt vorenthalten würde.

Aber die Sorge kann ein Lebensstil werden — wir wissen dann einfach nicht mehr, wie wir anders leben sollten. In dieser Illusion gefangen, sind wir geneigt anzunehmen, daß bestimmt etwas passieren wird, wenn wir uns vorher darüber keine Sorgen gemacht haben. Als ob die Sorge Macht hätte, etwas Schlimmes abzuwenden! Genausogut könnten wir Knoblauch um unseren Hals hängen, um böse Geister zu vertreiben.

Im Gegensatz zu einer natürlichen Vorsicht ist die chronische Sorge willkürlich und irrational. Wir sorgen uns nicht, weil Katastrophen sehr wahrscheinlich eintreten, sondern weil wir es nicht besser wissen. Die Sorge verhindert keinen Verlust, gleich welcher Art — nur wir verlieren durch sie unseren inneren Frieden.

Ich erkenne, daß die gewohnheitsmäßige Sorge eine vor langer Zeit erlernte Reaktion ist. Heute entscheide ich mich für innere Gelassenheit.

19. April

Es gibt weder Gutes noch Schlechtes — erst das Denken macht die Dinge so. William Shakespeare

Ist das Glas halbvoll oder halbleer? Ist Verantwortung ein Privileg oder eine Pflicht? Ist die Hilfe, um die wir gebeten wurden, eine Gelegenheit oder eine Verpflichtung? Gehen wir an eine Sache aus Verantwortung oder Pflichtgefühl heran?

Alles kommt auf die Einstellung an. Und zum Glück für uns: Wir entscheiden, welche Einstellung wir haben. Wir können die, die uns behagt, genauso wählen wie unsere Kleidung oder unsere Frisur. Nichts und niemand in der Vergangenheit oder in der Gegenwart vermag unsere Einstellung zu erzwingen. Kein anderer verdient das Vertrauen oder trägt die Schuld dafür, wie wir uns entscheiden, mit der Wirklichkeit umzugehen. Sei es zum Besseren oder zum Schlechteren: Unsere Einstellung gehört nur uns selbst.

Wir alle leben in der gleichen Welt, auf die wir reagieren. Was wir tun, das prägt uns, das werden wir auch. Wenn wir uns darin üben, jeden Tag als ein neues Abenteuer zu betrachten, so wird er es auch sein.

Ich will jeden Tag eine Haltung der Dankbarkeit entwikkeln, indem ich Gott für jede der vielen Wohltaten danke.

Manchmal lasse ich mich durch Narren tief beeindrucken. Kelly Q.

Der Mann, der diesen denkwürdigen Satz aussprach, hatte einmal geglaubt, er könnte besser mit sich selbst zurechtkommen, wenn er mehr besitzen würde. Er gehört auch zu jenen, die ihre Kindheit nie richtig ausagieren durften, und so lebte er beständig im Gefühl, etwas verpaßt zu haben. Irgendwie kam er auf die Idee, er könnte wirklich Frieden finden durch immer neue Anschaffungen. Er fing also an, Dinge zu sammeln: Boote, kostspielige neue Autos, elegante Kleidung und so fort. Seine Vorbilder waren Menschen, die all jene Spielzeuge besassen, die er jetzt anhäufte. Er hörte ihnen zu, war mit ihnen unterwegs und ahmte sie in ihrem Verhalten nach. Sie waren seine Helden.

Glücklicherweise brauchte er nicht allzu lange, um die Wahrheit herauszufinden. Als er diese Menschen kennengelernt hatte, sah er, daß sie durch das, was ihnen gehörte, keineswegs glücklicher waren. Der eine oder andere unter ihnen war mit sich zufrieden, aber dieses Gefühl kam nicht durch Besitz. Er begriff, daß alle anderen Narren glichen, die gedankenlos nach Freude und Erfüllung außerhalb ihrer selbst suchten.

Das Experiment »Selbstfindung durch Anschaffung« war für diesen Mann nur ein kleiner Umweg, und er ist zurückgekehrt auf den Weg, der zu gesundem Denken führt.

Er ist kein Narr.

Heute danke ich Gott für Frieden und Glück und vergesse nicht, daß diese Reichtümer in mir sind, nicht außerhalb meiner selbst.

21. April

Was siehest du aber den Splitter in deines Bruders Auge und wirst nicht gewahr des Balkens in deinem Auge? Matthäus 7,3

Jedermann weiß: Es ist leichter, nach außen als nach innen zu blicken. Die charakterlichen Mängel der anderen oder ihre Gewohnheit, von allem schlecht zu denken, stehen uns meist so deutlich vor Augen wie leuchtende Neonschriften an der Wand. Unsere eigenen Schwachstellen und toten Punkte sind viel schwieriger herauszufinden. Dieser Unterschied unseres »Sehvermögens« ist eine Tatsache: Wir müssen damit leben, daß wir zur Blindheit neigen, wenn wir uns selbst betrachten.

Was wir aber nicht hinnehmen dürfen, das ist die Neigung, Gefallen an den Fehlern anderer zu finden. Durch gewisse Übung können wir die Fähigkeit, die Probleme anderer Menschen aufzuzeigen und sie so schlau unseren Freunden darzulegen, derart beherrschen, daß unsere herablassenden Bemerkungen sehr geschickt wirken und zur allgemeinen Unterhaltung beitragen.

Aber andere können unsere Außenseite so klar sehen wie wir die ihrige. Wir alle sind Glashäuser. Wir alle sind anfällig gegen jene, die Steine werfen.

Ich will daran arbeiten, immer das Positive in anderen zu erkennen, egal, wie sehr mir ihre Fehler ins Gesicht springen.

In allen Wissensgebieten richtet sich das Bemühen darauf, den Gegenstand so zu sehen, wie er wirklich ist. Matthew Arnold

Oft betrachten wir etwas ganz direkt und sehen es doch nicht. Manchmal sehen wir, was wir zu sehen erwarten, manchmal, was wir sehen wollen, und manchmal übersehen wir schlicht das, was unmittelbar vor unseren Augen liegt. Wenn Kopf und Herz nicht beteiligt sind, wird ein Augenzeugenbericht kaum besser sein als eine Vermutung.

Die Bekannte, die direkt neben uns geht, ohne ein Wort zu sagen, hat vielleicht gerade ihre Brille verloren. Die attraktive Person, die wir gerne einmal treffen würden, mag verzweifelt mit ihrer Schüchternheit und der Angst ringen, abgewiesen zu werden, während sie sich scheinbar eingebildet und distanziert gibt. Die kurz angebundene, unhöfliche Verkäuferin mag außer sich sein, weil ihre junge Tochter letzte Nacht nicht nach Hause kam. Die guten Noten unseres Kindes sind vielleicht darauf zurückzuführen, daß es abgeschrieben hat. Ein Wutanfall ist unter Umständen ein Schrei nach Hilfe.

Die Dinge sind nicht immer das, was sie zu sein scheinen. Wir brauchen mehr als nur Augen, um uns ein Bild machen zu können.

Ich will mich bemühen, hinter den äußeren Anschein von Menschen und Geschehnissen zu blicken, und mein Urteil zurückhalten, solange ich nicht die Tatsachen kenne.

23. April

Ich brauchte Jahre, um herauszufinden, daß Mama dasselbe brauchte wie ich. Auch sie hat es von niemandem bekommen. Patty A.

Warum sollte man sich der eigenen Familie wieder zuwenden? Gewiß nicht, um jemandem Schuld zu geben. Und auch nicht, um irgend etwas zu beschönigen. Ein hilfreiches Verständnis ist zwischen diesen beiden Extremen angesiedelt. Wir kehren zurück, um erneut, als Erwachsene, auf Menschen und Ereignisse der Vergangenheit zu achten. Wir müssen begreifen, daß die uns zuteil gewordene Zuneigung — egal, wie unzulänglich oder unpassend sie gewesen sein mag — wahrscheinlich die tiefste war, die man uns zu schenken wußte.

Wissen die Menschen, die wir am meisten lieben, was wir fühlen? Geben wir unserer Liebe nur unzureichend Ausdruck? Vielleicht hatten die Menschen in der Vergangenheit die gleiche Schwierigkeit wie wir, diese Kluft zu überwinden. Es ist sehr erhellend und oft entscheidend, die Umstände und Mechanismen zu verstehen, durch welche die Menschen erzogen und geprägt worden sind. Waren sie selbst versehen mit jenen Gaben, die wir so verzweifelt von ihnen bekommen wollten? Die Hege und Pflege, die wir brauchten und verdienten, die Sicherheit, nach der wir uns sehnten — waren sie so aufgewachsen, hatten sie diese Liebe erfahren? Vielleicht erhielten wir nicht, was sie ganz einfach nicht zu geben hatten.

Böse Absichten und Unfähigkeit sind nicht dasselbe. Ich will die Menschen meiner Vergangenheit genauso freundlich beurteilen, wie ich es von anderen erhoffe, die mich beurteilen.

Wahre Freude entsteht nicht durch Behaglichkeit oder Reichtümer oder durch ein Lob von anderen Menschen, sondern indem man etwas Lohnendes tut.
W. T. Grenfell

Wie Glück und Freiheit ist die Freude ein bedeutender Gewinn, den man aus dem Prozeß der Selbstfindung zieht. Und wie diese beiden anderen Zustände, entzieht sich die Freude denen, die sie gleich haben wollen. Sie hängt von etwas anderem ab, dessen Folge sie ist.

Freude ist die sekundäre Wirkung einer primären Handlung. Wenn wir ein Umfeld schaffen, das einen anderen unterstützt und ermutigt, finden wir in diesem Tun Freude. Es gibt vielleicht kein wertvolleres menschliches Unterfangen, als einem anderen die Last zu erleichtern, jemanden, der sich verirrt hat, auf den sicheren Weg zurückzuführen, oder die Hand auszustrecken nach einem, der gefallen ist.

Solche Gelegenheiten ergeben sich täglich für alle, die auf dem Weg der Selbstfindung sind. Bei jedem unserer Treffen kommen wir mit Leuten zusammen, die ganz besonders auf Ratschläge, Einsichten und das Vorbild jener angewiesen sind, die eine Entscheidung über ihre Vergangenheit schon getroffen haben, die zurückließen, was war, und nun anfangen, ihre neuen Tage verheißungsvoll zu gestalten, da sie den Weg innerer Heilung beschreiten.

Wenn wir zu erfahren hoffen, was Freude ist, müssen wir teilen, was wir besitzen.

Heute will ich die Freundlichkeit, die mir entgegengebracht wurde, weitergeben.

25. April

Zu sich selbst finden heißt … fähig sein, an der eigenen Identität festzuhalten und zugleich in Beziehung zu anderen zu stehen.

Denise McAlister Cook

Ein gemeinsames Merkmal der Menschen, die ihre Probleme aus der Kindheit mit sich tragen, besteht darin, daß für sie die Grenze zwischen der Welt der anderen und ihrer eigenen unscharf wird. Sie wissen nicht, wo jene endet und diese anfängt. Und so haben wir häufig die Erfahrung gemacht, daß die eigene Integrität zwangsläufig ins Wanken kommt und verloren geht, wenn wir unsere Selbstachtung preisgeben, um Beifall zu ernten — wenn wir ja sagen zu dem, womit wir nicht übereinstimmen, wenn wir lachen, obwohl uns die Situation nicht amüsant erscheint, wenn wir nach Wertvorstellungen leben, die wir eigentlich ablehnen. Jedes Mal, da wir auf diese Weise reagieren, erleidet unsere Integrität Schaden. Mit der Zeit ist es möglich, sie Stück für Stück zu verlieren, bis nichts mehr von ihr bleibt. Und da unsere Selbstachtung direkt abhängt vom Grad der Integrität, den wir bewahren konnten, ist dieses Opfern innerer Maßstäbe von eminenter Bedeutung.

Wenn ich es verstehe, mit einem anderen Menschen zusammenzusein und dabei nicht meine eigene Identität zu verlieren; wenn ich etwas für ihn empfinde und ihm doch nicht zustimmen muß; wenn ich fähig bin, nein zu sagen, und dabei nicht gelähmt werde durch die Angst, gescholten oder verlassen zu werden, dann weiß ich, daß ich gute Fortschritte mache auf dem Weg zur Selbstfindung.

Ich will das Maß meiner Integrität täglich prüfen und dabei sicherstellen, daß ich nicht mich selbst herabgewürdigt habe, um Anerkennung zu erhalten.

Zu sich selbst finden heißt ... das Leben weniger erleiden und es mehr genießen.

Peggy Katherine Joseph

Bei einem Gruppentreffen gab ein junges Mädchen bekannt, daß ihre Mutter kommen würde, um eine Gruppensitzung zu besuchen. Da niemand sie kannte, fragte einer der Teilnehmer: »Wie werden wir deine Mutter erkennen?« Das Mädchen breitete ihre Arme in Kreuzigungspose aus und sagte: »An den Nagellöchern.«

Es ist nicht ungewöhnlich, daß gerade Menschen, die in ihrer Kindheit gelitten haben, dem Leben, sich selbst und jedem anderen mit einer negativen Einstellung begegnen. Für jene, die darin gefangen sind, wird das Leben meistens zu einer Art Durchhaltetest. Solche Menschen betrachten ihr Dasein nicht als ein zu bestehendes Abenteuer, sondern als eine Tortur, die durchgestanden werden muß.

Der Gewinn innerer Ausgeglichenheit und Ruhe strahlt aus den Gesichtern derer, die jeden Tag willkommen heißen wie die Sonne an einem klaren Tag. Menschen, die um diesen Zustand wissen, sind zu der Einsicht gelangt, daß das Leben genossen werden soll — und so finden sie Freude trotz des Leids und der Enttäuschungen, die ebenfalls existieren. Selbstfindung ist keine Einübung in Illusion und Verdrängung. Sie zeigt vielmehr eine Geisteshaltung an, die es den Dornen im Leben nicht gestattet, die Zartheit der Rose auszulöschen.

Das Heute wurde mir geschenkt, daß ich mich darin entfalte. Ich will alle Rosen wahrnehmen, die meinen Weg säumen.

27. April

Wir machten eine gründliche und furchtlose Inventur in unserem Innern.

Vierter Schritt des AA-Programms

Diese innere Inventur, die im Vierten Schritt gefordert wird, ist eher eine praktische Lebensbilanz als eine Auflistung von Anklagepunkten. Der Zweck dieses Schrittes liegt darin, daß wir, wenn wir ihn tun, den Tatsachen über uns selbst ins Auge sehen und einschätzen, wie wir das Leben zugebracht haben. Er soll festhalten, wer wir in Wahrheit sind, so daß wir besser beurteilen können, was aus uns werden kann.

Wenn wir den Vierten Schritt unternehmen, achten wir auf wiederkehrende Denk- und Verhaltensmuster. Bei der Suche nach der Geschichte hinter unserer Geschichte probieren wir, die Ursachen der chronischen Schwierigkeiten in uns selbst zu enthüllen. Oftmals sind die damit verbundenen Einstellungen und Handlungen gut versteckt unter verschiedenen Schichten von Schutzbehauptungen und Verdrängungen. Es fällt nicht leicht, diese Schichten freizulegen und vor sich selbst auszubreiten. Es fällt nicht leicht, keine Angst zu haben. Aber die Mühe lohnt sich.

Der Vierte Schritt läßt das Licht der Wahrheit durch die Wolken unangebrachter Schuld- und nicht gerechtfertigter Schamgefühle scheinen. Die Bereitschaft, dem Negativen gegenüberzutreten, offenbart auch unsere echten Verdienste, die Güte unseres Wesens und zahlreiche innere Möglichkeiten — vielleicht zum ersten Mal.

Ich besitze nun genügend Selbstwertgefühl, meine charakterlichen Mängel einzugestehen.

Ich schaute so sehr in mich hinein, daß ich den Blick für alles andere verlor. Kim J.

Es ist wichtig, worauf wir den Blick richten. In der Konzentration auf uns selbst begreifen wir allmählich unsere inneren Muster, Gesetzmäßigkeiten und Gewichtungen. An diesem Ziel orientieren sich die vorliegenden Meditationen, die Gruppentreffen, die wir besuchen, und die Anteilnahme, die wir einander zukommen lassen. Von den meisten unter uns verlangte der Prozeß der Selbstfindung, daß wir den Blick in die Vergangenheit lenkten, um unsere Wurzeln zu entdecken.

Wir werden aber vielleicht so vereinnahmt, so festgehalten von den Störungen dieser Vergangenheit, daß wir einzig und allein in der Rückschau verharren. Dann können wir den Rest des Lebens damit verbringen, das in uns verwundete Kind zu trösten. Oder wir verlieren aus den Augen, was gut und richtig ist, weil wir uns zu sehr auf das versteifen, was unschön und falsch war.

Die Welt ist voller Wunder und Geheimnisse. Wir sind jeden Tag von vielen herrlichen Überraschungen umgeben: der Gestalt einer Wolke, dem Blick in Kinderaugen, dem Geruch frisch gebackenen Brotes, der Farbe des Sonnenuntergangs, anderen Menschen — vom erregten Treiben, vom Lachen, vom Leben in seiner einfachen, reinen Form. Wir müssen wahrnehmen, was außerhalb, jenseits unserer selbst, an Lebendigem geschieht.

Heute will ich aufblicken, hinunterblicken zu den Gesichtern anderer Menschen, die teilhaben an meiner Welt — und ich werde in diesen Gesichtern lesen.

29. April

Die längste Reise ist die ins Innere — für den, der in sein Geschick eingewilligt und seine Suche begonnen hat.
Dag Hammarskjold

Wenn wir uns nicht mit unserer Geburt beschäftigen — mit Wachsen, Volljährigwerden, Aufstieg und Hervortreten —, dann arbeiten wir dem Tod in die Hände. Genau das passiert, wenn wir uns absichtlich sträuben, uns zu entfalten. Wir schwinden dahin, werden zu Schatten, bis wir schließlich jeden Kontakt mit dem Leben verloren haben.

Es ist unsere Angst vor den Schatten, welche die innere Reise so unheimlich und doch so notwendig macht. Ehe wir es nicht wagen, den starken Mächten dort gegenüberzutreten — dem versteckten Gefühl, nichts wert zu sein, der Mißgunst, der Angst vor der Einsamkeit —, können wir nicht die Achtung vor uns selbst und die Zuversicht erlangen, die wir brauchen, um die Schatten für immer zurückzulassen.

Obwohl wir so sehr von Furcht erfüllt sein mögen, als gingen wir auf eine Reise zu anderen Planeten, kann die Entdeckung der Größe und der Herrlichkeit unseres inneren Universums nur gemacht werden, indem wir fortschreiten und die Schatten durchdringen.

Ich will mich jeden Tag darin üben, den Blick hinter meine Ängste und Unsicherheiten zu werfen und so die innere Schönheit zu entdecken, die meine ist.

Die meisten von uns würden lieber durch Lob zerfetzt, als durch Kritik gerettet werden. Jimmy F.

Nicht immer ist derjenige, der uns nette Dinge sagt, unser Freund. Oft ist der, der sich die Mühe macht, uns die Wahrheit zu sagen, selbst wenn sie schmerzt, auch der, dem wir am meisten bedeuten.

Menschen, die eine schwierige Kindheit hatten, erleben oft Probleme mit Grenzen. Sie sehen nicht immer, wo und wann sie den ihnen zugehörigen Bereich verlassen. Sie sind zu nahe an der Situation. Sie haben keine Perspektive, die darüber hinausgeht. Ein Freund, der einige Distanz zu ihnen und ihren Umständen hat, kann hier objektiver urteilen. Wenn er sagt, was ihm auffällt, können sie durch den gewonnenen Ausblick gesündere Entscheidungen treffen.

Die Kritik der Freunde besagt noch nicht, daß sie recht haben, auch nicht, daß man ihnen Glauben schenken müßte. Aber wenn sie einen kritisieren, heißt das nicht, daß man sie zurückweisen und einfach abtun sollte, was sie sagten.

Im Maß, wie ich lerne, meine Unzulänglichkeiten zu akzeptieren, kann ich das ehrliche Verhalten anderer besser vertragen.

Mai

Es gibt nicht so etwas wie einen »Besten« in einer Welt, die aus unzähligen Individuen besteht.

Hosea Bellou

Die Gesellschaft, in der wir leben, wird von der Vorstellung des Wettbewerbs bestimmt. »Wir sind die Nummer eins« wird täglich durch die Werbung und durch Sportereignisse in unsere Ohren getrommelt. Die Botschaft lautet, daß wir »besser sein«, daß wir etwas »Besseres haben« müssen als andere, wenn wir auch nur einen Funken Stolz besitzen. Die einzige Alternative wäre demnach das Scheitern, die Niederlage.

Doch menschliches Verhalten kann nicht nach diesem Leistungssystem beurteilt werden. Wie könnten wir je mit Sicherheit sagen, wer der beste Zuhörer ist, wer die meisten Einsichten hat, wer das stärkste Mitgefühl? In jedem beliebigen Augenblick ist das, was für uns das Beste ist, für einen anderen vielleicht gar nicht das Beste. Wenn es direkt zu Herzen geht, ist ein einfaches Wort bei einem unserer Treffen zugleich auch das beste. Wenn jemand, den wir kaum kennen, von der anderen Seite des Raumes nickt und uns zulächelt, dann ist dieses Lächeln hier und jetzt für uns das beste. Die ausgestreckte Hand, das kurze Wort, das uns ermutigt, wird nie als die »Nummer eins« über den Bildschirm verkündet, wird nie im Buch der Rekorde aufgezeichnet werden als die Hilfe, die besser war als alle anderen. Für uns aber ist sie die beste.

Ich bin von vielerlei Segnungen umgeben. Ich brauche nicht woanders nach dem zu suchen, was ich benötige.

2. Mai

Das Leben garantiert eine Chance *— nicht eine gerechte Verteilung.* Bernie Y.

Das Leben ist nicht gerecht. Die meisten von uns wissen das, aber nur wenige akzeptieren es. Etwas in uns hält fest an der Idee, daß am Ende die Gaben gleichmäßig aufgeteilt werden. Meistens wollen wir für die Ungerechtigkeit der Vergangenheit unseren Lohn bekommen. Viele von uns, die wir in der Kindheit benachteiligt wurden, erwarten — nein, verlangen — vom Schicksal Wiedergutmachung. Wir glauben, das Leben sollte das irgendwie so einrichten für uns. Aus diesem Grund fällt es uns derart schwer, immer und immer wieder festzustellen, was wir schon wissen: Das Leben ist nicht gerecht.

Die gute Arbeitsstelle, die wir hätten bekommen sollen, aber nicht bekamen; der Unfall, durch den ein geliebtes Wesen zum Krüppel wurde; ungewollte Kinderlosigkeit — all dies ist nicht gerecht. Aber das Leben ähnelt der Erde, nicht dem Samen. Es gibt die Möglichkeit, zu ernten, doch nur, wenn wir gesät haben. Und selbst dann ernten wir vielleicht nicht, was wir erwartet oder uns gewünscht haben — die Dinge richten sich nicht nach unserem Zeitplan.

Es ist ein Akt des Vertrauens und großen Mutes, weiterhin zu säen, obwohl wir nicht wissen, was uns zuteil werden wird. Aber es ist die einzige Chance, die wir haben. Wir müssen aufhören, von der Erde zu erwarten, daß sie allein für die Saat sorgt.

Heute will ich dafür danken, daß ich am Leben bin. Dieser Tag bietet die Chance für ein erfüllteres Leben — und so will ich die Frucht meiner Bemühungen annehmen.

Es ist aber der Glaube eine gewisse Zuversicht des, das man hofft, und ein Nichtzweifeln an dem, das man nicht sieht. Hebräer 11,1

Was ist zuerst da — die Henne oder das Ei, die Bitte oder der Dank, die Handlung oder das Gefühl? Bei einer kürzlich durchgeführten Untersuchung wurden Studenten aufgefordert, Gesichtsausdrücke zu solch unterschiedlichen Emotionen wie Überraschung, Entsetzen, Entzükken und Angst hervorzubringen. Die Forscher fanden heraus: Als die Studenten ängstlich aussahen, nahm die Zahl ihrer Herzschläge zu, und die Hauttemperatur sank. Bei den anderen Gefühlsäußerungen stellten sie ähnliche sichtbare Reaktionen fest.

Daraus folgt natürlich, daß selbst vorgetäuschte Emotionen »real« werden, wenn man sie ausagiert. Die Aktion ist der Auslöser. Im Rahmen unseres Programms sind wir ebenfalls ständig angehalten, »so zu tun als ob«. Das heißt, selbst wenn uns nicht danach zumute ist, zu lächeln, selbstsicher zu handeln oder unsere Bedürfnisse zu artikulieren, und selbst wenn uns solche Übungen furchtbar künstlich vorkommen, müssen wir trotzdem so handeln. Denn nur so, indem wir im Vertrauen auf die Zukunft handeln, können die Emotionen real werden.

Ich will an mir arbeiten, um zu verstehen, daß meine Handlungen oftmals meinen Gefühlen vorangehen müssen, wenn ich Fortschritte machen will.

4. Mai

Die Angst ist ein statischer Zustand, der verhindert, daß ich in mich hineinhöre. Samuel Butler

Die Schwierigkeit mit tiefen Gefühlen liegt darin, daß sie die leise sprechenden Stimmen unserer Gedanken übertönen. Sobald unser Bewußtsein bombardiert wird durch betäubend laute Gefühlsregungen, die außer Kontrolle geraten sind, ist eine klare Perspektive unmöglich.

Wenn die Angst vorherrschend wird, haben wir nur zwei Möglichkeiten: zu kämpfen oder zu fliehen. Häufiger entscheiden wir uns für die Flucht und hasten davon in eines unserer zahlreichen Verstecke. Dort vermögen wir nicht die gegensätzliche Meinung zu hören, die unsere eigenen Gedanken zum Ausdruck bringen. Tatsächlich wird der Teil unseres Selbst, dem die größte Verantwortung zukommt, einfach leise gestellt.

Aber eine Handlung besitzt mehr Stimme als die Angst und jede andere Emotion im Aufruhr. Wenn man sich direkt und mutig einem tyrannisierenden Gefühl stellt, entpuppt es sich eher als eine Maus, nicht als ein Löwe; eine Maus, deren fürchterliches Gebrüll in Wirklichkeit ein Quieken ist, verstärkt über ein Mikrofon.

Möge ich nicht eingeschüchtert werden durch gefühlsmäßige Ausbrüche. Ich weiß, daß beharrliche, vernünftige Handlungen mir Beistand leisten.

Ich habe etwas Wichtiges, an dem du teilhaben sollst.
Cliff G.

Ein Mann fragte die Gruppe bei einer Zusammenkunft, ob er von einem wichtigen Sieg in seinem Leben berichten dürfe. Nachdem man ihn dazu ermutigt hatte, räusperte er sich und sagte: »Heute ist etwas Besonderes passiert. Das Telefonbuch kam heraus. Und zum ersten Mal in meinem Leben werden mein Name und meine Nummer aufgeführt. Ich bin sehr stolz darüber.«

Die Gruppe schwieg für einen Augenblick — keiner wußte, wie er antworten sollte. Dann fuhr der junge Mann fort zu erklären, daß er das einziges Kind einer Soldatenfamilie war — die zudem mit Alkoholproblemen zu tun hatte. Auf diese mächtigen frühen Einflüsse reagierte er als Erwachsener dadurch, daß er nie zur Ruhe kommen konnte — weder im physischen noch im emotionalen Sinne, und auch nicht in seinem Beruf. Indem er sich weigerte, jemals innezuhalten, zu sich zu finden, hoffte er, dem stillen, gehorsamen, verzweifelten kleinen Jungen in seinem Innern zu entfliehen, der keine Ahnung hatte, warum er es nie zu etwas brachte.

Doch genug von diesem Gehetztsein. Wenigstens muß es nicht gar so schlimm sein. Egal, wie sehr seine Dämonen an ihm zerrten — er kam zu sich. Jetzt hat er ein Telefon, eine Telefonnummer, und er wird im Verzeichnis namentlich erwähnt.

Selbstfindung resultiert aus solch heroischen Taten.

Heute danke ich meinen Freunden in der Gemeinschaft dafür, daß sie ihre Siege genauso mit mir teilen wie ihre Niederlagen. Ihre Freude ist meine Freude.

6. Mai

Schau nicht traurig in die Vergangenheit. Sie kommt nicht mehr zurück. Verbessere lieber klug die Gegenwart. Sie ist dein.

Henry Wadsworth Longfellow

Während der Körper im Lauf der Zeit sich verändert, bleibt die Psyche der Menschen, die mit starken Kindheitsproblemen belastet sind, oft an irgendeinem Punkt in der Vergangenheit zurück. Derart gespalten, werden wir leicht verwirrt durch das gegenwärtige Geschehen. Wir können nicht sicher sagen, was eigentliche, greifbare Wirklichkeit ist — und was nur Wiederholung der Wirklichkeit, die vor zwanzig oder dreißig Jahren bestand. Auf dem Weg zu sich sein heißt: Lernen, den Unterschied zu begreifen, und bereit zu sein für die notwendigen Schritte, um geistig und gefühlsmäßig von der Vergangenheit loszukommen.

Wir erleben dieses Dilemma in der Weise, wie wir unsere Kinder behandeln. Nicht nur sehen wir uns selbst in die alten Rollen zurückfallen, sondern wir verlangen auch, daß unsere eigenen Kinder sich genauso verhalten, wie wir es damals aufgezwungen bekamen. Wir agieren blindlings und wissen es nicht, obwohl wir als Kinder eine solche Behandlung ganz und gar nicht ausstehen konnten. Und ehe wir nicht aktiv und schöpferisch darangehen, die *eigenen* Charaktereigenschaften zu formen, werden wir fortfahren, unsere Kinder nach Vorstellungen zu erziehen, die selbst noch unklar und nicht geläutert sind.

Wir entscheiden nicht nur für uns, ob etwas dem »Heute« oder dem »Damals« angehört — wir treffen die Wahl auch für unsere Kinder.

Heute bitte ich um die Kraft und die Weisheit, in der Gegenwart zu leben — meinen Kindern und mir selbst zuliebe.

Er, in seiner Blindheit, tat mir leid.
Doch kann ich prahlen: Ich seh'?
Mag sein, daß mich ein Geist bedauert,
Der nahe bei mir geht.

Harry Kemp

Uns wurde oft gesagt, daß Liebe das Band sei, das die Welt zusammenhält. Auf die eine oder andere Weise streben wir alle nach Liebe — so schnell wir nur können, und mit so viel Einfallsreichtum, wie wir nur haben. Aber was Liebe wirklich ist, läßt sich kaum fassen.

Menschen mit einer schwierigen Kindheit greifen oft nach der falschen »Liebesmedizin«. Wir sind gewöhnlich stark von der Vorstellung angezogen, daß man uns nur dann, wenn wir gebraucht werden, auch akzeptiert. Wenn es auf dieses Gebrauchtwerden ankommt, so folgern wir, dann müssen wir uns vor allem mit solchen Menschen umgeben, die jenes Bedürfnis nach uns haben. Dadurch neigen wir dazu, tief in Beziehungen verwickelt zu werden mit Menschen, die wir bemitleiden; ihre Nöte sind so groß.

Liebe und Mitleid sind nicht dasselbe. Unsere Liebesmedizin kommt nicht von verzweifelten Menschen, die nach jedem Strohhalm greifen, den sie irgendwie erreichen können.

Ich lerne jetzt, den Unterschied zwischen Liebe und Mitleid zu erkennen. Ich bin nicht der Lebensretter des Menschen, den ich liebe.

Der einzige Gott, den es gibt, ist der Gott über dem Gott.
Schwester Perpetua

Manchmal vergessen wir bei unserer Suche nach spiritueller Entfaltung und einer näheren Beziehung mit Gott, wie wir Ihn verstehen, daß jeder Begriff, jede Vorstellung, jeder Glaube in bezug auf Ihn unvollkommen ist. Egal, welche Weite der Geist besitzt, der Gott kontemplativ schaut — das Bild ist in der Tat trüb. Ein Kerzenlicht mag dem Nachtfalter, der von ihm angezogen wird, als das strahlendste im Universum erscheinen, aber es ist nur eine schwache Imitation der Sonne.

Unsere Suche nach Gott muß immer rastlos sein. Dies heißt nicht, wir sollten ständig frustriert sein oder uns keine innere Gelassenheit gönnen — sondern vielmehr verstehen, daß Gott derart groß ist, daß Geborgenheit und Freude, die wir auf dem Weg zu Ihm finden können, kein Ende haben. Nicht, weil wir so unbedeutend sind, sondern weil Gott so großartig ist.

Bei einem Gruppentreffen erzählte ein Mann, er habe gelesen, daß das Sternenlicht, das wir am Nachthimmel sehen, sich aus einer Entfernung von 400 000 Lichtjahren in unsere Richtung bewegt. »All diese Räume«, sagte er, »sind wie eine Murmel in der Hand Gottes. Wer also bin ich, daß ich glauben kann, ich vermöchte ein Wesen zu begreifen, das so großartig ist wie Er?«

Indem ich ständig bewußten Kontakt mit Ihm halte, kommt Gott, wie ich Ihn verstehen, mit jedem Tag klarer zum Vorschein.

Wir, ohne Wissen von uns selbst, erbitten oft den eignen Schaden, den weise Mächte uns zum Wohl verweigern.
William Shakespeare

Manchmal beten wir leidenschaftlich, vertrauensvoll und mit großer Hoffnung um Dinge, die nicht gut für uns sind. Wir sind schließlich Menschen — wir vermögen die Zukunft nur undeutlich zu erkennen, und oft sind wir mit Blindheit geschlagen durch die gleißende Realität unserer momentanen Situation.

Wenn das, worum wir beten, jenseits unserer Reichweite und unserer Macht zur Veränderung liegt, sollte der Zweck des Gebets eher dieser sein, all das Gewünschte unserer Höheren Macht zu übergeben, als es unbedingt bekommen zu wollen. Selbst wenn wir die reinsten Absichten hegen und unsere innere Arbeit rigoros verfolgt haben — es gibt vieles, das wir nicht wissen und auch gar nicht wissen können. Sobald wir alles getan haben, wozu wir imstande sind, lehrt uns unser Programm, die Situation loszulassen und unserer Höheren Macht die Verantwortung zu übertragen für das, was kommt.

Das ist das Herz und die Seele des Gebets: Geschehnisse nicht so zu manipulieren, daß sie sich in der Weise gestalten, wie wir es von ihnen verlangen — sondern die innere Führung und Weisheit zu suchen um der Erkenntnis willen, wo unsere Verantwortung aufhört und die des Gottes beginnt.

Ich will mich in meiner stolzen Haltung dem Willen der Höheren Macht beugen.

10. Mai

Denke wie ein Mann der Tat, handle wie ein Mann des Geistes. Henri Bergson

Alles, was Macht hat, kann süchtig machen. Alles, was angenehm ist, kann süchtig machen. Aufregung kann sowohl angenehm wie mächtig sein. Manchmal lassen sich Menschen, die heute mit ihren verschleppten Kindheitsproblemen konfrontiert sind, auf höchst zerstörerische Aktivitäten ein — in ihren Beziehungen, in der Familie oder in finanziellen Angelegenheiten —, um der Erregung des Augenblicks nachzujagen.

Erregung kann uns in Hochstimmung versetzen. Sie ist vielleicht Ersatz für jene viel natürlicheren Hochs im Rhythmus des Lebens, die zwar auch nicht immer ungefährlich sind, aber doch zumindest die eine oder andere vernünftige Schranke besitzen. Einige Leute haben für sich herausgefunden, daß Aktivitäten wie Fallschirmspringen, Drachenfliegen oder Wildwasserfahrten ihnen mehr als genug Aufregung bringen und doch nicht zwangsläufig in Bruchlandungen enden. Selbst die Spannung angesichts eines möglichen Erfolges, eines Sieges — oder gar der Herausforderungen auf dem beschwerlichen Weg zur Selbstfindung sorgt für ein bestimmtes Maß an innerer Erregung.

Es ist nichts Falsches dabei, wenn Dinge einen gewissen Reiz auf uns ausüben. Die Aufgabe besteht jedoch darin, sicherzustellen, daß das, was in uns den kleinen oder größeren Aufruhr erzeugt, auch tatsächlich zur wahren Freude führen kann — und nicht bloß der direkte Weg in die nächste Katastrophe ist.

Innere Gelassenheit ist für mich wichtiger als jede Erregung und jedes Vergnügen.

Alles in der Natur ist Zeichen einer geistigen Wirklichkeit. Ralph Waldo Emerson

Unsere Geistigkeit offenbart sich nicht nur, wenn wir beten, meditieren oder in die Kirche gehen. Ihr Kern reicht viel tiefer, ihre Bedeutung ist viel weiter gespannt. Nahezu alles, was wir tun, spiegelt die Gegenwärtigkeit oder die Abwesenheit der spirituellen Dimension in unserem Leben wider.

»Wann ist etwas genug?« lautet eine grundlegende spirituelle Frage. Wenn wir uns selbst nicht genug sind, können all die Lebensmittel, Drogen und materiellen Dinge in der Welt niemals genug sein. Das Wissen um den Wert einer Sache ist ein Zeichen des Geistigen. — »Worin gründet meine Sicherheit?« ist eine weitere solche Frage. Wenn sie von meinem sozialen Status oder dem Beifall der Menge abhängt, so ist das auch eine Aussage über meinen spirituellen Zustand. Wir zeigen unsere Geistigkeit, wenn wir lächeln und andere leicht am Rücken berühren, aber auch, wenn wir Klatsch verbreiten und rassistische Witze erzählen.

Unsere Art der Geistigkeit bestimmt und prägt uns. Wir brauchen nicht jedem zu sagen, wie spirituell wir doch sind — die, die in unserer Nähe sind, wissen es immer schon.

Ich strebe danach, von nun an mein geistiges Sein zu vertiefen, zu erweitern — aber ich denke auch daran, daß es in allem, was ich heute tue, widergespiegelt wird.

12. Mai

Das Geheimnis des Erfolgs liegt im beständigen Streben.
Disraeli

Durch inkonsequentes, unbeständiges Verhalten geraten einige große Steine auf unseren Weg, die uns vom Ziel der Selbstfindung fernhalten. Wenn wir wirklich nichts sehnlicher wünschen, als das Joch der Vergangenheit abzuwerfen, können wir nicht länger zögern, die nötigen Schritte zu tun. Wenn damit Gruppentreffen gemeint sind — nun, so soll es sein. Wenn wir lesen müssen — dann werden wir uns in die Lektüre vertiefen, bis die Augen schmerzen. Wenn die Vergangenheit durchforscht werden soll — dann wollen wir sie vom Staub befreien, der sich all die Jahre angesammelt hat. Eine Zeitlang.

Dann, zuweilen eher früher als später, kommt es uns so vor, als hätten wir genug getan: Das ganze Unternehmen hat vielleicht »an Schwung verloren« oder mag übertrieben erscheinen — und also läßt unser Einsatz nach. Wir besuchen nicht mehr so viele Treffen, lesen weniger, und die geistige Auseinandersetzung mit der eigenen Familie nimmt auf unserer Prioritätenliste die letzte Stelle ein.

Wichtig ist, nicht aufzuhören. Wir müssen nicht alles auf einmal machen, und wir können auch nicht erwarten, daß die Woge der Begeisterung nie abflauen wird. Wir müssen einfach jeden Tag ein kleines bißchen tun, egal, wie wir uns fühlen.

Ich will nicht zulassen, daß meine Gefühle darüber bestimmen, wie ich mein Programm durcharbeite. Heute werde ich konsequent sein.

Die Leute bezweifeln vielleicht, was ich sage, aber sie glauben immer, was ich tue. Ellie E.

Es ist unerträglich und frustrierend, wenn die Leute nicht glauben, was wir sagen. Nicht, daß sie denken, wir wären wirklich Lügner — aber sie glauben uns einfach nicht. Wenn wir ihnen zum Beispiel sagen, daß wir eine bestimmte Sache in Angriff nehmen wollen, verdrehen sie nur die Augen, als ob sie sagen wollten: »O ja, gewiß; sonst noch was?«

Taten wiegen wesentlich mehr als Worte. Früher — vielleicht sogar schon öfter — haben wir möglicherweise denselben Leuten erzählt, daß wir genau diesen Vorsatz gefaßt hätten. Und dann gaben wir den Vorsatz auf, kaum daß er ausgesprochen war. Es zeigt sich schließlich, daß unsere Worte niemandem — uns selbst eingeschlossen — glaubwürdig erscheinen. Wenn wir also wollen, daß andere uns glauben, so müssen wir konsequent unseren Worten Taten folgen lassen. Wenn wir zu verstehen geben, daß wir uns keine Beleidigungen gefallen lassen, müssen wir das Nötige tun, um sie zu unterbinden. Wenn wir zum Ausdruck bringen, daß wir von nun an besser auf uns selbst achtgeben werden, müssen wir genau überlegen, wie wir dementsprechend handeln, und auch dabei bleiben. Worte allein haben keinen Wert.

Es ist erstaunlich, wie schnell wir Glaubwürdigkeit zurückgewinnen können, sobald wir tun, was wir sagen.

Heute will ich mehr halten als ich verspreche. Ich werde nichts sagen, was ich nicht durch eine Tat bestätigen kann.

14. Mai

Kunstdinge sind ja immer Ergebnisse des In-Gefahr-gewesen-Seins, des in einer Erfahrung Bis-ans-Ende-gegangen-Seins, bis wo kein Mensch mehr weiter kann.
Rainer Maria Rilke

Sobald gewöhnlicher Graphit genug Druck und Hitze ausgesetzt wird, wandelt er sich zu einem Diamanten. Aber dieser Prozeß findet nur dann statt, wenn die Bedingungen stimmen — und er braucht Zeit. Der Prozeß der Selbstfindung ist damit vergleichbar: Gewisse Bedingungen müssen über einen längeren Zeitraum hinweg erfüllt werden.

Dieser Prozeß bedarf mehr als nur des Besuchs von Gruppentreffen, selbst wenn sie wöchentlich stattfinden. Es gibt keine sofortige Verwandlung, keine schnellen Abkürzungen — es kann sie nicht geben, wenn man bei den wahren Dingen ankommen möchte.

Ein freies und glückliches Leben zu gestalten ist ein Kunstwerk. Schriftsteller schreiben an jedem Tag ihres Lebens. Künstler sind nie weit von ihrer handwerklichen Arbeit entfernt. Unsere Aufgabe ist im Vergleich dazu gar nicht so sehr verschieden. Eine dürftige Bemühung zeitigt dürftige Ergebnisse. Wenn wir etwas Schönes hervorbringen wollen, müssen wir in den Prozeß der Selbstfindung die beständige, tägliche Aufmerksamkeit einbringen, aus der die Schönheit erwächst und sich ausbreitet im Leben. Wenn das Ganze einige Hitze, einigen Druck erfordert, dann muß es eben so sein. Diamanten sind nicht billig zu haben.

Ich will die Fortschritte an einem Tag nur von der Arbeit eines Tages erwarten.

Einsamkeit ist das erste, was Gottes Auge als nicht gut erachtete. John Milton

Einsamkeit ist ein beherrschendes Faktum im Leben vieler Menschen. Sie ist auch eine Folge — sie wird verursacht. Ungeachtet der Gründe für unser Gefühl von Einsamkeit, für unser Bedürfnis nach Rückzug, aus dem heraus wir handeln, egal auch, wie gültig und zwingend jene Gründe sein mögen: Sobald wir uns einmal dieser Empfindung hingegeben haben, wird sie immer stärker.

Wenn wir uns zurückziehen aus der Gesellschaft oder es anderen Menschen schwer machen, uns kennenzulernen, wird ein solches Verhalten uns in die Einsamkeit treiben. Wenn wir ständig aus dem Abseits einen unnahbaren Eindruck vermitteln, wird niemand sich uns nähern. Was wir tun (oder nicht tun), bestimmt darüber, was uns zuteil wird. Und wie jede Gewohnheit empfinden wir auch die Verhaltensweisen, die dazu beitragen, uns weiter zu isolieren, als ganz normal — und mit der Zeit sogar als unvermeidlich.

Solange wir lebendig sind, besitzen wir die Fähigkeit, Brücken zwischen uns und den anderen zu bauen. Chronische Einsamkeit muß kein Faktum des Lebens sein. Wenn wir bereit sind, an ihr zu arbeiten, können wir lernen, die Hand auszustrecken, Kontakte zu knüpfen und uns wohl zu fühlen in der Gesellschaft unserer Kameraden.

Heute will ich der erste sein, der die anderen grüßt und ein freundliches Wort sagt.

16. Mai

Manchmal ertappte ich meine Mutter dabei, wie sie mich mit liebenden Augen ansah. Wie hatte sie mich nur derart im Stich lassen können? Mickey C.

Für Menschen, die trinken, die Alkoholiker sind, ist die Liebe etwas Unbegreifliches. Dieses Wort und die damit verbundene Vorstellung mag für sie nur eine weitere Sache sein, die sie belastet, ihnen Rätsel aufgibt und Angst einjagt. Alkoholiker sind vielleicht bereit, uns das Blaue vom Himmel zu versprechen, aber sie vermögen einfach keine Taten folgen zu lassen.

Als wir Kinder waren, liebten uns wahrscheinlich unsere Eltern, die vom Alkohol abhingen. Ein unbeholfener Klaps auf den Kopf oder ein verstohlener Blick voller Zuneigung war vielleicht der einzige Ausdruck von Liebe, den sie zu geben hatten. Und vielleicht waren ihnen alle ihre sonstigen Tricks ausgegangen. Es mag sein, daß wir deshalb nur Schweigen ernteten, als wir so sehr der Zustimmung bedurften. Es war wohl die Krankheit, nicht das Desinteresse, die sich hinter solchen Bemerkungen verbarg wie: »Das hättest du besser machen können« oder »Ich habe keine Zeit, um zu Deinem Ballspiel zu gehen.«

Viele Menschen, die Liebe empfinden, können sie nicht mitteilen. Sie haben einfach nicht die Fähigkeit, in gesunden Beziehungen ihre Rollen zu übernehmen. Ihre Krankheiten oder inneren Zwänge verhindern oft die intakten Bindungen, die so dringend von den Menschen, die sie lieben, und ihnen selbst gebraucht werden. Möglicherweise haben wir als Kinder alles bekommen, was sie zu geben vermochten.

Ich bitte um den Mut, Frieden zu schließen mit meiner Vergangenheit. Ich bitte heute um jenes Wissen, das Versöhnung erst ermöglicht.

Da das Leben Tat ist und Leidenschaft, besteht die Aufgabe des Menschen darin, an den Taten und Leidenschaften seiner Zeit Anteil zu nehmen, weil man ihn sonst für jemanden hält, der nicht gelebt hat.
Oliver Wendell Holmes

Die häufigste Todesursache in Amerika ist ... was? Autounfälle? Herzinfarkt? Krebs? Alkohol? Wie steht es mit dem Tod durch Ersticken, weil man sich minderwertig fühlt? Viele von uns, die mit ihren in der Kindheit wurzelnden Problemen umzugehen versuchen, haben selbst erschütternde Einblicke gewonnen und wissen Bescheid über die Zahl der Menschen, die an Alkoholismus gestorben sind, und deren Tod auf alles mögliche, nur nicht auf Alkohol, zurückgeführt wird: auf Lungenentzündung, Herzversagen etc. Aber Minderwertigkeitsgefühle sind genauso tödlich wie alle diese Krankheiten. Menschen, die tief daran leiden, sind nicht wirklich am Leben, obwohl man ihnen das vielleicht nicht anmerkt.

Aber es gibt reichlich Beweise, daß Menschen uns lieben, daß wir vermißt werden, wenn wir nicht da sind. Obwohl wir uns schon fast an die Schicksalsschläge und an die düstere Stimmung gewöhnt haben mögen — sind wir nicht auch von Schönheit umgeben? Geht die Sonne nicht jeden Tag neu auf? Und liegt es nicht in unserer Macht, aus diesem Tag etwas zu machen, das ganz unseren Wünschen entspricht?

Heute erinnere ich mich daran, daß ich etwas beizutragen habe.

18. Mai

Wenn ich einen Fehler mache, heißt das nicht, daß ich *fehlerhaft bin.* Val B.

Fehler machen ist menschlich — niemand ist vor ihnen gefeit. Es ist keine Schande dabei. Aber vielleicht hat man uns in der Vergangenheit beigebracht, Fehler seien nicht erlaubt. Vielleicht erfuhren wir, daß Fehler uns Anerkennung und Zuneigung kosten. So taten wir alles, um den Eindruck zu vermitteln, die Dinge seien in Ordnung, denn wenn sie es nicht waren, mußten wir dafür schrecklich viel bezahlen. Aber wenn die Dinge gut aussehen, heißt das nicht, daß sie auch gut sind, und schon gar nicht, daß man sich gut fühlt. Unter dem Druck einer unmöglich zu lösenden Aufgabe wurden dadurch viele von uns zu ihren eigenen, schärfsten Kritikern. Wir lernten, uns selbst abzulehnen.

Aber heute wissen wir, daß wir niemals gelernt hätten, uns aufzurichten, wenn wir nicht zuerst zugegeben hätten, daß wir gefallen sind. Wir wissen, wir haben aus dem früheren schlechten Urteil über uns selbst die Lehre gezogen, die Grenzen so zu setzen, daß wir uns wohl fühlen. Und indem wir die schlechteste Wahl trafen, wurde uns klar, was wir nicht wollten. Wahrscheinlich ist keine Lebenserfahrung gewinnbringender als die, aus Fehlern zu lernen. Wenn wir unsere Fehler annehmen, nehmen wir uns selbst an.

Heute will ich sowohl aufrichtig als auch liebevoll auf meine Fehler sehen. Ich erkenne, daß sie menschlich sind und weder mir noch irgend jemand sonst Anlaß geben, mich abzulehnen.

Es gibt kein Leid, das die Zeit nicht mindert und mildert. Edmund Spenser

So manche Leidensphase kann uns sehr in Verwirrung stürzen. Die schmerzlichen Erinnerungen und Gedanken unterbrechen die heiteren und glücklichen. Einander widersprechende Schuld- und Wutgefühle kommen und gehen — oder stoßen direkt aufeinander. Fast alles hat die Macht, uns an einen Verstorbenen denken zu lassen.

Menschen, die trauern, reagieren oft ungehalten gegenüber jenen, die um sie sind, eingeschlossen den Arzt, sich selbst und die Person, die sie durch ihren Tod im Stich gelassen hat. Dann fühlen sie sich vielleicht schuldig dafür, daß sie so aufgebracht waren. Vielleicht äußert sich ihr tiefes Bedauern angesichts der schroffen Worte oder der Jahre des Schweigens. »Hätte ich doch nur ...« oder »Ich werde bestraft, weil ...« sind die üblichen, wenn auch falsch verstandenen Gefühlsregungen.

Dennoch wird die innere Erschöpfung irgendwann weniger, und das Gefühlswirrwarr klärt sich auf. Wenn wir allmählich die Bereitschaft entwickeln, die Dinge so zu nehmen, wie sie sind, heißt das nicht, daß das geliebte Wesen vergessen ist — es heißt, daß wir den Tod als eine konkrete, letzte Tatsache akzeptieren. Es bedeutet, daß wir soweit geheilt sind, daß wir unser eigenes Leben fortführen können.

Ich erkenne, daß der Heilungsprozeß Zeit braucht. Ich akzeptiere, daß mein Leben durch die Verluste, die ich erleide, verändert wird — aber daß es immer noch mein *Leben ist.*

20. Mai

Sehr viele Menschen glauben, sie würden denken, wenn sie lediglich ihre Vorurteile neu arrangieren.
William James

Wir, die wir ständig auf unbewältigte Probleme aus der Kindheit stoßen, haben vielleicht tiefe destruktive Vorurteile — nicht gegen Menschen anderer Hautfarbe oder anderen Glaubens, sondern gegen uns selbst. Wir glauben, wir wüßten alles über die Grenzen unserer Fähigkeiten, die unverbesserliche Beschaffenheit unseres wahren Charakters und die ungünstigen Bedingungen, die der inneren Heilung im Wege stehen. Wie alle Vorurteile sind auch diese »Gewißheiten« gegründet auf Unkenntnis und fehlendes Nachdenken.

Das echte, ernsthafte Denken tritt der Ignoranz entgegen und hinterfragt vorgefaßte Meinungen. »Wer sagt das?« und: »Was liegt dieser Vorstellung zugrunde?« sind Fragen, die ein zum Denken fähiger Mensch stellt. »Ich weiß es doch« und: »Das haben sie mir immer so gesagt« sind Antworten, die ein denkender Mensch nicht akzeptieren wird. Bei wohlüberlegter Prüfung erweisen sich meist 99% der offensichtlichen Tatsachen, die wir gegen uns selbst ins Feld führten, als hinfällig. Sie sind einfach nicht stichhaltig und entbehren jeder Grundlage. Wir sind nicht, was unsere Vorurteile aus uns machen wollen.

Die Freiheit eröffnet sich jenseits veralteter Vorstellungen und Grenzen. Indem wir uns antreiben, gehen wir weiter — und kommen schneller voran, wenn wir unsere Vorurteile zurücklassen.

Ich bin, der ich heute bin. Ich lehne es ab, von den gestrigen Vorstellungen belastet zu werden.

Eine Beziehung kann nicht gesünder sein als die Menschen in ihr. Mary Kay W.

Wir alle träumen davon, wunderbare Beziehungen zu haben. Doch solange wir nicht bereit sind, unser Programm zur Selbstfindung durchzuarbeiten, wird dieser Traum ein Traum bleiben. Die andere Person innerhalb der Beziehung, der Partner, macht die Angelegenheit noch schwieriger, weil er oder sie die eigene innere Entwicklung auch ernst nehmen muß, wenn unser Traum sich bewahrheiten soll.

Die Probleme, mit denen Menschen konfrontiert sind, die das innere Kind aus den Augen verloren haben, wirken sich unweigerlich auf ihre Beziehungen aus. Weshalb? Weil eben genau unsere Fähigkeit, Vertrauen zu haben, am meisten angeknackst ist — was in unserer Angst vor jedem wirklichen Engagement sich ausdrückt, in unseren zwanghaften Bedürfnissen, überall gefallen zu wollen, niemals allein zu sein und immer nur an andere zu denken. Wir fürchten uns davor, verlassen zu werden, und davor, eine Bitte zu äußern, damit unsere Wünsche erfüllt werden. Das Thema Vertrauen und Intimität ist von großer Bedeutung für uns und unsere Beziehungen.

Der erste Schritt hin zur Verwirklichung unserer Träume hat nichts mit ihm oder ihr oder anderen zu tun. Er betrifft *uns* und die Verantwortung, die wir übernehmen für die eigene Gesundheit, für das eigene Wohlergehen.

Heute bitte ich um ein tieferes Verständnis meiner eigenen Stärken und Schwächen als Partner in einer Beziehung. Ich will mich innerlich bereitmachen für die Art von Beziehung, die ich erträume.

22. Mai

Dies ist einer jener Fälle, bei denen die Phantasie durch die Realität verblüfft wird.

Winston Churchill

Erwartungen übertreffen meist die Wirklichkeit. Aufgeregte Kinder können kaum ihre Geburtstagsfeier abwarten — allein der Gedanke an die Eiskrem und den Kuchen, die Spiele und Gewinne und all die Geschenke ist fast nicht auszuhalten. Die Erwartungen der Eltern im Hinblick auf dieses Ereignis, die sich wahrscheinlich auf die Vorbereitungen, den Lärm und das Durcheinander richten, sind ebenfalls nur schwer zu ertragen — aus anderen Gründen. Weder im einen noch im anderen Fall wirkt das Ereignis selbst auch nur halb so stark wie die Erwartung.

Erwartungen beeinflussen das künftige Geschehen. Sie können sogar eine stärkere Wirkung ausüben als alles, was dann tatsächlich passiert. Wenn wir damit rechnen, daß der Abend, an dem wir ausgehen, langweilig wird, so wird er auch ein Reinfall werden, egal, wieviel Spaß die anderen Leute haben. Wenn wir erwarten, daß die neuen Menschen, denen wir begegnen, uns nicht mögen, so werden sie es auch nicht — weil wir ihnen nicht einmal eine Chance geben, uns kennenzulernen.

Die meisten von uns fühlen sich verantwortlich für den Regen, der ihre schönen Vorhaben zunichte macht. Wir müssen im Innern uns aufhellen, die Dinge loslassen und offener sein für freudige Überraschungen.

Heute will ich mich nicht um Ergebnisse kümmern, seien sie wirklich oder vorgestellt. Ich werde nichts erwarten und auf alles hoffen.

Der Wille ist der Zuhälter des Appetits.

Lope de Vega

Wir sprechen vom »Eigensinn, der Amok läuft«, wenn wir diese Art von sturer, einseitiger Heftigkeit beschreiben wollen, die wir manchmal an die Stelle einer wirklichen Problembewältigung setzen. Anstatt daß wir Abstand gewinnen und die Schwierigkeiten neu überdenken, anstatt daß wir das Ganze mit einem Freund besprechen oder um geistige Führung bitten, versuchen wir eher, eine Lösung zu erzwingen durch bloße, rohe Willenskraft. Wenn eine 80 %ige Anstrengung nicht genügt, erhöhen wir auf 110 %. Wenn sechs harte Schläge nicht reichen, vielleicht tun es dann 60 — also machen wir so weiter.

Leider richten wir diese ehrfurchtgebietende Intensität vorzugsweise auf Probleme, die wir nicht ändern können — etwa auf die Art, wie andere Menschen sich entschieden haben, ihr Leben zu führen —, als auf solche, die wir ändern können, wie zum Beispiel einige Kilo abzunehmen oder mit dem Rauchen aufzuhören. Wir verschwenden riesige Mengen Energie und bringen uns in Gefahr, verletzt zu werden, wenn wir versuchen, andere zu überreden oder unter Druck zu setzen, daß sie tun, was wir von ihnen verlangen. Und schlimmer noch: Die Aufgabe, unser eigenes Leben zu leben, wird nicht in Angriff genommen, während wir mit den Aufgaben anderer beschäftigt sind.

Heute will ich alles erhoffen, aber nichts erwarten von den Menschen, die ich liebe. Ich will nur auf meinem eigenen Fortschritt beharren.

24. Mai

Ich verbrachte zwanzig Jahre, bevor mir jemand sagte, daß ich meine Verluste verringern könne.

Michael K.

Wenn wir drauf und dran wären, sehr viel Geld für ein großes Haus auszugeben, würden wir ganz sicher zuerst nachprüfen, ob das Dach undicht ist oder der Keller unter Wasser steht. Wir neigen dazu, sehr vorsichtig zu sein bei bedeutenden Investitionen — und das mit gutem Grund. Die meisten von uns können es sich einfach nicht leisten, einen schlimmen Fehler zu machen. Warum also stürzen sich dann so viele Hals über Kopf in eine Beziehung?

Bevor wir uns für eine weitreichende emotionale Investition engagieren, sollten wir das ganze »Paket« ruhig einmal untersuchen. Wir besitzen alle Rechte, eine vielversprechende Beziehung sehr genau in Augenschein zu nehmen, sie zu prüfen und klarsichtige Aussagen über sie zu treffen. Rührt die starke Anziehung daher, daß der oder die andere uns »braucht«? Dann sollten wir uns in acht nehmen. Ist die Person wirklich frei, eine Beziehung einzugehen, die auch erfüllend wird? Ist sie in der Lage, ihre Rolle als verantwortlicher Erwachsener zu übernehmen? Ist sie der inneren Entfaltung genauso verpflichtet, wie wir es sind?

Wenn die Beziehung gesund und an geistigem Wachstum orientiert ist, brauchen wir nicht länger zu zögern. Wir können in sie eintreten, wissen, daß unsere Zuversicht von positiven, nicht von negativen Motiven kommt.

Heute will ich meine Zeit und Energie als mein »Kapital« betrachten. Ich werde meine Höhere Macht bitten, sie möge mir helfen, es weise einzusetzen.

Eine der schwierigsten Aufgaben im Leben ist es, Vertrauen zu erlernen. Isaac Watts

Wir sind nur so gesund, wie wir fähig sind zu vertrauen. Die Unfähigkeit zu vertrauen verurteilt uns, ein Leben hinter Mauern zu führen, geschützt vor den Täuschungen anderer. Ein solch isoliertes Leben verhindert, daß wir wirklich zu uns selbst finden.

Die Aufgabe besteht jedoch nicht darin, blindlings zu vertrauen. Das haben wir — zu unserem Nachteil — oft genug getan. Die Aufgabe ist, zu erkennen, wer vertrauenswürdig ist und wer nicht. Die vertrauensvolle Haltung hat uns nie in Schwierigkeiten gebracht, sondern nur die Menschen, denen wir mit Vertrauen begegneten. Und dann haben wir allzu oft von uns selbst eine unerschütterliche Loyalität gegenüber dieser nicht vertrauenswürdigen Person verlangt.

Vertrauen muß verdient werden. Wir müssen lernen, anderen nicht wahllos zu vertrauen, sondern geduldig abzuwarten, ob sie dieses wertvolle Geschenk von uns verdienen. Unser Ziel muß sein, als erfahrene Menschen zu erkennen, wem wir vertrauen können und wem nicht.

Ich lerne, mir selbst zu vertrauen in dem Maße, wie meine Gefühle ausgeglichener werden. Und im Maße, wie ich lerne, mir selbst zu vertrauen, kann ich besser bestimmen, wann mein Vertrauen in andere berechtigt ist und wann nicht.

26. Mai

Das Schicksal entscheidet, wer unsere Verwandten sind. Wir entscheiden, wer unser Freund ist.

Jacques Bossuet

Sich mit den Problemen der eigenen Familie auseinanderzusetzen, ist oft sehr schmerzlich für Menschen, die in ihrer Kindheit unglücklich waren und nun dabei sind, das zu erkennen und zu sich selbst zu finden. Wir alle wollen angenommen und geliebt werden von unseren leiblichen Eltern. Einige unserer tiefsten Wünsche und Lieblingsphantasien offenbaren, wie wir uns selbst sehen als geliebte und liebende Mitglieder eines irgendwie gesunden, heilen, das ganze Land umfassenden Familiensystems. Allzu oft war das und ist das nicht der Fall. Wenn wir diese Tatsache akzeptieren müssen — nun, so soll es eben sein.

Es ist an der Zeit, daß wir erkennen sollten, daß unsere wahren Familien aus den Menschen bestehen, die uns lieben, ob sie nun Verwandte sind oder nicht. Anstatt zu trauern um das, was wir im Zusammensein mit der eigenen Familie nicht finden, haben wir die Möglichkeit, uns mit der geistigen intakten »Familie« derer zu verbinden, die von uns erwarten — und das auch brauchen —, daß wir mit ihnen gemeinsam das Leben feiern. Im Rahmen des Programms gibt es viele Menschen, die uns lieben, wenn wir sie nur lassen.

Keiner, der sich auf den Weg zu sich selbst gemacht hat, braucht je ohne eine Familie zu sein. Die Herzen der Menschen sind tiefer miteinander verbunden als ihre Gene.

Heute bin ich dankbar für die heilsame Gegenwart meiner Freunde.

Wenn du mit anderen Menschen umgehst, denk an diese drei Vs: Du hast ihre Probleme nicht verursacht, du kannst nicht darüber verfügen, und du kannst sie nicht verhindern. Lorna P.

Niemand lebt in einem Vakuum. Wir alle finden uns in Beziehungsgeflechten, die man als Systeme bezeichnen könnte. Es gibt Familiensysteme, Arbeitssysteme, Kirchensysteme. Wir sind ständig von anderen umgeben, mit denen wir in Wechselwirkung stehen. Einige von ihnen haben Probleme. Einige von jenen, die uns am nächsten sind, haben Probleme.

Menschen, die in ihrer Kindheit nie wirklich Kind sein konnten, zeigen oft ein übertriebenes Verantwortungsgefühl — als ob sie verantwortlich dafür wären, daß diese Probleme gelöst werden. Mit solchen Vorstellungen im Kopf machen wir uns daran, die anderen zu »kurieren«.

Tatsache ist, daß wir diese Probleme nicht verursacht haben, noch können wir über sie verfügen, und ganz gewiß sind wir nicht imstande, die Schmerzen zu verhindern.

Selbstfindung ist eine äußerst persönliche Angelegenheit — für uns wie für andere. Sie werden mit ihren Problemen fertigwerden, wenn sie innerlich dazu bereit sind, und so hart daran arbeiten, wie sie es wollen, um die Probleme zu meistern, mit denen sie sich auseinandersetzen müssen.

Heute will ich zulassen, daß die anderen an der Würde des Lebens teilhaben: nämlich so zu leben, wie sie *es wünschen.*

28. Mai

Wir gaben Gott, uns selbst und einem anderen Menschen gegenüber unverhüllt unsere Fehler zu.

Fünfter Schritt des AA-Programms

Das ist der erste der Zwölf Schritte, der eine andere Person notwendig mit einschließt. Bei diesem Schritt sehen wir den Tatsachen ins Gesicht und geben unsere Fehler zu, um uns selbst zu erleichtern. Was war, übergeben wir, um Raum zu schaffen für das, was sein kann. Dieser Fünfte Schritt hat viel mehr mit dem Frieden im Innern zu tun, den wir finden müssen, als mit der Suche nach Absolution außerhalb unserer selbst.

Zuerst gestehen wir Gott unsere Fehler ein. Der Grund dafür ist, daß unser ganzes Programm auf dem ehrlichen und bewußten Kontakt mit Gott, wie wir ihn verstehen, gründet. Wir legen ferner ein Bekenntnis ab gegenüber uns selbst, weil unser geistiger Friede angewiesen ist auf die Befreiung von Illusion und Verleugnung. Und wir teilen uns einem anderen Menschen mit, weil wir ebenfalls Menschen sind. In der von Mitgefühl getragenen Gesellschaft eines anderen Menschen sehen wir, daß wir, trotz all unsrer Fehler und Schwächen, dennoch akzeptiert werden, daß wir liebenswert und wertvoll sind. Das vertraute Einander-Annehmen unter Menschen basiert auf vertrauensvollem, menschlichem Kontakt.

Ist der Fünfte Schritt leicht oder angenehm? Oft ist er es nicht. Ist er notwendig? Zweifellos. Lohnt er sich? Er ist der Schlüssel zur Selbstfindung.

Die Wahrheit mit jemandem zu teilen hat mir ein friedvolles Herz beschert.

Als ich bestritt, irgendwelche Denk- oder Verhaltensmuster zu haben, lebte ich nach genau solchen Mustern.
Julie F.

Selbst wenn wir ganz und gar außer Kontrolle geraten, handeln wir noch immer logisch. B kommt nach A, und D nach C. Das logische Muster hört nicht auf zu existieren, bloß weil wir uns seiner nicht bewußt sind.

So funktioniert das Ganze: Wir lernten, unsere Bedürfnisse auf eine Weise zu befriedigen, die uns vorgegeben war. Einige von uns lernten, wie man sich entschuldigt, sich dumm stellt, wie man manipuliert, jemanden beschimpft, wie man sich selbst ein verdientes Vergnügen nicht gestattet, oder solche Menschen und Dinge begehrt, die uns nur Schmerz verursachen. Das ist das A.

Wie wir agierten, so wurden wir, und was wir wurden, das blieben wir. Das ist das B und das C. Es gibt völlig logische Gründe dafür, daß wir tun, was wir tun, und daß wir denken, wie wir denken. Das ist das D.

Die Logik selbst ist nicht mangelhaft. Worauf sie gründet — das bereitet uns die Probleme. Was wir zu tun lernten, mag sehr wohl nicht funktionieren. Aber jene tieferen Gründe, weshalb wir fortfahren, *so* zu handeln, bestimmen vollständig über den Sinn und den Zweck unseres Daseins.

Heute bitte ich um die Wahrheit, meine inneren Muster zu erkennen. Ich bitte meine Höhere Macht, sie möge mich von der Verwirrung befreien.

30. Mai

Als ich ein Mann wurde, tat ich ab, was kindlich war. 1. Korinther-Brief 13,11

Es gibt einen Unterschied in der Art, wie Kinder und Erwachsene Probleme lösen. Wenn Erwachsene etwas verlieren, neigen sie dazu, zu denken: »Also wo habe ich dieses Ding verloren?« Ein Kind hingegen, das ein Spielzeug verloren hat, wird wahrscheinlich sofort zu der Kiste gehen, wo die Spielwaren normalerweise aufbewahrt werden. Kinder reagieren so, daß sie zum vertrautesten und nächstliegenden Ort zurückkehren.

Der Mann, der diese Gedanken uns gegenüber zum Ausdruck brachte, sagte, er gehe immer zurück zu seiner »Spielzeugkiste«, sobald Situationen auftauchten, die ihn ängstigten oder betroffen machten. Situationen, wo es darum ging, entweder nachzugeben oder einzustehen für sich selbst; um Fragen, die mit Beziehungen zu tun haben; darum, ob er sich eine Ruhepause gönnen sollte; oder um irgendeinen anderen dieser komplexen Zustände, die Menschen mit einer nicht intakten Kindheit nervös und unsicher werden lassen.

Aber in unserer »Spielzeugkiste«, in dieser kindlichen Umgebung, haben wir überhaupt die meisten falschen Antworten auf unsere Fragen gefunden. Wie der Mann, der sich uns mitteilte, müssen wir neue Antworten ausfindig machen, neue Quellen des Wissens, neue Dinge, mit denen wir spielen können.

Ich habe gelernt, nicht an alten Orten nach neuen Antworten zu suchen. Ich bin jetzt besser imstande, nachzudenken, bevor ich handle.

Dies vor allem: Sei wahr zu deinem eignen Ich.
William Shakespeare

Die Angst vor einem der eigenen inneren Wahrheit verpflichteten Leben ist vielleicht der Wesenszug, der sich bei den meisten Menschen zeigt, die in der Kindheit sehr verletzt wurden. Schließlich haben wir die meiste Zeit unseres Lebens danach gestrebt, den anderen zu gefallen oder wenigstens sie zu beruhigen. Wir hofften, dadurch die Anerkennung zu erzielen, die wir ersehnten. Wie hätten wir wissen können, daß diese Art, es allen recht zu machen, uns der eigenen Gefühle und Ansichten berauben würde? Wir wußten nicht, daß wir unseren Sinn für Humor, unsere Prinzipien oder vielleicht sogar unsere ethischen Grundsätze verlieren würden. Die innere Wahrheit kam uns abhanden.

Sich selbst finden heißt: diese Wahrheit finden. Wenn ein Witz lustig ist, lachen wir. Wenn nicht, dann nicht. Wenn die Behauptungen eines anderen unverschämt sind, können wir dagegen angehen oder es lassen. Wenn eine unpopuläre Entscheidung gefällt werden muß, steht es uns frei, sie zu treffen und uns dann mit den nächsten Dingen zu beschäftigen. Wir müssen nicht um jeden Preis gefallen! Wir lernen, unserer eigenen Wahrheit, so, wie wir sie leben, zu glauben — und nicht umgekehrt. Wenn wir zu dem stehen, was wir sind, werden wir wir selbst. Und wenn wir nicht genau wissen, wer wir sind, dann ist heute der beste aller Tage, es langsam herauszufinden.

Heute will ich keine vorgetäuschten Reaktionen zeigen, sei es gegenüber Menschen, sei es gegenüber Dingen. Wenn ich nicht weiß, was ich genau empfinde, werde ich mich zurückhalten, bis ich es herausbekommen habe.

Juni

Die Freundschaft ist wie ein Baum, unter dem wir Schutz finden. Samuel Taylor Coleridge

Einige Menschen behaupten, sie wollten oder bräuchten keine Freunde. Sie sagen vielleicht, daß eine Freundschaft mehr Schwierigkeiten bringt, als sie eigentlich wert ist. Manchmal gehen sie anderen in ihrer Umgebung sogar aus dem Weg, um sie vor den Kopf zu stoßen und dadurch klarzustellen, daß sie keine freundlichen Gefühle hegen. Und gewöhnlich bekommen sie auch, worauf sie bestehen: Trennung, Distanz, Einsamkeit.

Warum verhält man sich so? Fast immer, weil es in vergangenen Freundschaften Verletzungen oder Verrat gab. Nachdem man jenen Vertrauen schenkte, die es nicht verdienten, ist man nicht länger bereit, ein Risiko einzugehen. Man streckt die Hand nicht mehr aus und läßt keinen anderen an sich heran. Man zieht sich einfach zurück.

Wenn man ein gebranntes Kind ist, bedarf es einer großen Portion Mut, um erneut den Versuch zu einer Freundschaft zu unternehmen. Die Hände werden dann vielleicht feucht und der Mund trocken, sobald man den ersten zögerlichen Kontakt wagt. Aber wir werden für diese wiederholte Anstrengung mit einem unbezahlbaren Schatz belohnt: einem Menschen, um den man sich kümmern, mit dem man feiern und auf den man zählen kann — einem Gefährten, für den wir uns entschieden haben, damit er uns auf dem Weg Gesellschaft leistet.

Ich anerkenne mein Bedürfnis nach Nähe zu anderen.

2. Juni

Mit jedem Menschen stirbt ein kleiner Teil von mir, denn ich bin Teil der Menschheit. Laß daher nie danach fragen, wem die Stunde schlägt. Sie schlägt dir.

John Donne

Ein sich vertiefendes Mitgefühl ist der Nutzen, den man aus dem Leid ziehen kann. Im Maße, wie wir Schmerz und Schrecken empfunden haben, sind wir fähiger, die Hand auszustrecken nach einem Menschen, der leidet.

Wir, mit einer schwierigen Kindheit belastet, haben gelitten. Wir sind die Straßen der Einsamkeit und des Verlassenwerdens entlanggegangen. Dadurch sind wir vor anderen dazu ermächtigt, dort, wo es nötig ist, die Heilung zu fördern.

Wir sind Teil der Menschheit. Wir wissen, es gibt unzählige andere, die in nicht intakten Familien geboren und großgezogen worden sind. Mehr Menschen um uns, als wir uns vorstellen können, sind auf der Suche nach Verständnis, Hilfe und Wissen. Wir sind Teil des Weltganzen. Wenn wir nach dieser Einsicht handeln, können wir die Ursache von Leid und Schmerz einfach hernehmen und daraus einen höchst wirksamen Balsam machen, der die Heilung bringt.

Heute will ich irgend jemandem den Beistand leisten, den er braucht. Ich werde es als mein Privileg betrachten, jene Art von Schmerzen zu lindern, die ich so gut kenne.

Meine Spiritualität ist für mich wichtiger geworden als alles andere. Les G.

Wir möchten alle wissen lassen, daß sie mit unserer Hilfe und unserer Fürsorglichkeit rechnen können. Muß etwas zu einer bestimmten Zeit fertig sein? Wird jemand gebraucht, um noch zusätzlich dies oder jenes zu besorgen? Fragt uns. Sei es zu unserem Schaden oder zu unserem Glück: Die meisten haben es sich angewöhnt, die Verantwortung in Person zu sein, wenn es um die Arbeit geht, die Kinder, die äußere Erscheinung oder die sozialen Verpflichtungen.

Aber wenn es darum geht, für unser eigenes geistiges Wohl Sorge zu tragen, sind unsere Maßstäbe nicht so hoch. Nichts anderes aber auf unserer Liste sollte so hoch bewertet werden. Denn gerade aus unserer geistigen Verfaßtheit sprießen Freundschaft und Liebe hervor wie Blumen. Durch ein tief im Geistigen geführtes Leben werden wir fähiger, zu vergeben. Und es ist die Qualität unserer Geistigkeit, die darüber bestimmt, wie gut wir mit der Wirklichkeit umgehen und das loslassen können, was befreit werden muß.

Spiritualität ist kein Luxusgut, welches man nur dann erstrebt, wenn alle anderen Punkte auf der Liste abgehakt sind und noch etwas Zeit übrig bleibt. Zeit der Besinnung, Zeit mit Freunden, Zeit zum Lesen, Beten und Spazierengehen im Wald — all dies ist zur Pflege unseres geistigen Lebens sehr wichtig. Wir müssen uns davor hüten, zu geschäftig zu sein!

Heute will ich anfangen, eine Zeit der Ruhe für mich zu erschließen, und sie zur täglichen Gewohnheit werden lassen.

4. Juni

Ein einfaches Grab genügt ihm nun, dem die ganze Welt nicht groß genug war.

Epitaph von Alexander dem Großen

Die Grabinschrift kennzeichnet oft das Leben des Menschen, der an dieser Stelle begraben ist. Wie könnte unser Epitaph lauten?

Viele von uns wenden die meiste Zeit, Energie und Mühe für Angelegenheiten auf, die sogar für sie selbst nicht besonders wichtig sind. Irgendwie rücken Dinge, die auf unserer Liste Nummer neunzehn oder siebenundzwanzig sein sollten, nach oben und verdrängen jene, die an erster oder zweiter Stelle stehen sollten. Wir können auf diese Weise nicht nur Tage, sondern Jahre verlieren, ohne über unsere Prioritäten nachzudenken.

Unsere zehn obersten Prioritäten einmal aufzulisten, kann eine Erfahrung sein, die uns die Augen öffnet — besonders dann, wenn wir eine weitere Liste erstellen, die festhält, wofür die meiste Zeit, Energie und Mühe eigentlich eingesetzt wird. Wir finden vielleicht heraus, daß für die Dinge, von denen wir glaubten, sie besäßen Vorrang, nur wenig Zeit und Aufmerksamkeit bleibt. Wenn dem so ist, stehen offensichtlich einige Entscheidungen an.

Welche Charakterisierung unseres eigenen Lebens erwarten wir — am Ende der Straße?

Jeden Tag will ich prüfen, wohin meine Zeit und meine Energie geflossen sind — und entscheiden, ob sie den Prioritäten zugute kamen, die ich gewählt habe.

Wenn die Augen geschaffen wurden, um zu sehen, dann ist die Schönheit dafür entschuldigt, daß sie existiert. Ralph Waldo Emerson

Es ist möglich, aus dem Prozeß der Selbstfindung ein solch ernstes, verbissenes Unternehmen zu machen, daß wir vergessen, das Leben zu genießen. Aber der ganze Zweck dieses inneren Prozesses besteht darin, mehr und mehr in Freude zu leben, von der Schönheit begeistert zu werden und die innere Freiheit zu erfahren. Wenn wir so hart daran arbeiten, zu uns selbst zu kommen, daß wir keine Zeit haben, keine Neigung verspüren, mit Freunden zu sein, zu lachen, das Wunderbare zu entdecken und zu feiern, dann haben wir nicht verstanden, worum es eigentlich geht.

Einige lieben es, lange Spaziergänge zu machen — wann war unser letzter Spaziergang? Einige lieben das Theater — wie hieß das letzte Stück, das wir sahen? Einige fotografieren gern oder üben zahlreiche Hobbies aus — gibt es in unserem Leben eine Aktivität, die wir einfach aus Freude an der Sache unternehmen?

Es muß nicht für alles, was wir tun, einen ernsten Grund geben. Die Gabe des Sehens wurde uns zuteil, damit wir sehen können. Wir brauchen keinen anderen Anlaß, um die Schönheit zu erblicken, als die Tatsache, daß sie existiert. Und sie ist wirklich da. Sie umgibt uns in verwirrender Mannigfaltigkeit, wenn wir sie suchen: in den Menschen und in der Welt rings um uns her — und in uns selbst.

Mein Leben ist voll von Schönheit. Ich will mein inneres Auge öffnen, um nicht die Freude zu versäumen, die Gott mir überreichlich geschenkt hat.

6. Juni

Ich habe dir einen Drachen gebaut, damit du nach oben schauen mußtest. Onkel Pete

Freunde und Helfer. Egal, wie trostlos die Zeiten sind — wenn wir nicht aufhören, uns umzuschauen, können wir fast immer einen dieser menschlichen Hoffnungsschimmer finden. Aber wir dürfen nicht aufhören zu schauen.

Bei einem Gruppentreffen erzählte ein Mann über genau einen solchen Menschen in der Vergangenheit. Es war sein Onkel Pete, der die schweren Probleme seines Neffen sehr wohl kannte. Obwohl er nicht viel ändern konnte an der unglücklichen Situation des Jungen, tat Onkel Pete das einzige, was er tun konnte: Er baute dem Jungen einen Drachen. Als jetzt der Neffe die Geschichte wiedergab, sagte er, daß er ab und zu den Drachen hatte fliegen lassen, aber er hatte ihn wirklich nicht sehr gerne gemocht.

Jahre später fragte er seinen Onkel, weshalb er ihm gerade dieses Geschenk gemacht habe. Und der Onkel antwortete: »Ich habe dir einen Drachen gebaut, damit du nach oben schauen mußtest.«

Es kann sein, daß es in unserer Vergangenheit — und vielleicht noch heute — Menschen gibt, die ihr Bestes versuchen, um uns einen Drachen zu bauen. Sie ermutigen und loben uns; sie sagen uns, daß sie sich um uns kümmern, während wir ihre Motive in Frage stellen und ihre Aufrichtigkeit anzweifeln. Wir können ruhig nach solchen Menschen in unserem Leben suchen.

Heute will ich weniger reserviert, weniger abwehrend, weniger mißtrauisch sein.

Damals ist damals. Jetzt ist jetzt. Wir müssen innerlich wachsen, um den Unterschied zu begreifen.
Katie N.

Selbst als Erwachsene gewähren wir manchmal unseren Eltern ein lächerlich großes Maß an Kontrolle über unser Leben. Eine zufällige Bemerkung unserer Mutter kann uns, voller Wut und Frustration, in Tränen ausbrechen lassen. Eine eher zufällige Gedankenlosigkeit unseres Vaters kann uns wochenlang verfolgen, an uns nagen und uns unglücklich machen.

Bis wir erkennen, daß die Art und Weise, wie wir reagieren, uns selbst obliegt, ist unser emotionales Wohlbefinden gänzlich abhängig vom Verhalten eines anderen. Natürlich werden andere Menschen in unserem Leben damit fortfahren, manchmal verletzende Dinge zu sagen und zu tun — wir müssen eben akzeptieren, daß sie so sind, wie sie sind, und daß wir sie nicht ändern können. Die einzigen Veränderungen, die wir bewerkstelligen können, sind in uns selbst. Genauso, wie wir nicht jedesmal zum Telefon gehen müssen, wenn es klingelt, zwingt uns nichts, auf jede Verärgerung, die wir empfinden, zu reagieren. Mit genügend Übung können wir lernen, über die Belanglosigkeit einer Sache zu lachen — einer Sache, die einmal uns hätte weinen machen können.

Ich will lernen, kritisch zu prüfen, wessen Bemerkungen ich mir zu Herzen nehme. Ich will mich immer wieder dazu ermuntern, mitzubedenken, was dahinter stecken könnte.

8. Juni

... und die Wahrheit wird euch frei machen.
Johannes 8,32

Einige von uns sind schon so lange derart in Wut, daß sie schon gar nicht mehr wissen, daß sie ärgerlich sind. Ganz ähnlich ist die Wirkung eines nicht gestillten, immer weiter hinausgezögerten Hungergefühls: Mit der Zeit fühlt man sich weniger hungrig als irgendwie krank. Wir neigen dazu, das auszulöschen, was nicht erkannt oder gelöst wird. Oder wir übersetzen es in etwas anderes.

Weil brave Kinder ihre Wut nicht herauslassen (so zumindest dachten wir), lernten wir sehr früh, aus der Wut einen Schmerz zu machen. Und dort ist sie vielleicht viele Jahre lang geblieben, falsch bezeichnet und unerkannt. Als Erwachsene, die nun zu sich selbst finden wollen, werden wir uns bewußt, daß ein harter Kern aus Wut unter all diesen Schichten von Schmerzgefühlen verborgen ist. Wir sehen jetzt, daß diese Wut sich jahrelang auf Nebenwegen bemerkbar gemacht hat und dabei die Menschen verletzte, die wir lieben, und unseren Beziehungen großen Schaden zufügte.

Gott sei Dank sind wir endlich in der Lage, die Probleme zu benennen. Indem wir etwas benennen, unternehmen wir den ersten Schritt zur Abhilfe.

Ich will mich bemühen, die Wahrheit zu sehen, egal, wie unangenehm sie ist, und ich will sie mit der Bezeichnung versehen, die ihr zugehört.

Ich fand heraus, daß meine Umstände sich solange nicht bessern konnten, wie ich mich nicht besserte.
Barney V.

Wenn wir lange genug mit anderen zusammen sind, die ebenfalls an ihren Kindheitsproblemen arbeiten, werden wir schließlich jemanden die alte Geschichte erzählen hören, die darauf hinausläuft, daß die Kirschen in Nachbars Garten immer süßer sind. Einige werden sagen, daß sie in einen anderen Teil des Landes umziehen, um einen neuen Anfang zu machen, ein Programm zu finden, das ihnen mehr hilft, oder um mit gesünderen Menschen zusammenzusein. Wenn sie im Norden leben, sind sie auf dem Weg in den Süden. Wenn sie im Süden leben, dann sollen im Norden all ihre Fragen beantwortet werden.

Aber die Umstände an sich verändern keineswegs die Menschen. Wenn wir nicht bereit sind, an uns selbst zu arbeiten, wird jeder Wechsel der Verhältnisse am Ende überhaupt nichts bewirken. Wenn wir uns nicht verändern, wird sich nach einiger Zeit herausstellen, daß auch sie die gleichen geblieben sind. Das gleiche Stück wird gespielt, nur auf einer anderen Bühne.

Wenn wir nicht eins sind mit uns selbst, dann haben wir dieses Gefühl an allen Orten. Und wir können genausogut überall eine gesunde Kehrtwendung machen. Es geht nicht darum, was um uns ist; sondern darum, was in uns ist.

Ich bitte heute um eine rückhaltlose Ehrlichkeit und die Fähigkeit, zu erkennen, daß die Antwort in mir zu finden ist, nicht in den äußeren Verhältnissen.

10. Juni

Glück und Liebe sind dem Mutigen gut Freund.
Ovid

Passivität und Geduld sind nicht dasselbe. Es kann sein, daß wir unser ganzes Leben lang auf Glück und Liebe warten, aber wenn wir nicht anfangen, etwas zu unternehmen (also auch den Mißerfolg riskieren), werden die Möglichkeiten, die sich uns täglich bieten, wahrscheinlich nie genutzt werden.

Mut ist das Gegenteil von Passivität. Mutig sein heißt, sich für das eigene Schicksal zu entscheiden, den eigenen Weg zu gehen und tapfer genug zu sein, die Richtung zu korrigieren, wenn wir erkannt haben, daß sie uns nicht dahin führt, wohin wir wollen. Mutig sein bedeutet tätig sein — nicht mit rücksichtsloser Aggression, sondern mit entschlossener Kraft. Es bedeutet eher, nach dem zu greifen, wonach wir suchen, und uns darauf zuzubewegen, als zu warten, bis die Dinge sich auf geheimnisvolle Art von selbst verwirklichen.

Wenn wir fähig sind, unsere Bedürfnisse und Wünsche zu bestimmen, treffen wir die bessere Wahl und konzipieren ein Programm, das uns zu größerem Wachstum im Innern verhilft. Es braucht Mut und Übung, um das Fortschreiten auf diesem Weg zu erlernen — sowie die feste Überzeugung, daß wir der Mühe wert sind.

Heute will ich agieren, nicht reagieren. An diesem Tag bin ich der Hammer, nicht der Nagel.

Wir können das Leben nur im Rückblick verstehen; doch leben müssen wir es mit dem Blick nach vorn. Sören Kierkegaard

Fast alle von uns, die das innere Kind wiederfinden wollen, um geheilt zu werden, erhielten den Rat — entweder persönlich oder durch die Lektüre —, über die eigene Familiengeschichte ein wenig nachzudenken. Zunächst mögen wir hier zögern oder sogar gleich die Sache als beendet betrachten. Schließlich: Welchen Sinn sollte das Ganze haben? Wir erinnern uns, wie es war. Was soll gut daran sein, sich jetzt darüber auszulassen? Trotz allem empfinden viele von uns eine tiefe Loyalität gegenüber ihren Eltern. Warum die alten Wunden öffnen? Die Vergangenheit ist vorbei. Warum also für Unruhe sorgen?

Aber die Arbeit an den Problemen der eigenen Familie betrifft nicht die anderen Mitglieder — sondern uns selbst. Es geht darum, nachzudenken über die Vergangenheit, um besser zu verstehen, wer wir sind, warum wir uns so verhalten, wie wir es tun, und wo unsere Gefühle ihren Ursprung haben.

Alte Begebenheiten noch einmal durchzugehen hat nur einen Zweck: Es soll uns helfen, von ihnen loszukommen und zu begreifen, wer wir sind und wo wir stehen.

Ich kann mir selbst gestatten, in die Vergangenheit zu schauen voller Mitgefühl, Verständnis und Versöhnlichkeit: meiner Familie und mir selbst zuliebe.

12. Juni

Ich muß mich daran erinnern, daß die Menschen auf den Gipfeln der Berge nicht dort hinaufgefallen sind.

Sarah T.

Zu den schönsten Erfahrungen bei Gruppentreffen zählt, daß man von Erfolgsgeschichten hört — davon, wie jemand in einer beängstigenden Situation sich behauptet hat, sich nicht einholen ließ von den üblichen alten Schwierigkeiten — oder jene verrosteten Tore wieder aufschloß, die die Kommunikation mit den geliebten Menschen verhindert hatten.

Solche Siege sind süß, manchmal bittersüß. Obwohl wir Freude haben mit unseren Freunden, seufzen wir doch manchmal auch vor Neid. Wenn wir uns im Tal befinden, ist es menschlich, jene zu beneiden, die von den Berggipfeln herunterrufen. Leicht vergißt man, daß diese Menschen nicht dort hinaufgefallen sind — sie haben den Berg erstiegen. Hinter der Erfolgsgeschichte verbirgt sich immer eine mutige Entscheidung und eine tapfere Handlung, oder eine ganze Serie davon.

Welches sind die Berggipfel in unserem Leben? Wenn wir sie erreichen wollen, so sind wir dazu auch imstande. Aber wir müssen unsere eigene Entscheidung fällen und unseren Aufstieg selbst bewältigen. Ein anderer mag uns inspirieren, so daß wir anfangen — aber der Erfolg kommt durch eigenständiges Klettern.

Heute will ich sehr ehrlich mit mir selbst sein im Hinblick auf meine Neidgefühle. Ich will hinaufschauen zu meinen eigenen Berggipfeln.

In einer Mausefalle ist der Käse gratis.
Amerikanisches Sprichwort

Wenn wir einer unserer Schwächen den kleinen Finger geben, will sie gleich die ganze Hand. Die meisten haben eine ganz besondere Schwäche. Ob es nun Eisbecher mit heißer Schokoladensoße sind, teure Kleider oder schicke Autos — wir alle empfinden eine Schwäche für die eine oder andere Sache. Im Gegensatz zu den einfachen Bedürfnissen und Vorlieben kosten uns die Schwächen mehr, als wir glauben — aber irgendwie fühlen wir uns nur selten befriedigt, wenn wir ihnen nachgeben: mehr verlangt nach mehr.

Unsere Genußsucht führt deshalb zu nichts, weil sie auf äußere Heilmittel gerichtet ist, wo es um innere Bedürfnisse geht. Das Problem besteht nicht im Mangel an Eisbechern mit Schokoladensoße. Durch den Prozeß der Selbstfindung erfahren wir erst, daß unsere Lösungen »hier drinnen« liegen, nicht »da draußen«. Wir fühlen uns besser, wenn wir besser *werden.* Jedes schicke Auto der Welt wäre dazu nicht genug. Die Leere im Innern verlangt nach der Fülle — nicht nach Verzierungen.

Die Fixierung auf das Außen wird sicherlich unserer Figur einige Pfunde hinzufügen und größere Rechnungen und Schwierigkeiten bescheren, die wir gar nicht brauchen. Aber sie wird uns nicht die Antworten geben, die nur durch die Suche in uns selbst gefunden werden können.

Ich bin jetzt weniger als früher bereit, den Preis zu zahlen für die schnelle Befriedigung.

14. Juni

Den Kampf, mein Herr, gewinnt nicht nur der Starke, sondern auch — und vor allem — der Wachsame.
Patrick Henry

Wenn Menschen, die im Begriff sind, zu sich selbst zu kommen, den Wahlspruch benützen: »Mach niemals Kompromisse«, so ist damit keine Aufforderung zur Perfektion (und also zum Mißerfolg) gegeben, sondern eine auf Tatsachen beruhende Feststellung, wie es zu Ausrutschern kommen kann.

Niemand stolpert über die riesigen Hindernisse; wir stolpern über eine Kleinigkeit und dann über die nächste. Wenn wir uns nur ein wenig darauf einlassen, passiv zu sein oder aufgrund von unbegründeten Schamgefühlen zu handeln oder uns destruktiven Beziehungen hinzugeben, lassen wir es zu, daß möglicherweise das Ziel verlorengeht und wir durch eine Hintertür uns entfernen.

Wenn wir abschweifen und irgendwie unentschlossen sind, werden wir vielleicht den Kompromiß, der sich gerade anbietet, um die Hintertür noch ein Stück weiter zu öffnen, gar nicht bemerken. Bald jedoch, und ohne daß wir dies je beabsichtigt hätten, finden wir uns wieder in einer Situation vor, die ein einziger Kompromiß ist. Wenn wir nicht achtgeben auf das, was wir tun, wird aus einer Kleinigkeit eine unübersehbare Kette von Hindernissen.

Heute bin ich fähig, die Versuchung zu Halbheiten klar zu erkennen, die ich gestern nicht einmal hätte wahrnehmen können.

Geheilt werden heißt ... mehr zu erwarten als nur die Linderung der Schmerzen. Anonym

Schmerz ist ein ziemlich mächtiger Antrieb. Wenn der Fuß in einer Falle gefangen ist, kümmert es einen nicht sehr, ob man im Beruf befördert wird — und schon gar nicht, ob die Frisur einem steht. Man möchte sich nur befreien. Alle Kräfte und Gedanken sind auf diesen Fuß gerichtet.

So verhält es sich mit uns, wenn wir den inneren Heilungsprozeß angehen. Wenn wir wirklich verletzt sind, wollen wir nichts anderes, als dem lähmenden Schmerz entfliehen. Für den Anfang ist das schon genug. Dann, wenn wir konsequent fortfahren mit der Arbeit an unserem Programm, läßt der starke Schmerz nach. Wir finden heraus, daß wir nicht so hart arbeiten müssen wie zuvor, um den angenehmen Zustand zu erhalten. Andere Interessen trüben unseren Blick für die Dinge, die zur Heilung nötig sind.

Dann haben wir eine Entscheidung zu treffen. Sollen wir da bleiben, wo wir sind: in der Balance zwischen furchtbarem Schmerz einerseits und einem Leben andererseits, das wesentlich auf seine eigene Erhaltung beschränkt ist? Oder sollen wir ein neues, höheres Ziel setzen und nach mehr verlangen als dem bloßen Überleben?

Wenn der schlimmste Schmerz gebannt ist — was dann? Die innere Heilung begreift alles ein, was möglich ist.

Heute entdecke ich Möglichkeiten, die ich gestern nicht gesehen hätte.

16. Juni

Du kannst die Natur mit der Mistgabel hinausbefördern, dennoch wird sie schleunigst wieder zurückkehren.
Horaz

Die Vögel zwitschern nicht, weil sie ihren Zuhörern gefallen wollen. Sie zwitschern, weil sie Vögel sind, und sie tun es, ob jemand zuhört oder nicht. Wie sie sind auch wir, was wir sind — viele unserer besten Qualitäten entstammen unserer individuellen Natur, und der Einfluß anderer Menschen hat nur wenig damit zu tun.

Jane trinkt, weil sie eine Alkoholikerin ist, nicht, weil ihr Ehemann ständig herumnörgelt. Kim geht liebevoll mit ihrem Ehemann um, weil sie das mit allen tut, die sie liebt. Kim ist ein fröhlicher, unkomplizierter Mensch, der andere gern berührt — denn das ist ihr Wesen. Kevin ist ein leidenschaftlicher Bastler, der Lust hat, Dinge zu reparieren. Kevins Familie wird vielleicht in den Genuß seiner Fähigkeiten kommen oder auch nicht, sie wird sie verdienen und zu schätzen wissen oder auch nicht — jedenfalls ist das nicht der Grund, warum er diese Arbeiten ausführt.

Unsere Macht, die Wesensart eines anderen — und selbst die unsere — zu ändern, ist gering. Es ist eine Illusion zu glauben, daß andere, wenn sie uns lieben, sich von Grund auf verwandeln oder Dinge so tun, wie wir das von ihnen verlangen. Niemand vermag einen Löwen dazu zu bringen, wie ein Vogel zu zwitschern. Die grundsätzlichen Einstellungen gegenüber dem Leben bleiben der Einflußnahme von außen verschlossen.

Im Maß, wie ich mich selbst annehme, lerne ich, andere Menschen so anzunehmen, wie sie sind.

Niemand kann auf dir herumtrampeln, wenn du nicht am Boden liegst. Sylvia L.

Eine Frau erzählte der Gruppe von den Problemen, die sie mit ihren Kindern hatte. Anscheinend taten sie nie das, was man ihnen sagte, gingen nicht zur Schule, wenn sie keine Lust dazu hatten, und waren oft beleidigend, wenn sie den Mund aufmachten. Überhaupt stellten sie so ziemlich alles an, was ihnen gefiel. Natürlich litt ihre Mutter sehr darunter. Als selbst mit einer schwierigen Kindheit Belastete, bat sie die Gruppe um Orientierungshilfen.

Eine der Teilnehmerinnen, die ruhig dagesessen hatte, formulierte wie beiläufig diese wunderbare, weise Einsicht: »Niemand kann auf dir herumtrampeln, wenn du nicht am Boden liegst. Wenn du die Fußabdrücke auf deinem Rücken nicht magst — warum stehst du dann nicht einfach auf?«

Die leidgeplagte Mutter wollte das wahrscheinlich nicht hören, aber es war die Wahrheit. Zuweilen neigen wir alle dazu, die Widerspenstigkeit und den Egoismus der anderen für unsere Probleme mit ihnen verantwortlich zu machen. Aber die Kehrseite — also die, an der wir etwas ändern können — hat vor allem mit unserer eigenen passiven Einstellung zu tun.

Heute bitte ich meine Höhere Macht, mich zu unterstützen bei der Durchsetzung meiner Rechte. Heute werde ich es nicht zulassen, daß man mich beleidigt.

18. Juni

Mag sein, es braucht mich keiner, außer einem.
Ich laß gerade meinen Kopf erscheinen.
Ein Lächeln, klein wie meines, ist, wer weiß,
Genau dem einen, der es braucht, ein Preis.

Emily Dickinson

Wir alle — ob alt, jung, behindert, gesund, kontaktfreudig, scheu, ob gefangen in der Vergangenheit, die allein über unser Leben bestimmt, ob unfähig, die Zukunft lebendig zu gestalten — wir alle besitzen Gaben, um sie anderen zuteil werden zu lassen. Die gewohnten Entschuldigungen sind eigentlich nicht aufrechtzuerhalten: »Keiner will einer alten Dame wie mir zuhören«; »Ich schließe mich tatsächlich nicht gerne anderen an — darf ich etwas sagen?«; »Ich bin zu müde«; »Ich habe keine Zeit«; »Ich habe Angst, weil ich so etwas noch nie gemacht habe«.

Menschen, die sich, wie wir, einem Programm anschließen, wo man einander hilft, verpflichten sich, für die anderen da zu sein. Wenn wir ein Telefongespräch entgegennehmen, eine Kanne Kaffee kochen, die Stühle übereinanderstapeln oder einfach einen Neuling begrüßen und mit seinem Namen ansprechen, leisten wir schon einen Beitrag. Wenn wir jemanden im Auto mitnehmen, ihm leicht auf die Schulter klopfen oder ein freundliches Wort sagen, sind wir imstande, wirklich etwas zu bewirken. Es ist viel wichtiger, überhaupt etwas zu tun, als sich aus dem ganzen Programm einfach zurückzuziehen. Denn es gibt diejenigen, die jetzt, heute, auf genau das warten, was wir anzubieten haben.

Meine wachsende Selbstachtung befähigt mich dazu, eher ein Teilnehmer als ein Zuschauer zu sein.

Nenn mir einen, der nicht vernünftig liebt, sondern zu stark. William Shakespeare

Die Liebe, die den anderen erdrückt, rührt daher, daß wir glauben, das geliebte Wesen müsse auf uns eingeschworen, kontrolliert oder sogar an Armen und Beinen festgehalten werden, damit es nicht auf die Idee kommt, uns zu verlassen. Liebe, die keinen Raum läßt, ist nicht erfolgreich und ermuntert vielleicht den anderen, sich von uns zu trennen.

Viele von uns, die nicht gerne an die Kindheit zurückdenken, haben sich oft einsam und verlassen gefühlt. Sie haben schreckliche Angst davor, daß die Liebe sie erneut in die Einsamkeit treiben wird. Die verzweifelte Heftigkeit, die so erdrückend wirkt, zeichnet sich mehr durch Angstgefühle aus als durch Liebe. Es ist für uns am besten, wenn wir unsere wahren Beweggründe verstehen und die Besessenheit als jene Falle erkennen, die sie ist.

Echte Liebe hält den anderen nicht in Gefangenschaft — sie erhebt die Seele und befreit. Egal, wie sehr wir sie zwingen, drängen, unterdrücken — wir können nicht erwarten, von denen geliebt zu werden, die wir am liebsten einsperren würden.

Ich fühle mich zusehends weniger gezwungen, das Leben derer, die ich liebe, zu kontrollieren. Ich bin erleichtert, von einem Mittel keinen Gebrauch mehr zu machen, das noch nie gewirkt hat.

20. Juni

Leid garantiert keinen Gewinn. Marcia A.

Wir alle sind mit der Redensart vertraut: »Man muß Leid erfahren, um zu gewinnen.« Darin ist ein Körnchen Wahrheit. Aber es ist genauso wahr, daß wir uns selbst eine Menge Leid zufügen können, ohne den geringsten Nutzen daraus zu ziehen. Leid allein garantiert noch keinen Erfolg.

Das Leid zahlt sich nicht aus, wenn wir zum Beispiel darauf beharren, die Ereignisse und Eigentümlichkeiten unseres Lebens falsch zu benennen. Wenn wir unsere Arbeitswut mit Verantwortlichkeit verwechseln, wird der teuflische Kreislauf nie durchbrochen. Wenn wir unsere Unfähigkeit zu spielen als die »Hingabe an ernste Pflichten« betrachten, werden wir niemals das Spielen erlernen. Wenn wir sagen: »Pech gehabt!«, um damit eine ganze Serie von unglücklichen Beziehungen zu beschreiben, werden die Enttäuschungen kein Ende nehmen. Leid wird nur mehr Leid erzeugen, genauso, wie es vorher der Fall war.

Wir müssen ehrlich umgehen mit dem, was ist, was in Wirklichkeit geschieht. Die falsche Benennung ist eine Art Lüge. Sie garantiert, daß es keinen Gewinn geben wird.

Heute will ich die Etiketten überprüfen, die ich gewissen Situationen in meinem Leben gegeben habe. Sage ich mir selbst die Wahrheit?

Die Ehe kann man mit einem Käfig vergleichen: die Vögel draußen wollen verzweifelt hinein, und die drinnen wollen verzweifelt heraus.

Montaigne

Das Wort »Ehe« gehört gewiß zu den Wörtern unserer Sprache, mit denen die größte Verwirrung der Gefühle verbunden ist. Einige von uns neigen dazu zu glauben (vielleicht sind sie sogar davon überzeugt), daß die Ehe ein totaler Schwindel sei und daß die »glückliche Ehe« einen Widerspruch in sich selbst darstelle. Dennoch gibt es glücklich verheiratete Menschen. Einige von uns denken, daß wenn sie nur verheiratet wären, alle Probleme der Vergangenheit angehörten — besonders die Einsamkeit. Trotzdem leben einige der einsamsten Menschen dieser Erde in ehelicher Gemeinschaft.

In gewissem Sinn ist das Verheiratetsein ein Zustand wie das Reichsein — es geht nicht so sehr darum, ob wir es sind oder nicht, sondern wie wir auf die Situation reagieren. Wenn eine Ehe gesund ist, kann sie ein mächtiger Schutzwall sein gegen die Einsamkeit. Doch wenn sie krankt, sind alle Arten des Kummers im Bereich des Möglichen.

Das Streben nach Glück hängt nicht davon ab, ob wir verheiratet sind oder nicht, sondern von der Achtung, die wir uns selbst entgegenbringen. Wenn wir auf dem Weg nach innen, zu uns selbst sind und gut von uns denken, dann können wir jeden Tag Liebe finden, Glückseligkeit und das Angesicht Gottes — mit oder ohne Trauschein.

Heute hege ich keine unrealistischen Erwartungen gegenüber der Ehe. Niemand außer mir selbst ist verantwortlich für mein erfülltes Leben.

22. Juni

Wenn ich meine Stärken nicht schätze, werde ich ganz gewiß von meinen Fehlern überrollt werden.
Robert G. Coleman

Aus vielerlei Gründen, die mit unseren unbegründeten Schamgefühlen zusammenhängen, fällt es uns immer leichter, die eigenen Mängel festzustellen, als die guten Eigenschaften wirklich anzuerkennen. Vielleicht strebten wir am Anfang, als wir lernten, unsere Fehler zu fixieren, eher danach, bescheiden als eitel zu sein. Da wir nicht eingebildet sein wollten, spielten wir unsere Qualitäten herunter, bis wir vergaßen, daß sie existieren. Doch selbst die besten Absichten können ins Auge gehen.

Zu sich kommen heißt: die Wahrheit verstehen. Und die Wahrheit ist, daß wir viel Gutes besitzen. Die einfache Tatsache, daß wir denken, nachdenken und vielleicht nach den Meditationen dieses Buches leben, sagt viel Gutes über uns: Wir sind aufgeschlossen, aufrichtig und bereit, Anstrengungen auf uns zu nehmen.

Bis wir die ganze Wahrheit akzeptieren, gründet unser Leben auf Teilwahrheiten. Die zur Gewohnheit gewordene Herabwürdigung der eigenen Person ist keine Tugend; sie ist ein Nachteil, der beseitigt werden muß.

Ich bin ein guter Mensch, und ich werde mit jedem Tag besser. Ich will mich nicht durch meine Mängel definieren.

Ich wußte besser, was andere Leute dachten, als was ich selber dachte. Wayne W.

Sie hatte drei erwachsene Kinder und keine Fähigkeiten, mit denen man Geld verdienen kann. Sie war fünfzig und jetzt alleinstehend. Ihr alkoholsüchtiger Ehemann hatte sie wegen einer Frau verlassen, von der sie sagte, sie hätte seine Enkelin sein können.

Ihr Schmerz war groß und schien aus ihr hervorzuschießen wie ein Blitzstrahl. Sie wollte nicht mehr leiden — sie wollte geheilt werden. Mehr noch wünschte sie, daß ihre Kinder geheilt würden. Bis ins Erwachsenenalter hinein waren sie Problemfälle.

Man hätte sich anstrengen müssen, um nicht zu bemerken, daß jeder Satz, den die Frau sprach, mit dem Wort »Er« begann. Obwohl er fort war und nicht wiederkommen würde, richtete sie immer noch ihr Leben an dem seinen aus. Immer noch wurden alle Möglichkeiten durch die Brille des Ehemannes gesehen, der sie verlassen hatte.

Es ist ein sicheres Zeichen, daß wir auf dem Weg der Besserung sind, wenn wir sagen: »Das ist, was ich denke«, anstatt: »Das ist, was die anderen denken.« Oder wenn wir sagen: »Das ist, was ich fühle«, anstatt: »Das ist, was sie fühlen.« Die Wirklichkeit umfaßt viele Dinge, die auf grausame Weise ungerecht sind — aber die Freiheit wurzelt in dieser Wirklichkeit und nirgendwo sonst.

Ich bitte darum, daß ich in der Gegenwart lebe, egal, wie schwierig das ist. Ich will meine Zukunft nicht durch die Brille von Menschen sehen, die zu meiner Vergangenheit gehören.

24. Juni

Sich selbst vertrauen heißt: voller Vertrauen handeln.
Bernard Bynion

»Selbstvertrauen« ist ein wunderbares Wort, das eine wahrhaft wunderbare innere Qualität bezeichnet. Es stammt aus dem Althochdeutschen, wo das Verb »trūwēn« soviel bedeutet wie »fest werden« und im Sinne von »glauben, hoffen, zutrauen« benutzt wird. Wenn wir Zuversicht und Überzeugungskraft besitzen im Hinblick auf das, was wir tun, haben wir das Vertrauen, daß wir es gut machen werden. Wir sind selbstsicher.

Obwohl wir, von Problemen aus der Kindheit immer wieder heimgesucht, uns selbst ganz und gar nicht als personifiziertes Selbstvertrauen betrachten mögen, sind wir doch in Wahrheit in vielen Dingen ganz sicher. Vielleicht gehört dazu ein geschickter Aufschlag im Tennis oder ein bestimmtes Kochrezept, das niemals schiefgeht; vielleicht auch unsere Fähigkeit, einen platten Reifen in fünf Minuten auszuwechseln oder unser Konto nie zu überziehen. Wir mögen unseren eigenen Sachverstand nicht anerkennen oder nicht zulassen, daß ihm ein Wert beigemessen wird, aber wir alle vertrauen auf wenigstens einige unserer Fähigkeiten.

Im Maße, wie wir zu uns finden, lernen wir allmählich, den Selbstzweifel und die zögerliche Haltung zu ersetzen durch ein stärker werdendes Gefühl von Selbstvertrauen — nicht nur auf dem einen oder anderen Gebiet, sondern zu uns selbst. Indem wir zuversichtlich handeln, bereiten wir uns selbst darauf vor, die Gabe des Vertrauens zu empfangen.

Ich vertraue darauf, daß ich durch die Arbeit an meinem Programm eines Tages selbstsicher werde.

Ich mußte lernen, die Tiefe des Wassers, die Tiefe eines Menschen, nicht mit beiden Füßen zu messen.
Robbie L.

Vertrauen haben ist wichtig. Dies zu erlernen, ist ein wesentlicher Bestandteil im Prozeß der Selbstfindung. Aber es ist genauso wichtig, nur den Menschen Vertrauen zu schenken, die es verdienen. Wie können wir wissen, wer das ist und wer nicht? Für uns, die wir viel Ballast aus der Kindheit mit uns tragen, ist das eine schwierige Angelegenheit, weil unsere falschen Einschätzungen in der Vergangenheit unsere heutigen Grenzen von Gut und Schlecht durcheinandergebracht haben.

Robbie hat eine weise Bemerkung gemacht. Wir springen nicht einfach drauflos, um die unbekannte Tiefe des Wassers mit beiden Füßen zu messen. Weshalb also sollten wir Menschen auf diese Art prüfen? Vertrauen will verdient sein. Man muß es sich erringen.

Bevor wir jemandem ganz und gar vertrauen, müssen wir daran denken, was für uns wichtig ist, was wir wirklich wollen von einem Freund oder Partner, und wo unsere Grenzen verlaufen. Verhalten sie sich uns gegenüber treu? Wenn dem so ist, können wir wahrscheinlich ruhig etwas mehr Vertrauen haben. Handeln sie auch in kleinen Dingen konsequent? Dann besteht die Chance, daß man ihnen noch mehr Vertrauen schenken kann.

Wir schulden niemandem unser Vertrauen. Wir schenken es wie ein Geschenk.

Heute bitte ich um die Weitsicht, mein Vertrauen nur den Menschen zu schenken, die es verdienen, und um das Wissen, sie als die erkennen zu können, die sie sind.

26. Juni

Dies ist der Tag, den der Herr macht; laßt uns freuen und fröhlich an ihm sein. Psalm 118,24

Achte diesen Tag. Trotz all unserer Ängste und Unsicherheiten bietet jeder gewöhnliche Tag eine phantastische Gelegenheit, mehr zu wissen, mehr zu tun und mehr zu sein. Selbst unser so gern erinnertes Gestern oder das lebhaft vorgestellte Morgen sind viel weniger wichtig als das neue, noch nicht erprobte Versprechen in der Gestalt des Heute — weil das Heute ganz einfach da ist. Wir haben mit ihm unmittelbar zu tun, in diesem Augenblick, wie es die amerikanische Redensart zum Ausdruck bringt: »Das Gestern ist ein abgebuchter Scheck, das Morgen ein Schuldschein, das Heute Bargeld — gib es auf kluge Weise aus.«

Mit all seinem Streß, seinen Verkehrsstaus, Familienstreitigkeiten oder auch seiner Einsamkeit, die wir empfinden, ist das Heute wertvoll. Wir benötigen einigen Druck, einige Ungewißheit, um in Bewegung zu bleiben bei der Suche nach Harmonie. Etwas Unruhe ist notwendig. Wenn die Spannung aufhört, ist das Leben zu Ende. Wir müssen uns dafür entscheiden, das Geistige *im* alltäglichen Leben zu finden, nicht im Widerstreit mit ihm. Sich in das Heute zu verlieben ist die Aufgabe jedes lebenden Menschen, der auf ein besseres Morgen hofft.

Ich will das Heute mit allem, was es bereithält, umfassen — seine Versprechen, Abenteuer, Enttäuschungen und Möglichkeiten zu meiner Entfaltung.

Wir waren völlig bereit, all diese Charakterfehler von Gott beseitigen zu lassen.

Sechster Schritt des AA-Programms

Innere Bereitschaft ist der Schlüssel zu allen wichtigen Stationen im Leben. Ehe wir nicht bereit sind, etwas zu wissen, wird das Geheimnis nicht offenbar. Ehe wir nicht bereit sind, etwas zu tun, kann die Kraft nicht eingesetzt werden. Ehe wir nicht bereit sind, ein Geschenk zu empfangen, wird dieses uns nie zuteil werden, selbst wenn wir darüber stolpern. Vielleicht erkennen wir es nicht einmal als Geschenk.

Der Sechste Schritt spricht von unserer Bereitschaft, das zu beseitigen, was unserem Glücklichsein im Wege steht. Diese Hindernisse sind unsere Charakterfehler. Ehe wir nicht bereit sind, sie — die sich gewissermaßen in Wartestellung befinden und jederzeit abrufbar sind — ganz loszulassen, werden sie in uns bleiben. So einfach ist das.

Der Sechste Schritt sagt auch sehr genau, wer sie wegnehmen wird. Trotz all unsrer Intelligenz und Willenskraft sind nicht wir diejenigen, die den Weg freimachen. Wenn wir bereit sind, Gottes Kraft in uns aufzunehmen — und nur dann —, sind wir fähig zur Freiheit.

Die Erfahrung meiner Gefährten hat mich darin bestärkt, an die Erneuerung zu glauben.

28. Juni

Ängstige dich nicht vor dem Leben. Vertraue darauf, daß das Leben lebenswert ist: dein Glaube wird dazu beitragen, daß es so wird.

William James

Viele Menschen, die es als Kind schwer hatten, machen die Erfahrung, daß Zurückgewiesen- und Verlassenwerden zum Leben gehören. Als würde nie etwas klappen, haben wir uns schon so an dieses Gefühl gewöhnt, daß die Angst, gleich einem Schatten, immer hinter uns lauert. Normalerweise ist es etwas Bestimmtes, wovor wir uns fürchten — daß wir nicht genügend Geld haben werden, um unsere Rechnungen zu bezahlen, daß der, den wir lieben, stirbt, oder daß unsere Kinder mit der Schule nicht zurechtkommen. Und immer ist da die ganz allgemeine Angst, die Ereignisse würden uns, trotz bester Bemühungen, einfach überrollen.

Wir müssen vorsichtig sein, daß wir nicht selbst herbeiführen, wovor wir Angst haben. Ungeachtet der erschreckenden Erfahrungen in der Vergangenheit, müssen wir daran glauben, daß die Dinge anders ausgehen können: Nicht alle geliebten Menschen verlassen uns, nicht jedes Wagnis endet in einer Katastrophe, nicht alle Anstrengungen werden durch Niederlagen zunichte gemacht.

Andere Ergebnisse sind möglich, wenn wir daran glauben, daß sie möglich sind. Die prächtige neue Welt, die jeder von uns sucht, ruht gleichsam auf den Schultern dieser Überzeugung.

Ich bin der Angst überdrüssig. Sie ermüdet mich. Heute bin ich zuversichtlich, daß positive Bemühungen auch positive Ergebnisse zeitigen werden.

Die größte Lügnerin war meine eigene Abhängigkeit.
Joanie R.

Wir kennen die Unehrlichkeit — anderen und uns selbst gegenüber. Viele von uns mußten lernen, mit den offenkundigen Lügen zurechtzukommen, die in unserem nicht intakten Elternhaus an der Tagesordnung waren und überhaupt vielleicht erst diese Störungen verursachten. Eine Art des Umgangs mit ihnen bestand darin, uns selbst zu überzeugen, daß unsere Wahrnehmungen falsch waren. Die ungute Vorstellung, die wir von uns selbst hatten, und schließlich die eigene Unehrlichkeit bereiteten uns Schmerz — bis einige unter uns in irgendeiner Sucht oder anderen zwanghaften Handlungen momentane Erleichterung fanden.

Aber solche Abhängigkeiten lügen genauso. Sie alle — egal, an welche Substanz, welches Verhalten sie gebunden sind — sprechen sanft und verführerisch zu uns: »Probier es mit mir, ich werde dir die Enttäuschungen nehmen, die Einsamkeit, die Ablehnungen, den Schmerz. Ich werde dich heilen.« Die Lüge ist natürlich die, daß Abhängigkeiten gar nichts nützen, weil nach jeder Ausschweifung, jeder kurzen Befriedigung, der Schmerz sich wieder einstellt. Und dann ist er oft noch schlimmer.

Von einer Abhängigkeit zur nächsten zu wechseln, bringt auch nichts Gutes. Sich wie wild in die Arbeit stürzen, Sex oder Essen exzessiv genießen, Geld oder Religion als lohnenden Ersatz betrachten: all das ist kein Ausweg. Nur in der Wahrheit wird man frei von allen Süchten. Und die Wahrheit lautet: Wir müssen unseren Tatsachen ins Auge sehen, ohne jede Abhängigkeit.

Heute will ich mein Leben daraufhin prüfen, ob ich von einer Sucht zur nächsten wechsle. Ich bitte meine Höhere Macht, daß sie mir hilft, auf dem rechten Weg zu bleiben.

30. Juni

Das Rennen gewinnen nicht immer die Schnellen, sondern jene, die über Ausdauer verfügen.

Anonym

Der Prozeß der Selbstfindung ist meist ein Langstreckenlauf, kein Sprint; er verlangt Ausdauer, nicht Schnelligkeit. Häufig beginnen ihn Menschen, die Gesprächsgruppen besuchen, mit einer Energie, die alle Vorstellungen übertrifft. Sie sitzen in jedem Ausschuß, sind ständig dabei, anderen zu helfen, und haben schnell einen Rat zur Hand. Es sieht alles sehr gut aus.

Aber es stellt sich die Frage: Wo werden sie in einem Jahr oder in fünf Jahren sein? Werden sie zu schnell zu viele ihrer eigenen Schwierigkeiten überwunden, werden sie die eigenen Verletzungen übersehen haben, um die anderer zu heilen, so daß sie schon bald auf der Strecke zusammenbrechen?

Wenn der Prozeß der Selbstfindung überhaupt mit einem Rennen verglichen werden soll, so ist es hier wie dort der hart arbeitende, geduldige und demütige Läufer, um den es geht — der genau weiß, daß die Aufgabe darin besteht, einen Fuß vor den anderen zu setzen — und eben genau das noch einmal zu tun.

Ich bin weniger als früher daran interessiert, einen großartigen Endspurt hinzulegen. Ich akzeptiere die Tatsache, daß sich der Prozeß der Selbstfindung über einen langen Zeitraum erstreckt.

Juli

1. Juli

Die Menschen brauchen Liebe dann am meisten, wenn sie sie am wenigsten verdient haben.
John Harrigan

Wenn der Strom des Lebens gütig dahinfließt und wenn wir lauter Asse in der Hand halten, benötigen wir kaum Unterstützung und Zuspruch. Erst wenn die Dinge sich ins häßliche Gegenteil verkehren und alles Licht vom Himmel verschwunden scheint, brauchen wir Liebe und Hilfe am meisten — besonders von uns selbst.

Wir alle machen Fehler und sind weit davon entfernt, perfekt zu sein. Es gibt viele Arten von Fehlschlägen — einige, die ernster Natur sind, einige, die sich wiederholen trotz häufiger Versprechen, daß dies nicht noch einmal geschehen werde. Vielleicht nehmen es andere gar nicht wichtig, wir aber schon: etwa wenn wir dem Vorsatz untreu werden, nicht übermäßig zu essen, oder wenn wir uns dabei ertappen, daß wir ständig negative Gedanken hegen. Es kann aber auch sein, daß wir schlimme Fehler machen: etwa eine Beziehung aufgeben, die funktioniert haben könnte. Sobald wir versagen, müssen wir uns selbst am stärksten an unsere Menschlichkeit erinnern und uns mit Liebe begegnen.

Wir vergessen so oft, was gut für uns ist. Wenn wir Mißerfolge ernten, brauchen wir nicht an uns selbst Rache zu nehmen, sondern sollten eher eine Möglichkeit finden, so schnell es geht wieder auf die Beine zu kommen. Je liebender wir mit uns selbst umgehen, desto leichter ist es, wieder aufzustehen und von neuem zu beginnen.

Wie ein kleines Kind, das lernt, sich nach einem schlechten Traum selbst zu beruhigen, so lerne auch ich, mich auf mich selbst zu verlassen, um Trost zu finden.

Ich darf nicht zulassen, daß meine Gefühle das Steuer an sich reißen. Warren G.

Das sagte einer in unserer Gesprächsgruppe, wo wir gemeinsam die Probleme aus der Kindheit zu bewältigen versuchen. Es ging um die Gefühle und den verheerenden Schaden, den sie in unserem Leben anrichten können. Warren wollte natürlich nicht sagen, daß Gefühle schlecht seien. Auch nicht, daß Gefühle unterdrückt werden sollten. Er zielte auf den Punkt, daß Gefühle einer leitenden Kraft bedürfen — sie dürfen nicht alles an sich reißen.

Warren sagte, er neige dazu, seinen Gefühlen die Macht über die Gedanken und das Verhalten zuzugestehen. Er sagte, daß er in Schwierigkeiten geraten sei, weil er ihnen blindlings folgte: Unzählige Male habe sich das gleiche alte Verhaltensmuster wiederholt, immer wieder mit schlimmen Auswirkungen. Dies ist die Geschichte zu seinem oben angeführten Ausspruch.

Wenn wir uns einsam fühlen, können wir es nicht gestatten, daß unsere Empfindungen allein das Sagen haben. Wir müssen diesen Gefühlen gleichsam das Steuerrad aus der Hand nehmen. Wenn wir uns passiv und unterwürfig fühlen, müssen wir diesen Empfindungen den Zugang in die Schaltzentrale unseres Innern verweigern — damit wir weiterhin zielstrebig mit unserem Programm fortfahren können.

Heute will ich zwei oder drei Gefühle, die mich in Schwierigkeiten bringen, genau bestimmen. Heute will ich sie von der Schaltzentrale meines Innern fernhalten.

3. Juli

Unser Leben bringt immer die Ergebnisse unserer vorherrschenden Gedanken zum Ausdruck.

Sören Kierkegaard

Wir müssen uns dessen bewußt sein, was wir denken — denn die Art unseres Denkens bestimmt darüber, wer wir sind. Unser Geist gleicht einem äußerst mächtigen Magneten, der die Wirklichkeit, in der wir leben, an sich zieht und ordnet. Welche Gedanken auch immer vorherrschend sein mögen: sie erzeugen notwendig die Qualität unseres alltäglichen Daseins. Wenn wir zulassen, daß unsere Gedanken von den furchtbaren, negativen und defätistischen Geistern der Vergangenheit verzehrt werden, dann haben wir über den Zustand unserer Gegenwart den Spruch gefällt — denn unsere Gedanken bestimmen unsere Wirklichkeit.

Als Menschen, die trotz oder gerade wegen ihrer schwierigen Kindheit den Weg nach innen, zu sich selbst, eingeschlagen haben, müssen wir uns entscheiden, ob wir die Gedanken aus früherer Zeit — unabhängig davon, wie lebhaft und hartnäckig diese sich auch halten — in uns tragen oder ob wir an etwas anderes denken wollen. Wir können uns über die Prägungen der Vergangenheit erheben und solche Gedanken bevorzugen, die von Mut, von Freiheitssinn zeugen und die Gemeinschaft zum Thema haben. Unsere stärksten Gedanken formen die äußeren, konkreten Verhältnisse unseres Lebens.

Heute entscheide ich mich dafür, eher den Blick auf die Möglichkeiten, die das Leben bietet, zu richten als auf seine Gefahren.

Freiheit heißt: Man hat das Recht, zu wählen, und das Recht, die Alternativen der Wahl selbst zu bestimmen. Wenn diese Rechte nicht ausgeübt werden, ist der Mensch kein Mensch, sondern ein Mitläufer, ein Instrument, ein Ding.

Archibald MacLeish

Es ist kein Leichtes, die persönliche Freiheit zu erlangen. Nicht, daß dies unmöglich wäre; viel eher aber kann es sein, daß wir im Grunde unseres Herzens nicht die wahre Freiheit anstreben.

Der Preis der Freiheit besteht — unter anderem — in der Erfordernis, das zu benennen, was uns in die Abhängigkeit führt. Wie wir doch die Hacken in den Boden stemmen, wenn die Zeit für solche Aufrichtigkeit gekommen ist! Wir fürchten uns so sehr davor, daß wir vielleicht schon den Versuch einer Veränderung ablehnen — ganz zu schweigen von einem Programm, das uns hierbei helfen würde und an dem wir uns ausrichten könnten. Und doch gibt es keinen anderen Weg. Wir sind nicht imstande, die Fesseln der Abhängigkeit abzustreifen, wenn wir nicht sehen wollen, wo sie sich genau befinden.

Aber egal, wie eingefleischt unsere Gewohnheiten, wie stark unsere Zwänge sind: Es gibt andere, die am Programm teilnehmen und die ähnliche Gefühle hatten. Wir sind nicht die Ersten, auch nicht die Schlechtesten. Wenn wir zunächst einmal beginnen müssen, überhaupt den Wunsch nach Freiheit zu thematisieren und zu erbitten — dann soll eben das unser Anfang sein.

Heute bewege ich mich in Richtung einer größeren Freiheit, indem ich aus tieferem Verstehen meine Ängste betrachte.

5. Juli

Es war die schlimmste Zeit meines Lebens. Ich konnte mich weder vor- noch rückwärts bewegen.

Cherry F.

Einige Entscheidungen sind sehr schwer zu treffen. Aber Unentschlossenheit bringt ebenfalls große Schwierigkeiten mit sich. Denn sie läßt uns genau an der Stelle verharren, wo wir leiden. Unschlüssig sein heißt: nicht weitergehen. Am Ende entsteht dadurch mehr Schmerz als durch harte Entscheidungen.

Indem man hin und her redet, schwankt zwischen Ja und Nein, zwischen Bleiben und Gehen, bewegt man sich immer bis zu einem gewissen Punkt und zieht sich dann wieder zurück. Statt uns selbst zu vertrauen, daß wir das tun können, was getan werden muß, kämpfen wir immer wieder denselben Kampf. Der Aufschub bringt keine Erleichterung. Unentschlossenheit ist keine Lösung.

Die Entscheidungen darüber, ob wir etwas wiedergutmachen müssen oder nicht, ob wir eine neue Beziehung anfangen oder eine andere aufrechterhalten sollen, ob jetzt die Zeit gekommen ist, eine Diät zu beginnen oder mit dem Rauchen aufzuhören — all diese haben ihren Preis. Es gibt wahrscheinlich keine Entscheidung, die, wenn sie zu Veränderungen führt, nicht schwer errungen wäre. Aber wenn wir sie nicht fällen, wird zwangsläufig alles beim alten bleiben. Mit etwas Übung können wir lernen, Vertrauen zu haben in unsere Fähigkeit, das Leben zu gestalten.

Ich bitte um einen klaren Einblick in meinen Prozeß der Entscheidungsfindung. Ich bitte um den Mut, meine Angelegenheiten zupackend zu erledigen.

Bedaure mich dafür, daß das Herz nur langsam lernt,
Was der flinke Geist sofort erkennt.

Edna St. Vincent Millay

Wir alle stehen vor dem gleichen Problem. Manchmal wissen wir sehr wohl, daß eine Entscheidung getroffen werden muß, lange bevor wir gefühlsmäßig dazu bereit sind. Vielleicht verlangt eine gesundheitliche Krise nach einer neuen Lebensweise, oder es ist endlich die Zeit gekommen, eine destruktive Beziehung zu beenden. Worum es auch gehen mag — der Konflikt ist der gleiche: Der Verstand hat sich für Loslassen entschieden, aber das Herz klammert sich fest.

Wir sollten über dieses Phänomen nicht überrascht oder im Innern zu sehr enttäuscht sein. Natürlich existiert dieser Abstand zwischen Wissen und Tun. Wie in allen anderen Aspekten der Arbeit am Programm, kommt das Eingeständnis *vor* dem Akzeptieren, und nur selten geschieht beides gleichzeitig.

Der Konflikt bereitet Schmerz, solange er dauert. Aber er hält nicht ewig an. Wenn wir fortfahren, in Richtung der Wahrheit zu drängen, dann werden unsere Gefühle ihre unrealistischen Phantasien loslassen — und die Harmonie wird wiederhergestellt.

Ich bin bereit, für die innere Harmonie zu arbeiten und zu warten, bis sie sich einstellt. Ich weiß, sie wird kommen.

7. Juli

Was von Herzen kommt, berührt das Herz.

Don Sibet

Einige der Geschichten, die bei den Gruppentreffen erzählt werden, sind dramatisch und unvergeßlich. Manchmal sind sie herzzerreißend, manchmal urkomisch und manchmal sogar einschüchternd. Weshalb? Weil wir dazu neigen, Sprecher und Gesprochenes miteinander zu verwechseln. Wir neigen dazu, uns selbst herabzusetzen, indem wir andere Menschen in die Höhe heben: »Wenn ich doch nur wie Sarah reden könnte!« oder: »Ich habe mich nicht freiwillig gemeldet, weil ich hoffte, du würdest dich mitteilen.«

Was für ein Unsinn! Menschen, denen es leichtfällt, gut zu formulieren, teilen nicht unbedingt mehr von sich mit als andere. Es geht nicht darum, wie wir etwas sagen — sondern darum, genug Vertrauen zu besitzen, um überhaupt etwas zu sagen! Das wahre Sprechen wagt sich vor zu den Stellen, wo man ungeschützt ist, wo man etwas aus dem tiefsten Innern offen zeigt, so daß es geheilt und geliebt werden kann. Man muß kein guter Geschichtenerzähler sein, um wirklich sein Herz zu öffnen.

Ich werde meinen Beitrag für die Gruppe leisten, so daß sie dazugewinnt durch das, was ich so aufrichtig wie möglich von mir mitteile.

Zu sich selbst finden heißt ... mehr Zeit damit verbringen, Beziehungen aufzubauen, als sich Sorgen machen, daß man sie verlieren könnte. Anonym

Zu sich selbst unterwegs sein heißt: in der Sonne gehen. Es bedeutet, mehr und mehr für das zu leben, was sein könnte, und weniger sich selbst zu verteidigen gegenüber den Katastrophen, die das Leben — nach unserer Überzeugung — für uns bereithält.

Die Menschen, die mit den alten Problemen ihrer Vergangenheit zu kämpfen haben, sind schon gewöhnt an die lähmende Angst vor dem, was in ihren Beziehungen passieren könnte. Wir neigen dazu, uns so lange Gedanken und Sorgen zu machen über das, was uns passieren könnte, bis wir das Vorhandene gar nicht mehr zu genießen imstande sind und auch keine Energie und Zeit für neue, aufregende Kontakte finden.

Nichts ist von ewiger Dauer. Einigen Beziehungen ist es einfach nicht gegeben, daß sie für immer halten. Im Maße, wie wir zu uns selbst kommen, begreifen wir diese Wahrheit. Wir entwickeln uns allmählich so, daß unsere Selbstachtung und unser Selbstwertgefühl nicht mehr von dieser oder jener Beziehung abhängen, sondern von unserer Fähigkeit, im Strom des Lebens zu schwimmen. Auf dem Weg zur Selbstfindung stehen uns immer Möglichkeiten offen: eben das, was noch nicht ist, aber sein könnte.

Wenn ich akzeptiere, daß ich nicht über sämtliche Auswirkungen verfügen kann, habe ich viel weniger Angst vor der Zukunft.

9. Juli

Ich akzeptiere das Universum. Margaret Fuller

Toleranz üben heißt: etwas ertragen, obwohl man es nicht besonders mag. Um die geistige Gesundheit aufrechtzuerhalten, versuchen wir, Belästigungen wie den Verkehrslärm, den Mitarbeiter, der zuviel redet, oder die Vorlieben unserer Kinder beim Fernsehen zu ignorieren oder abzuschütteln. Wir wollen nicht aus jeder Mücke einen Elefanten machen, und wir wollen uns nicht die ganze Zeit aufregen. Also sagen wir uns selbst: »Nicht der Rede wert« — manchmal mit zusammengebissenen Zähnen.

Die Bereitschaft zur Hinnahme geht noch einen Schritt weiter als Toleranz — und zwar einen sehr großen, wichtigen Schritt. Etwas akzeptieren heißt: es bereitwillig empfangen — ohne geballte Fäuste oder zusammengebissene Zähne. Diese Bereitschaft kommt vom Herzen, nicht nur aus dem Kopf. Eine Irritation akzeptieren bedeutet also, daß man mehr schafft, als nur angestrengt daneben zu stehen oder sich gegen den eigenen Willen blind und taub zu stellen. Es bedeutet, daß man auf die Irritation eingeht und ihr dadurch die störenden Einflüsse entzieht, die sie sonst auf unsere innere Gelassenheit hat.

Meine innere Gelassenheit soll nicht den Ärgernissen des täglichen Lebens geopfert werden. Ich will meine Welt so nehmen, wie sie ist.

Nicht mein Programm verlangt zuviel, sondern meine Erwartungen. Rita Z.

Manchmal scheint es, als wäre uns alles zuviel. Die gewaltigen Veränderungen, die wir durchlaufen müssen, scheinen uns einfach zu überfordern. Der Weg ist zu lang, zu steil, zu steinig. Manchmal glauben wir, daß wir es niemals schaffen.

Wir können den Prozeß der Selbstfindung mit dieser Art von Denken sabotieren — weil es jeder Grundlage entbehrt. Wir unternehmen die ganze Reise ja nicht am heutigen Tag. Wir machen einen winzigen Schritt nach dem anderen: So gehen wir vorwärts. Jener Prozeß verlangt von uns nicht, daß wir über Nacht ganz andere Menschen werden. Er fordert uns auf, hier oder da oder irgendwo zu beginnen und das zu tun, wozu wir imstande sind.

Was immer wir tun können, ist genau das, was wir tun sollten im gegenwärtigen Augenblick. Wenn damit gemeint ist, daß pro Tag nur ein Satz gelesen werden soll — wunderbar! Wenn damit gemeint ist, daß ein Freund an einem kleinen Ausschnitt unserer Wahrheit teilhaben soll — so ist ein Anfang gemacht, ein erster Schritt auf dem Weg.

Selbst die tiefgreifendste Veränderung ereignet sich oft erst nach und nach. Wir sehen nicht, wie groß sie war, ehe wir nicht eine Zeitlang den Weg beschritten haben. Dann, im Rückblick, erkennen wir, wie weit wir vorangekommen sind. Wir dürfen nicht zu viel zu schnell verlangen.

Heute bitte ich um Geduld und Ausdauer. Heute will ich nicht mein eigenes Schreckgespenst sein.

11. Juli

Weisheit erwächst aus dem Gespräch interessierter, intelligenter Menschen. Pfarrer Bob McClendon

Bei den meisten Gruppensitzungen zirkuliert eine Telefonliste. Die Menschen, die ihre Telefonnummer dort hinterlassen, wollen, daß wir sie anrufen. Ein wichtiger Bestandteil ihres Programms ist die Maxime: »Gib es aus der Hand, um es zu behalten.« Der Punkt dabei ist: Sie brauchen uns genausosehr wie wir sie; die Hilfe kommt von beiden Seiten.

Weshalb anrufen? Weil hier mitteilsame, Anteil nehmende, hilfreiche Menschen sind, Menschen, die sagen werden: »Du mußt nicht alles alleine machen, es sei denn, du entscheidest dich dafür. Tu es bitte nicht. Wir können nicht für dich die Wahl treffen, aber wir möchten, daß du weißt: Wir verstehen und lieben dich, und wir sind da.«

So schwer es den meisten von uns fällt, ein erstes Mal zu dieser Telefonliste zu greifen — sie ist ein unerläßlicher Bestandteil unseres Programms, das auf gegenseitiger Hilfeleistung aufbaut. Wir müssen miteinander sprechen — und sollten nicht zögern, den Telefonhörer abzunehmen.

Ich will die Telefonliste meiner Gruppe benutzen, weil ich verstehe, daß derjenige, den ich anrufe, vielleicht genausosehr der Hilfe bedarf wie ich selbst.

Allein zu sein ist eine spürbar andere Erfahrung als sich einsam zu fühlen. Clark E. Moustakas

Alleingelassen zu werden ist für viele so ungefähr das Schlimmste, Angsteinflößendste, was sie sich vorstellen können. Die Erfahrungen der Vergangenheit haben uns gelehrt, Alleinsein mit Verlassensein gleichzusetzen, wenn nicht mit Bestrafung. Also tun wir, was immer wir tun müssen, um eine Trennung von der Gruppe zu vermeiden. Und wenn niemand sonst in der Nähe ist, geben wir uns mit einem Gesicht im Fernsehen oder einer Stimme im Radio zufrieden — mit allem, bloß nicht mit unserer eigenen Gesellschaft.

Doch berauben wir uns selbst einer Chance, wenn wir vor dem Alleinsein fliehen. So verständlich unsere Angst vor der Einsamkeit sein mag: nur in der stillen Zurückgezogenheit sind wir fähig, mit dem geistigen Auge zu schauen. Nur in vollkommener Ruhe können wir in den Spiegel unserer Schönheit und unserer Wahrheit blicken.

Es mag tatsächlich Übung notwendig sein und nicht wenig Mut — aber wir können lernen, die Abgeschiedenheit zu lieben. Wenn wir bereit werden, mit unserem besten Freund: mit uns selbst, die Zeit zu verbringen, brauchen wir niemals mehr einsam zu sein.

Ich will heute einige stille Stunden mit mir selbst verbringen. Ich kann lernen, keine Angst mehr zu haben vor meiner eigenen Gesellschaft.

13. Juli

Ich habe nie bemerkt, wie oft ich die Wörter »bloß« und »nur« verwendete. Mary Pat K.

Die Menschen, die eine schwierige Kindheit hinter sich haben, leben heute oft mit unbegründeten Schamgefühlen. Das zeigt sich etwa daran, daß wir unsere Leistungen, Gefühle, Bedürfnisse oder Meinungen herabsetzen. Dahinter verbirgt sich die Empfindung, wir seien und wir könnten nichts Besonderes. Und so stellt sich heraus, daß wir immer einen Weg finden, uns selbst schlechtzumachen, was immer wir auch tun.

Die zwei Wörter, die wir andauernd verwenden, sind: »bloß« und »nur«. Wir sagen etwa: »Unser Haus hat nur zwei Schlafzimmer.« Oder: »Ich habe nur eine Goldmedaille auf der Landesausstellung bekommen, und meine Tomaten wurden überhaupt nicht prämiert.« Oder: »Ich werde bloß diese Reste essen, du kannst die Steaks haben.«

Auf solche Weise geben wir zum Ausdruck: »Ich zähle nicht.«

Natürlich aber *zählen* wir. Wie befreiend es doch ist, sich zu einem Punkt zu entwickeln, wo wir sagen können: »Ich bin erst einmal auf der Leistungsschau gewesen, und schon habe ich einen Preis gewonnen. Ich bin stolz auf mich.« Oder: »Nein, ich will die Reste auch nicht. Laß uns das Steak gemeinsam essen.«

Wir verstärken die herablassende Einstellung gegenüber uns selbst, wenn wir abfällige Wörter benutzen. Wir haben bessere verdient.

Heute werde ich meine Leistungen oder Bedürfnisse nicht herabsetzen. Ich werde einem anderen meine ehrliche Meinung sagen zu einer Sache, die wichtig für mich ist.

Ein Mensch ist der Perfektion am nächsten, wenn er seine Bewerbungsunterlagen ausfüllt.
Stanley J. Randall

Wenn es nicht den Vergleich mit den Schmidts von nebenan gäbe, vielleicht würden wir uns dann nicht so hart beurteilen. Wir würden uns nicht so sehr anstrengen, wenn sie nicht perfekte Eheleute, Eltern und Mitglieder der Gesellschaft wären. Aber wir sehen die Schmidts nur als vollkommene Familie an, und diese imaginäre Größe ist der Maßstab, den wir an uns selbst anlegen.

Offensichtlich muß man sich mit den Schmidts befassen. Sie machen uns alle einfach verrückt. Wer will schon entmutigt und eingeschüchtert werden, wen verlangt es nach einer strapaziösen Jagd? Das Problem besteht darin, daß die Schmidts nicht in der realen Welt leben, sondern in unserer Vorstellung. Sie sind die Idole, die wir erschaffen, um besser hassen zu können. Sie sind die unmöglichen Bilder, die wir aus einer Vielzahl von persönlichen und abartigen Gründen benützen, um unser Minderwertigkeitsgefühl zu verstärken.

Natürlich sind die Schmidts in Wirklichkeit ganz anders. Die Vollkommenheit, die wir bei anderen Menschen vorzufinden glauben, ist ungefähr so echt wie das Gespenst aus Besenstiel und Laken. Die Frage lautet nicht: »Warum sind wir nicht so wie die Schmidts?« Wir sollten eher dieses beantworten: »Warum habe ich es nötig, irgendwelchen Phantasien über die Schmidts nachzuhängen?«

Heute will ich meine Fortschritte nach meinen eigenen Maßstäben beurteilen. Ich werde nach meinen eigenen Spielregeln laufen und auf meine eigene Art leben.

15. Juli

Wenn Menschen sich in ihren Verhältnissen allzu wohl fühlen, sind sie naturgemäß Gegner von Neuerungen.
Joseph Addison

Wir werden alle in ein vorgegebenes Schema hineingeboren, und dann erschaffen wir unser eigenes System von Beziehungen. Eine wichtige Regel für ein System besteht darin, daß seine Stabilität gewährleistet sein muß. Selbst Familien, in welchen die Depression vorherrscht, verwenden enorme Energien darauf, den Status quo zu erhalten. Selbst die schwächsten, kränksten Systeme widersetzen sich dem Wandel.

Da der Prozeß der Selbstfindung Veränderung bedeutet, bringen wir die Beziehungen innerhalb der Familie durcheinander, sobald wir uns trauen, etwas noch nie Dagewesenes zu tun. Warum? Weil die Unruhe, die wir verursachen, das System im ganzen bedroht. Um sich selbst zu schützen, wird es unsere Veränderung wohl nicht gerade willkommen heißen oder auch nur unterstützen — egal, wie gut dieses Neue für *uns* selbst ist. Ja, es wird sogar versuchen, den Wechsel, für den wir kämpfen, zu unterdrücken.

Indem wir die Dynamik dieses Ablaufs erkennen, können wir allmählich verstehen, warum die uns nächsten Menschen vielleicht das größte Hindernis darstellen auf dem Weg zu anhaltendem Wachstum. Bis eine neue Stabilität gewonnen ist, muß mit Überreaktionen gerechnet werden. Das alte System ist ganz einfach dabei, sich selbst zu schützen.

Ich bin bereit, zeitweilige Unbequemlichkeiten auf mich zu nehmen zugunsten der Belohnungen, die ein besseres Leben mir beschert.

Die »Möglichmacher« sind die schlimmsten Feinde gerade der Menschen, die sie am meisten lieben.
Carrie R.

Die »Möglichmacher« sind diejenigen unter uns, die die Verantwortung übernehmen, andere Menschen vor Leid zu schützen. Wenn jemand in unserer Nähe sich niedergeschlagen oder unglücklich fühlt, glauben wir, es sei unsere Aufgabe, seine oder ihre Stimmung zu heben.

Trotz der guten Absicht hat unser Verhalten, etwas Gutes zu ermöglichen, eine negative Seite: Indem wir die anderen vor Schmerz bewahren, halten wir sie auch von einem wunderbaren Lehrmeister und Antreiber fern: der Erfahrung. Wir verhindern, daß sie Verantwortung tragen und mit den Konsequenzen ihrer Entscheidung zurechtkommen. Sobald die »Möglichmacher« — selbst wenn sie aus Liebe handeln — die Szene erstürmen, rauben sie den geliebten Wesen die Motivation, eine Veränderung im eigenen Leben vorzunehmen, die notwendig sein könnte.

Der Prozeß der Selbstfindung bedarf des Wandels, und dieser setzt oft ein mit der Erfahrung einer inneren Kehrtwendung. Solche Ereignisse können tief mit Schmerz verbunden sein. Wenn wir »Möglichmacher« immer da sind, um den Sturz aufzufangen — wie sollten dann die geliebten Menschen mit den konkreten Begebenheiten im Leben bekannt gemacht werden? Unsere eigene innere Entwicklung ist vielleicht darauf zurückzuführen, daß die, die uns genügend liebten, uns auch die schmerzlichen Folgen von Fehlern erfahren ließen. Wir können diese Haltung des liebevollen Sich-Loslösens anderen zuteil werden lassen.

Heute will ich es geschehen lassen, daß andere mit ihren eigenen Entscheidungen leben.

Denn die Kinder dieser Welt sind untereinander klüger als die Kinder des Lichts. Lukas 16,8

Wenn wir an das innere Kind denken, empfinden viele von uns nur das verwundete Kind — jenes, das sich fürchtet, das sich unzulänglich, bedürftig und ausgeschlossen vorkommt. Natürlich ist es wahr, daß wir alle ein Kind in uns haben. Aber es ist weise und stark, nicht nur verwundet.

Unter den Ängsten und Zweifeln, jenseits noch von Scham- und Schuldgefühlen, kennt unser inneres Kind einige Wahrheiten, deren sich das erwachsene Ich nicht immer bewußt ist. Dieses Kind will, wie alle Kinder, in der Welt seiner Vorstellungen leben und spielen, es will unbedingt lieben und geliebt werden, herausfinden, was wirklich wichtig ist, und dafür auch Sorge tragen. Selbst wenn es diese Wünsche nicht ausleben durfte, bleiben sie bestehen und werden irgendwo verwahrt. Unser Kind im Innern will und erbittet und greift nach den ewigen Wahrheiten eines glücklichen Lebens. Wir müssen dem Sinn für Weisheit und Vertrauen, welchen es besitzt, Beachtung schenken — genauso, wie wir diesem Kind das Vermögen des Erwachsenen weitergeben müssen, Sympathie und Trost zu empfinden.

Ich kann das Erstaunen und die Neugier eines Kindes in mir zulassen. Ich will heute die Welt mit neuen Augen sehen.

Die Meditation ist eine geistige Disziplin, die es uns ermöglicht, immer nur jeweils eine Sache zu tun.
Max Picard

Die Logik ist simpel genug: Wenn dein Teller voll ist, mußt du aufhören, noch mehr aufzuhäufen. Wenn es zu viele Dinge gibt, über die wir andauernd nachdenken und die wir tun müssen, können wir ganz durcheinander kommen und ernstlich gestört werden in unserem Lebensrhythmus. Wenn wir an diesen Punkt gelangen, hilft es, wenn wir uns von allem zurückziehen und nur einen einzigen Gedanken zulassen. Er mag sich richten auf das liebevolle Gesicht eines Menschen, der uns teuer ist. Er mag sich beschäftigen mit einem Geschehen in der Natur, an dem wir Freude hatten — ein Blick vom Gebirge oder ein Strand, ein Strauß Frühlingsblumen oder ein Wasserfall.

Im Maße, wie wir jene geistige Disziplin entwickeln, die Konzentration auf einen einzigen Punkt zu lenken, werden wir fähig, ihn für Minuten zu behalten, nicht nur für Sekunden. Und wenn unsere Zeit stiller Kontemplation vorüber ist, sehen wir, daß unsere Listen und Pläne uns schließlich doch nicht unterkriegen konnten und daß wir besser mit unseren Vorhaben umzugehen vermögen: wenn wir jeweils nur eines angehen.

Ich will mir bewußt werden, daß ich meine Energie verschwende, wenn ich mit zu vielen Dingen gleichzeitig kämpfe.

Wenn ich in Bewegung bin, ist Gott bei mir.
Ross B.

Das Wort »Gott« ist viel mehr ein Verb als ein Substantiv. Verben sind Wörter, die ein Tun anzeigen. Sie bezeichnen eine Energie, eine Bewegung, ein Ereignis. Substantive sind fest, statisch, sie bewegen sich nicht. Gott ist mehr eine Kraft als ein Monument. An Gott zu denken im Sinne eines Verbs verheißt die Entdeckung einer bedeutsamen Dimension in der Beziehung zu ihm. Die Ausdrücke »dort oben« oder »hier unten« erzählen in gar keiner Weise die ganze Geschichte dessen, was zwischen uns und der Höheren Macht passiert.

Während wir unterwegs sind zu uns selbst, bewegt sich die Höhere Macht immer mit uns. Das ist die Energie, die uns begleitet von dort, wo wir uns befinden, dorthin, wohin wir gehen, von dem, was ist, zu jenem, was sein kann, vom Guten zum Besseren, vom Besseren zum Besten.

Unser Leben ist ein ständiger Prozeß, eine fortlaufende Bewegung und Veränderung. Wenn wir auf diese Weise unsere Höhere Macht zu sehen beginnen, erkennen wir die Kraft hinter unserer Kraft und den Gedanken hinter unserem Gedanken. Gott ist der Lebenssaft, die Energie, die uns vom Nichtsein ins Sein bewegt.

Wir sind nicht allein auf unserem Weg.

Heute will ich meditieren über den Unterschied zwischen dem Gott, den ich kannte als Kind, und dem Gott, den ich nun entdecke. Ich will für meine Reife dankbar sein.

Der Preis der Größe ist die Verantwortung.
Winston Churchill

Es kann sein, daß ein Verwandter uns eine Menge Geld hinterläßt. Vielleicht hat jemand die Wäsche gebügelt, wenn wir von der Arbeit nach Hause kommen. Vielleicht entscheiden wir uns plötzlich, daß wir keine Schokolade mehr mögen. Kann sein. Wunderbare Dinge geschehen manchmal durch Zufall — aber wir wären ziemlich töricht, wenn wir uns zurücklehnen und darauf warten würden, daß unser Leben seine tiefe Bestätigung durch Zufälle erfährt.

Der Prozeß der Selbstfindung ist viel zu wichtig, um ihn als eine Sache bloßen Glücks aufzufassen. Wenn wir die alten Gewohnheiten, die alten Regeln und Einstellungen nicht ändern, dann werden sie auch nicht anders. Und wenn wir uns nicht genügend mit der eigenen Familie auseinandersetzen, dann werden wir wahrscheinlich nicht fähig sein, jene Gewohnheiten, Regeln und Einstellungen genau als das zu erkennen, was sie sind und woher sie kommen. Unglücklicherweise fällt uns dieses Wissen niemals einfach in den Schoß; wir finden es nicht durch Zufall.

Unser Leben wird nicht zerstört werden, wenn wir keine Erbschaft machen oder wenn wir selbst die Wäsche bügeln müssen. Diese Art von Wünschen ist harmlos und macht sogar Spaß. Eine ganz andere Sache ist es, sich auf den Weg nach innen machen zu wollen.

Ich will nicht die Tagträume mit der täglich notwendigen Arbeit an mir selbst verwechseln. Ich weiß, daß meine Selbstfindung von mir abhängt.

21. Juli

Große Taten sind gewöhnlich mit großen Risiken verbunden. Herodot

Jeder bei der Gruppensitzung konnte sich mit Nancy identifizieren. Sie sprach über ihre seltsame und überraschende Reaktion auf die Scheidung, die sie gerade durchmachte — eine Scheidung, die sie nach viel Nachdenken, Beten und einigen Gesprächsberatungen in die Wege geleitet hatte. Im Kopf war Nancy überzeugt, daß die Trennung genauso notwendig wie lange überfällig war. In ihren Gefühlen jedoch herrschte ein solcher Aufruhr, daß sie, wie sie sagte, die ganze Sache wieder rückgängig machen wollte.

Einige andere Teilnehmer, die den gleichen Weg gegangen waren, versicherten ihr, daß ihre Reaktion alles andere als überraschend war. Gerade für uns, erklärten sie, die wir als Kind oft unglücklich waren, heißt Loslassen — selbst wenn es sich um etwas Schreckliches handelt — ein Wagnis eingehen. Da unsere Gefühle diesen Zustand nicht ertragen können, neigen sie dazu, sich an Menschen und Dinge zu klammern, sogar an destruktive Beziehungen, die uns langsam umbringen. Warte einfach ab, versprachen sie Nancy: Was vor dir liegt, wird besser sein als das, was hinter dir liegt. Das Leben ist das Wagnis wert.

Heute will ich untersuchen, welche meiner Lebensmuster negativ sind, und über Wege nachdenken, sie zu ändern.

Vergib allen, die dich gekränkt haben — nicht ihretwegen, sondern deinetwegen.

Harriet Uts Nelson

Wir, auf der Suche nach dem Kind in uns, könnten eine lange Liste aufstellen mit berechtigten Klagen über diejenigen, die uns gekränkt haben. Ohne zu übertreiben oder das Ganze zu dramatisieren, sind einige der Missetaten, die wir ertragen haben, abscheulich, sogar unverzeihlich im allgemeinen Sinne des Wortes. Aber sind sie wirklich unverzeihlich?

Selbst wenn uns verweigert wurde, was bedeutsam und wesentlich für uns ist, selbst wenn wir zwangsweise das aufnehmen mußten, was uns zerstört, müssen wir lange und mit aller Kraft nachdenken über die Konsequenzen einer nicht geleisteten Vergebung. Obwohl es nicht nur gefühlsmäßig notwendig, sondern vernünftig erscheint, einen berechtigten Groll für immer zu hegen, müssen wir erkennen, daß genau dies uns — erneut — zu Opfern macht.

Es liegt in unserem eigenen Interesse, Vergebung zu gewähren. Wenn wir sie ablehnen, können wir in eine schreckliche Lage geraten, aus der wir uns niemals mehr befreien. Wir vermögen nicht loszukommen, solange wir nicht verzeihen.

Was geschehen ist, ist geschehen! Wenn ich jemandem verzeihe, rette ich keinen anderen als mich selbst.

23. Juli

Im Prozeß der Selbstfindung gibt es nicht so etwas wie »Alles auf einmal«. Bill S.

Die Reise nach innen ist einzigartig. Im Gegensatz zu anderen Reisen können wir uns nicht einfach ein Ziel aussuchen, kurzentschlossen ins Flugzeug steigen und dann schnell in der Fremde ankommen. Nicht die Düsenkraft eines Flugzeuges, wir selbst sind das Transportmittel und zugleich das Gebiet, das durchquert werden muß auf der Reise nach innen. Wir stellen das Ticket aus, wir sind Pilot und Navigator in einem. Das Programm ist die Landkarte — aber die ganze übrige Reise bleibt uns überlassen.

Es ist unrealistisch, eine Reise zu erwarten, die rasch verläuft oder frei ist von Zwischenfällen. Eine solche Erwartung entmutigt uns nur und läßt den Wunsch wachwerden, das ganze Unternehmen aufzugeben. Unerfahren, wie wir sind, müssen wir uns daran erinnern, daß wir am Anfang einfach nicht über alle Fähigkeiten verfügen, die für die Reise notwendig sind. Im Verlauf der Reise eignen wir sie uns an, oftmals nur jeweils eine pro Tag. Wenn wir uns langsam zu entwickeln scheinen, dann ist es gut. Die *Santa Maria* kam auch nur langsam voran, aber Columbus erreichte sein Ziel.

Ich will lernen, geduldig zu sein beim Tempo meines Fortschritts, und jede Bewegung nach vorn als einen bedeutenden Erfolg betrachten.

Einmal kommt für jeden Menschen, jedes Volk,
Der Augenblick, sich zu entscheiden …
Und dann geschieht die Wahl für immer
Zwischen Finsternis und Licht.

James Russell Lowell

Wenn wir, die das innere Kind lieben lernen und sich selbst finden wollen, einmal eine große Zusammenkunft veranstalten, kommen Hunderte von Menschen, die im Heilungs- und Entwicklungsprozeß stehen, zusammen, um einander zu erfreuen, Erfahrungen auszutauschen und sich gegenseitig neue Kraft zu spenden. Hinter jeder wunderbaren Geschichte, in der der Tod gebannt und das Leben wiedergewonnen wurde, verbirgt sich das gleiche Thema: das Erlebnis des Höhepunkts, des Augenblicks, wenn zugleich eine sehr seltene Bewußtseinsstufe und das größte Maß an innerer Bereitschaft erreicht wird. Jede Geschichte erzählt von diesem Augenblick der Wahrheit, der entscheidend wurde für alles weitere.

Niemand kann sagen, wir hätten nur einen solchen Moment, nur eine solche Chance. Vielleicht gibt es viele wichtige Gelegenheiten, aber nur wenige, auf die wir vorbereitet sind. Vielleicht werden uns immer Möglichkeiten offenstehen, um Entscheidungen zu treffen, die in die Selbstfindung führen; diese Höhepunkte werden sich wohl solange ergeben, wie wir am Leben sind.

Oder vielleicht auch nicht. Es kann sein, daß, nach einem geheimen Plan, unsere Möglichkeiten gezählt sind. Eine vertane Bereitschaft mag für immer verloren sein. Vielleicht sollten wir unsere Entscheidung eines Tages lieber früher als später treffen.

Ich erkenne, daß jeder Tag ein großer sein kann, wenn ich ihn dazu ausersehe.

25. Juli

Im nächsten Jahr werde ich ein besserer Mensch sein als jetzt, aber heute bin ich die beste Jeanie, die ich sein kann. Jeanie F.

Es ist ganz gut möglich, eine Menge Zeit und Energie zu verschwenden mit dem Versuch, unmögliche Veränderungen herbeiführen zu wollen. Viele von uns, inspiriert durch die Dynamik des Programms und stärker von Enthusiasmus als von Weitsicht getrieben, gehen Aufgaben an, die unmöglich gelöst werden können. Es gibt welche, die wir nicht zu bestehen vermögen und die wir niemals übernehmen sollten.

Die Zeit zurückzudrehen ist eine dieser Aufgaben. Das kann nicht funktionieren. Eine weitere ist, das Verhalten von jemand anderem zu kontrollieren. Wir sind imstande, den Rahmen für das gewünschte Verhalten zu setzen, Mut zu machen und die Chancen zu verbessern, daß es klappt, indem wir uns selbst heraushalten — aber es gibt nichts in unserer Trickkiste, wodurch wir den anderen zwingen können, etwas Bestimmtes zu denken, zu fühlen oder zu tun.

Das Programm zielt auf die *Kunst des Möglichen.* Die einzige Wahl, die wir haben, ist die, die uns wirklich zur Verfügung steht. Wenn unsere früheren Lebenspartner sich nicht mit uns aussöhnen *wollen*, dann besteht hier keine Wahl. Eine für alle Zeit glückliche Ehe ist nicht möglich, wenn wir noch zu lernen haben, wie man eine gesunde Beziehung führt. Stattdessen können wir uns darauf konzentrieren, diese menschlichen Fähigkeiten zu erwerben, indem wir auf unsere eigenen Möglichkeiten bauen.

Heute will ich die Skala der Wahlmöglichkeiten prüfen, über die ich verfüge.

Demut ist Wahrheit. Erasmus von Rotterdam

Man versuche einmal, ein Haus nach einem willkürlichen Plan zu bauen: das Ergebnis wird katastrophal sein. Man verwende einmal ungenaue Daten, um Investitionen zu steuern: der Bankrott wird kommen. Ein solider Fortschritt kann nur von einem sicheren, genauen Ausgangspunkt aus erfolgen. Das gilt für alle Bereiche menschlichen Strebens, und es gilt gewiß für die eigene innere Entwicklung.

Demut ist Wahrheit. Als solche ist sie ein wesentlicher Bestandteil eines jeden Programms, das die Selbstfindung zum Ziel hat. Sie ist unser sicherer Ausgangspunkt, sie ist das X auf der Landkarte, wodurch wir erfahren, wo wir stehen, wenn wir uns auf die Reise begeben. Der geistige Zustand, den wir Demut nennen, besitzt die Macht, uns über Illusion und Verleugnung hinauszuführen. Demut zu erlangen heißt weit mehr als die eigenen Fehler zuzugeben. Wir müssen dabei auch lernen, uns die Tatsache zu eigen zu machen, daß wir gute Menschen sind, Menschen, die sich bemühen und die Fehler machen, wenn sie angenommen und geliebt werden wollen. Demut heißt nicht, daß man sich an die Brust schlägt oder selbst anklagt; Demut heißt, daß man die Wahrheit erkennt und akzeptiert.

Heute will ich meine Vorstellungen über Demut neu beurteilen. Ich werde keine Angst davor haben, mich selbst als den zu sehen, der ich bin.

27. Juli

Arbeite, und du wirst den Tag noch segnen,
Eh' vorbei sind alle Mühen.
Die, die träge, können niemals beten,
Können keine Sonne fühlen.

John Sullivan Dwight

Verwirrung ist oft eine Art Rückzug. Gewöhnlich wissen wir sehr wohl, was getan werden muß in unserem Leben, und wir wissen sogar, auf welche Weise. Wie man so sagt: »Ein Programm durcharbeiten ist einfach ... aber es ist nicht leicht.« Wenn wir ehrlich sind, müssen wir zugeben, daß die Frage: »Was soll ich tun?« überhaupt nicht die entscheidende ist.

Jeder junge Athlet weiß, wie er sein Programm durchführen muß: Die Zeit für das Training darf nicht versäumt werden, die Freizeitbeschäftigungen nach der Schule werden aufgegeben, und neue Techniken werden wieder und wieder durchexerziert, bis sie in Fleisch und Blut übergegangen sind. Auch Studenten arbeiten ihr Programm durch, indem sie über Büchern sitzen, egal, wie sie sich gerade fühlen. Sie üben Gewohnheiten ein, die ein gutes Studieren ermöglichen, bis diese ganz selbstverständlich geworden sind.

Um eine neue Lebensweise zu erreichen, muß man gewissenhaft positive Handldungen wiederholen — daran ist nichts Verwirrendes oder Geheimnisvolles. Wir müssen bereit sein, die Disziplin zu üben, wenn wir die Belohnungen einer gesunden Lebensweise ernten wollen.

Heute will ich jene Verhaltensmuster willkommen heißen, die zum Erfolg führen.

Demütig baten wir Ihn, unsere Mängel von uns zu nehmen. Siebter Schritt des AA-Programms

Der Siebte Schritt gründet auf jener Bereitschaft zu geistiger Gesundheit, die wir im Sechsten Schritt erlangt haben. Er sagt uns nicht nur, was als nächstes zu tun ist, er benennt auch die Einstellung, die wir dabei haben müssen.

Uns wird ausdrücklich gesagt, daß wir um geistige Gesundheit bitten müssen. Da ist keine Rede davon, daß wir darüber nachdenken, den Wunsch nach ihr haben oder einen anderen Versuch machen sollten, uns selbst aus dem Schmutz zu ziehen. Es heißt vielmehr, wir sollen Gott bitten, dies zu tun. Und es wird gesagt, daß wir Ihn demütig bitten sollen. Wir stellen keine Forderungen an Gott, und wir machen keine Geschäfte mit Gott. Gott handelt nicht.

Demut ist keine Selbsterniedrigung. Demut ist Wahrheit. Eine demütige Einstellung besteht ganz einfach darin, daß man erkennt, wo die eigene Macht endet und die göttliche anfängt. Die demütige Bitte des Siebten Schrittes bedeutet, daß wir eine innere Inventur gemacht haben: Die Ausschußware liegt gebündelt, und wir ordern einen Lastwagen, der sie wegschafft. Wir sind nicht imstande, sie auf unserem Rücken zu schleppen. Der Siebte Schritt sagt, daß wir das auch nicht brauchen.

Ich habe mich bereit gemacht, die alten Masken und Waffen fallen zu lassen und die alten Verstecke aufzugeben. Ich brauche sie nicht mehr.

29. Juli

Ich will *glauben, und ich glaube tatsächlich, daß ich es eines Tages schaffen werde.* Toni J.

Die meisten von uns haben gelernt, mehr an Dinge als an Beziehungen zu glauben. Wir glauben, daß unsere Reifen 50000 Kilometer halten, haben aber wenig Vertrauen, daß die Menschen, die wir lieben, solche Zuverlässigkeit bieten. Zu oft ist das auch die Einstellung, mit der wir uns der Höheren Macht nähern.

Wenn das Programm dazu auffordert, daß wir »zum Glauben gelangen« sollen, melden sich die alten gewohnten Stimmen wieder zu Wort: »Am besten, du verläßt dich nicht darauf« oder: »Es ist eine nette Idee, aber das funktioniert bei mir wahrscheinlich nicht.«

Doch niemand findet schlagartig zum Glauben. Jedenfalls nicht in seiner ganzen Tiefe. Und das Programm verlangt das auch nicht. Es fordert vielmehr, daß man einen Fuß vor den anderen setzt und so sich immer vorwärts bewegt.

Der Prozeß der Selbstfindung ist ein geistiger Weg. Viele von uns, die damit beginnen, glauben kaum daran, daß die Sonne morgen aufgehen wird. Am Anfang sind wir erfüllt von Schmerz und Sehnsucht — nicht von Weisheit und Stärke. Wir können nur langsam vorangehen. Der Glaube an uns selbst, an unser Programm und an unsere Höhere Macht ist nicht unmöglich — aber selten stellt er sich augenblicklich ein. Statt dessen wächst er langsam, während wir lernen, Vertrauen zu haben.

Heute bitte ich um Geduld angesichts meines eigenen Mißtrauens.

Dieses ewige, hartnäckige Murmeln: »Übertreib, übertreib!«
Henry James

Menschen, die Verletzungen aus der Kindheit mitbringen, treten ins Erwachsenenalter vielleicht ein mit dem Gefühl, unwiderruflich gezeichnet und zerrüttet zu sein. Wenn einige von ihnen all die unglückseligen Details der familiären Streitigkeiten wieder und wieder erzählen, dabei die Intensität der Erlebnisse, die Häufigkeit und den starken Schmerz ihrer Wunden zum besten geben, machen sie daraus unter Umständen eine unterhaltsame Beschäftigung oder sogar eine Art Nebenberuf. Wie alle Berichte, die dramatisch und oft wiederholt werden, wächst auch unsere Geschichte allmählich an.

Jenseits eines bestimmten Punktes — und ganz bestimmt nach einer inneren Läuterung, die uns gesunden läßt — müssen wir unsere Motive untersuchen, die zur Übertreibung der Geschichte führen. Prahlen wir damit, schieben wir die Schuld auf andere oder flüchten uns in Entschuldigungen? Teilen wir unsere Erfahrung aufrichtig mit Neulingen, die sich vielleicht damit identifizieren und davon profitieren? Oder suhlen wir uns in vergangenem Kummer und geben uns altem Groll hin? Wird der Part, den das Heute spielt, genauso lebhaft erklärt wie der, den das Gestern innehatte?

Es ist eine gute Idee, wenn wir von Zeit zu Zeit uns selbst zuhören und uns bewußt sind, weshalb wir etwas sagen. Falls die Geschichte, die wir erzählen, keiner guten Absicht dient, hat es keinen Sinn, sie überhaupt weiterzugeben.

Ich will meine inneren Beweggründe streng im Auge behalten.

31. Juli

Gott helfe dem armen »Baby«, wenn es mit einem Menschen zusammen ist, der sich um alles kümmert, aber uneins ist mit sich selbst. Marge T.

Wenn wir aufwachsen und dabei erfahren, wir seien nur »gut«, wenn wir uns um andere kümmern, gelangen wir direkt zu der Überzeugung, daß Glückseligkeit und Erfolg eines jeden Menschen von uns abhängen. Wir fühlen uns derart verantwortlich für alles, daß wir uns gar nicht mehr anders zu verhalten wissen. Oft heiraten wir »Babies«, um für eine Menge Dinge Verantwortung tragen zu können.

Viele von uns geraten in Panik, wenn sie den Fehler sehen, den sie gemacht haben. Zunächst versuchen wir noch, die Falle, in die wir gelaufen sind, zu verharmlosen. Dann erkennen wir vielleicht, wie diese Falle beschaffen ist — aber fühlen uns zu niedergeschlagen, um etwas dagegen zu tun. Am Ende aber — wenn Gott und die Freunde uns Hilfe gewähren — finden wir den Mut, auf eine neue Weise zu denken und zu handeln. Fahren wir damit unbeirrt fort, werden wir oft staunen, wie geschickt und überzeugend unsere »Babies« sein können, sobald wir sie einmal aus dem Nest geworfen haben.

Wir sollten es versuchen. Es funktioniert. Kaum ein Fehler ist unwiderruflich verhängnisvoll.

Ich will mich weigern, anderen alles abzunehmen, weil ich einsehe, daß ich den geliebten Menschen lähme, wenn ich ihn ständig nur »fördern« will.

August

1. August

Kein Fortschritt ohne Risiko. Man kann die zweite Stufe nicht heimlich erreichen, wenn man auf der ersten stehenbleibt. Mary R.

Die Selbstfindung ist ein Wagnis — weil sie einen fortschreitenden Prozeß darstellt. Man muß dabei etwas anderes als bisher tun, etwas Neues. Man kommt in Bereiche, wo man noch nicht gewesen ist.

Das Wagnis existiert jedoch weitaus mehr in unseren Köpfen als in der Wirklichkeit. Wenn wir erfahren haben, daß jeder auf uns herabschaut oder daß keiner unsere Meinung würdigt, kann es ein schreckliches Wagnis sein zu sagen: »Das genau denke ich.« Aber es kann sein, daß niemand außer uns selbst das als revolutionär empfindet. Wenn wir glauben, wir verdienen keine schönen Dinge, mag es gewagt erscheinen, wenn wir neue Möbel oder neue Kleider einkaufen — aber das wissen nur wir. Wenn wir glauben, daß wir nie ein nennenswertes Einkommen haben werden, mag es uns als eine unlösbare Aufgabe vorkommen, die üblichen Ausgaben zu bestreiten und doch einiges Geld zu sparen, das nur für uns bestimmt ist. Aber wenn wir ein Sparkonto eröffnen, weiß davon niemand, außer uns.

Gewiß ist es ein Risiko, den zweiten Schritt zu tun. Aber wir werden das Ziel nicht erreichen, wenn wir nicht den Ausgangsort hinter uns lassen.

Mit der Hilfe meiner Höheren Macht bin ich bereit und auch fähig, in unbekanntes Gebiet vorzustoßen.

Wenn du in dir selbst keinen Frieden findest, wirst du ihn nirgendwo finden. Paula A. Bendry

Man gewinnt geistigen Frieden nicht durch Streit, Zufall oder Unterwerfung. Und es gibt keinerlei Frieden durch den Erwerb von Geld oder Ruhm. Keine äußere Realität kann diesem Frieden, der ein Versprechen darstellt, zugute kommen — das liegt in der Natur der Sache.

Einige Menschen aus nicht intakten Familienverhältnissen leben in friedlichem Licht, und einige, die in scheinbar idealem Milieu aufwuchsen, führen ein Leben in permanentem Chaos. Unter den armen Menschen sind sowohl glückliche wie unglückliche, genauso wie unter den Reichen. Weder das Geld noch der soziale Hintergrund garantieren ein friedliches Herz.

Es geht hauptsächlich darum, wer wir sind im jetzigen Augenblick — nicht darum, was wir besitzen oder woher wir kommen. Frieden herrscht im Innern jener Menschen, die nach und nach akzeptieren, was nicht geändert werden kann, und den Kampf aufnehmen gegen solche Dinge, die veränderbar sind und einer Auseinandersetzung bedürfen.

Weil der innere Frieden gewonnen wird durch den Geist — deshalb ist er uns allen zugänglich.

In meiner Welt bin ich selbst Anfang und Ende des geistigen Friedens. Wenn mein Herz unruhig ist, will ich nur in mir selbst und bei meiner Höheren Macht nach einer Lösung suchen.

3. August

Wenn wir nicht lauschen, werden wir die Musik nicht hören. Eric M.

Was sind wir? Ein Haarbüschel, ein Stück Knochen? Ein Konglomerat von Mineralien, die ein paar Pfennige wert sind? Oder ist jeder von uns ein Gesang? Ein einzigartiger Ton, der bewußt angeschlagen wird, um die unendliche Harmonie des Universums zum Klingen zu bringen?

Viele von uns *würden* gerne der letzten Definition zustimmen, aber sie wagen es nicht. Wir sind überzeugt davon, daß unser inneres Instrument verstimmt ist, weil zu viele unserer Töne einen dunklen Klang haben. Wir hören nicht hin, weil wir uns vor dem fürchten, was wir vernehmen könnten. Wir sind sicher, daß wir es nicht mögen würden.

Die Folge ist: Wir tun gewöhnlich alles andere, als einfach ruhig zu sein und zu lauschen. Wir arbeiten zuviel, joggen zuviel, reden zuviel — alles nur, um nicht hören zu müssen.

Aber der große Gesang des Universums erklingt weiter, ob wir zuhören oder nicht. Also können wir genausogut in ihn einstimmen. Vielleicht wird dann unser Geist ruhig genug sein, um zu bewirken, daß wir uns mit einigen neuen Gedanken tragen wie: »Ich bin nicht so schlecht. Mein Ton klingt gut.«

Wenn wir uns darin üben, können wir sehr gut werden im Schweigen und im Zuhören. Und im Schweigen sind wir fähig zu verstehen, daß der große Gesang nicht derselbe wäre ohne unsere Töne.

Ich bitte um den Mut zuzuhören.

Die Menschen sind, zu Zeiten, Herren über ihr Geschick.
William Shakespeare

Unter Menschen, deren heutige Probleme in einer unglücklichen Kindheit wurzeln, läuft das Gespräch oft auf die Frage hinaus, wie oft sie darauf verzichteten, sich für ihr eigenes Leben zu engagieren. Wir neigen dazu, uns ängstlich und taub zu stellen in jenen Lebensprozessen, wo wir Entscheidungen treffen müssen, die über unser Schicksal bestimmen.

Das Muster scheint folgendermaßen auszusehen: Sobald ein Konflikt auftaucht, wählen wir zwanghaft unter einer Vielzahl von verhängnisvollen Reaktionen die eine oder andere aus. Üblich ist diese: Wir springen gleichsam kopfüber in unsere Angst vor dem Verlassenwerden, wenn erste Anzeichen von Konfrontation sichtbar werden. Damit haben wir uns entschieden, Ohren und Herz zu verschließen, so daß wir den Tatsachen ausweichen können. Aus einer solch distanzierten Position haben wir natürlich keinen Einfluß auf Lösungen und Resultate.

Aber das kann sich ändern. Wir vermögen uns zu ändern. Ein Mitglied unserer Gruppe hat kürzlich von einer derartigen Kehrtwendung erzählt. »Ich mache ganz neu die Erfahrung, daß ich am Ball bleiben muß, egal, um was es geht. Wenn ein Konflikt auftaucht, heißt das nicht, daß ich wegrennen muß. Ich kann bleiben. Ich kann hinhören. Ich kann partizipieren und ein wirklich gutes Gefühl haben angesichts dessen, was passiert, und angesichts der Ergebnisse, die sich zeitigen.«

Gott möge mir den Mut zuteil werden lassen, daß ich mich den Konflikten stelle und nicht vor ihnen weglaufe. Ich handle mit jedem Tag verantwortungsbewußter.

5. August

Seid stille und erkennet, daß ich Gott bin!

Psalm 46,11

Wie nähern wir uns dem Gebet? Der Unterschied zwischen »Höre, Herr, dein Diener spricht« und »Sprich, Herr, dein Diener hört« ist riesengroß, nicht wahr? Genauso, wie der Wunsch unseres Kindes nach einem teuren Spielzeug verschieden ist von seinem Wunsch, daß wir es auf den Schoß nehmen und mit ihm singen. Das eine ist ein Werben um Liebe und Mitteilung; das andere ist eher die Forderung nach einem Geschenk.

In allen unseren Beziehungen ist die Fähigkeit, empfänglich zu sein, von entscheidender Bedeutung. Wir müssen uns still verhalten und lauschen, wenn wir die Voraussetzungen schaffen wollen für einen bewußten Kontakt. Wenn wir nicht lauschen, hören wir nicht, und wenn wir nicht hören, können wir nicht wissen, wer der andere ist und was er gerade sagt. Vielleicht fürchten wir uns davor, Gott zu sehr aus der Nähe zuzuhören, davor, daß er uns gegenüber Enttäuschung und Mißbilligung zum Ausdruck bringt. Oder vielleicht auch fürchten wir, Gott bliebe schweigsam.

Die einzige Möglichkeit, diese Angelegenheit zu klären, besteht darin, daß wir uns öffnen. Allein indem wir die Verbindung herstellen, hören wir das innere Lied.

Ich verpflichte mich, dem »Wort, das ich bin«, regelmäßig zuzuhören.

Ich habe vielen Menschen Alpträume bereitet, weil ich darauf bestand, meinen Willen durchzusetzen.
Eamon O.

Wie wir es doch lieben, unseren Willen durchzusetzen! Was geschehen sollte, wann es geschehen sollte, wer was tun sollte und wie es jeder tun sollte — wir wissen *genau*, wie die Szene sich abspielen sollte. Wenn sie doch alle nur — wie wir — verstehen würden, was gut für sie ist!

Wir alle haben natürlich unsere großen Augenblicke. Dann scheinen sich die Ereignisse und die anderen Menschen nach unserem Willen zu fügen. Einen Moment lang kosten wir die süße Macht aus. Aber die Befriedigung hält nicht an. Mag sein, daß unsere Beeinflussungen in die falsche Richtung gehen. Oder die späteren Vorkommnisse zeigen, daß unsere Vorgehensweise nicht richtig war.

In Wirklichkeit funktioniert es nie, einen Fluß in eine bestimmte Richtung zwingen zu wollen. Je länger wir unser Programm einüben, desto mehr lernen wir, die Sicherheit aufzugeben, daß wir »wüßten«. Tatsache ist: Niemand von uns *weiß*, was passieren sollte, ganz zu schweigen vom Zeitpunkt und von den Umständen. Tatsache ist: Auch unsere sichersten Vermutungen können genausogut falsch wie richtig sein. Und die Wahrheit hinter diesen beiden Tatsachen lautet: Aufregende neue Einsichten können nur denen zuteil werden, die wissen, daß sie nichts wissen.

Heute bitte ich um Demut. Heute will ich mich darin üben, lieber gute Fragen als schlechte Antworten zu formulieren.

7. August

Es ist nicht leicht, Glück in sich selbst zu finden, und es ist nicht möglich, es irgendwo anders zu finden.
Agnes Repplier

Unter jenen Menschen, die in ihrer Kindheit viel gelitten haben, gibt es das merkwürdige Phänomen, von einer Abhängigkeit in die andere zu wechseln. Es sind vielleicht nicht wirklich Süchte, von denen hier die Rede ist, aber der innere und äußere Ablauf ist ähnlich: Obsessiv stürzen wir uns in eine Tätigkeit, die nur ein Vorwand ist und eine Flucht vor der Auseinandersetzung mit gewissen anderen Dingen.

Anstatt uns ständig mit vielen zentralen Themen wie der emotionalen Abhängigkeit, den unbegründeten Schamgefühlen oder der Furcht vor dem Verlassenwerden zu befassen, können wir uns freizumachen versuchen von äußerer Betriebsamkeit. Denn es kann sein, daß wir zwanghaft eine Tätigkeit nach der anderen ausüben oder dem Glück hinterherjagen, indem wir Geld ausgeben, viel essen oder romantische Abenteuer sammeln wie Anhänger an einem Armband.

Wahres Glück aber können wir nicht außerhalb unserer selbst finden. Wenn die innere Mitte, die uns leitet und Befriedigung schenkt, nicht vorhanden ist, bleiben wir unproduktiv und leer, egal, mit welchen Dingen wir uns sonst umgeben, egal, was wir uns sonst versagen.

Ich nehme die Verantwortung für mein eigenes Glück auf mich, ebenso für die Hindernisse, die ich mir selbst in den Weg lege, und für die Surrogate des Glücks, die ich benutze, um mich zu zerstreuen.

Je gesünder wir werden, desto weniger sind wir bereit, in unseren Beziehungen unheilvolle Situationen hinzunehmen. Mary Catherine North

»Gibt es da draußen irgendwelche guten Männer?« »Warum kann ich keine gute, altmodische Frau finden? Vielleicht gibt es sie gar nicht mehr!« Wie oft hören wir Meinungen wie diese von Menschen, die in ihren Beziehungen immer als Verlierer enden, so sehr sie sich auch bemühen.

Aber es sind weder Zufall noch Pech oder sonstige Geheimnisse im Spiel, wenn wir durchwegs scheitern beim Aufbau stabiler Beziehungen. Wir treffen auf jemanden, der in Frage kommt, und laufen ihm hinterher. Wenn die Menschen, die zu uns »passen«, doch nicht so vielversprechend sind, muß das Grundmuster solcher Disharmonie mehr mit uns als mit ihnen zu tun haben.

Doch wenn wir allmählich zu der Überzeugung gelangen, daß wir es verdienen, respektiert zu werden, daß wir Übergriffe nicht dulden und daß eine liebevolle Beziehung Teil des Lebens sein kann — dann ist alles möglich.

Wir sind so gut wie jeder andere. Wir haben Anspruch auf Respekt und Glückseligkeit. Wenn wir an diese Wahrheiten glauben, wird unser »Schicksal« in Beziehungen sich ändern.

Heute will ich nicht bei jemand anderem das suchen, was ich nur in mir finden kann.

9. August

Die anderen behandeln uns so, wie wir sie dazu ermutigen. Barb H.

Mit innerem Druck fertigzuwerden ist weitaus schwieriger, als ihn von vornherein zu verhindern. Wenn wir prophylaktische Maßnahmen in Erwägung ziehen, vorausdenken und gewissen Dingen ausweichen, können wir eine überraschende Zahl stressiger Situationen vermeiden. Wir müssen zum Beispiel nicht zu Mittag essen mit komplizierten Mitarbeitern, die sich immerzu beklagen. Wir können zur Mittagszeit einen Spaziergang machen oder etwas lesen, wozu wir bisher nicht kamen.

Wir können die Zeit, in der wir für andere Familienmitglieder da sind, begrenzen, indem wir ihnen sagen, daß wir nach acht Uhr abends für uns sein wollen. Wenn wir uns daran halten, werden die anderen lernen, nicht am späten Abend zu fragen, ob wir ihnen bei den Hausaufgaben helfen oder ein Hemd bügeln können. Wir haben die Erholung und die stillen Stunden verdient, die unsere Kraftreserven aufbauen und den Streß abblocken. Es ist nicht tugendsam, sondern töricht, wenn wir all unsere Zeit verschenken. Wir können nur dann von anderen erwarten, daß sie unsere Einschränkungen respektieren, wenn wir unsere Grenzen klar ziehen.

Um gesund zu bleiben, müssen wir unsere Beteiligung an allen schwierigen Situationen unterbinden oder zumindest begrenzen.

Ich will die Zeit beanspruchen, die ich jeden Tag für mich selbst brauche.

Kein Leben ist so schwer, daß man es nicht erleichtern könnte durch die Art und Weise, wie man es aufnimmt. Ellen Glasgow

Beim Militär kommt es vor, daß der Beschuß von hinten kommt, daß der Angriff aus den eigenen Reihen erfolgt. Bei einem Gruppentreffen, wo wir die Probleme mit dem ungeliebten Kind in uns erörtern, benutzte ein Mann diesen Vergleich, um zu beschreiben, was ihm in seinem Leben widerfahren war: Er bezeichnete sich selbst als Heckenschützen, der auf die eigene Stellung schießt.

Er sagte, er habe sich ausgerüstet mit einem tödlichen Arsenal von Selbstmitleid und Ressentiment und es mit sich herumgetragen, »für alle Fälle«. Natürlich fand er überreichlich Zielscheiben vor, genauso, wie wir überreichlich Gelegenheit haben, uns betrogen zu fühlen oder uns selbst zu bedauern. So feuerte er eine vernichtende Salve nach der anderen ab — auf sich selbst.

Viele von uns sind Opfer von Geschossen, die sie ersonnen haben, um sich selbst zu treffen. Niemand veranlaßt uns, derartiges zu tun, außer uns selbst. Aber wir haben — wie der Mann bei dem Treffen — die Macht, zu erkennen, was passiert, und die ganze Sache zu beenden. Wenn wir uns weigern, den Abzugshahn zu betätigen, können wir gewiß feststellen, daß unser eigener Krieg gegen das Leben größtenteils von uns verursacht war.

Heute bewerte ich innere Gelassenheit höher als alles andere. Ich habe kein Bedürfnis mehr nach Streit — weder mit mir selbst noch mit irgend jemand sonst.

11. August

Immer warnte ich meinen kleinen Bruder: »Sag es niemandem! Egal, wer dich fragt: Sag es niemandem!«
Madeline C.

Menschen, die ihr Kindsein nie wirklich ausagieren konnten, sind allzusehr daran gewöhnt, sich ständig zu verstecken und schnell umgeworfen zu werden. Obwohl sie nicht immer deutlich wurde, wußten wir, daß unsere Pflicht darin bestand, den dichten Schleier des Geheimnisses über alles mögliche zu breiten. »Sie« — unsere Freunde, Lehrer, Nachbarn — durften niemals alles wissen. So sagten wir nichts. Niemals.

Viele von uns machten es sich zur Gewohnheit, nicht zu sprechen. Genauso hielten wir es mit unserer abwehrenden Einstellung, mit unserer Neigung, für alles rationale Gründe zu finden, und mit den Lügen. Uns wäre der Sprung aus einem Flugzeug ohne Fallschirm weniger gefährlich vorgekommen als das offene Gespräch mit einem Freund. »Sich mitteilen ist gefährlich!« — die alten Stimmen melden sich lauthals zu Wort, sobald wir uns einmal im Zusammensein mit einem Kameraden kurz entspannen.

Die Aufgabe ist, diese lang gehüteten Geheimnisse loszulassen. Egal, wie schmerzhaft dieser Prozeß des Sich-Öffnens sein mag — er ist unbedingt erforderlich für die innere Heilung. Für uns bedeutet diese Offenheit Kummer und Glück, Triumph und Tragödie — das eine ist die Quelle des anderen. Das Schweigen ist ein Gefängnis; Sich-Mitteilen der Schüssel, der es öffnet.

Heute will ich mich daran erinnern, daß das Vertrauen zu einem Freund nicht gefährlich ist. Ich werde mich öffnen, um aufrichtig von mir zu sprechen.

Wir werden erst dann von einem Leiden befreit, wenn wir es vollständig erfahren haben.

Marcel Proust

Die Heilung ist ein geheimnisvoller, vielschichtiger Vorgang. In jedem von uns beansprucht sie eine bestimmte Dauer, nimmt sie ihren eigenen Verlauf. Zumeist erkennen wir bei anderen viel leichter als bei uns selbst, daß sie Fortschritte macht. Unsere eigene Heilung überrascht uns sehr; wir nehmen sie oft erst wahr, nachdem sie schon eingetreten ist.

Eine Situation, die früher einen Zornesausbruch ausgelöst hätte, besitzt irgendwie nicht mehr die Macht, uns durcheinanderzubringen. Eine schmerzliche alte Erinnerung taucht plötzlich auf ohne das flaue Gefühl im Magen, das sie sonst begleitete. Eine Woche vergeht, dann ein Monat, ehe wir erkennen, daß etwas Schreckliches passiert ist: Wir hatten dreißig gute Tage hintereinander gehabt!

Eines Tages erkennen wir vielleicht ganz unvermittelt, daß unser Leben nicht das gleiche ist wie vorher. Etwas ist geschehen. Wir sind anders. Was zerbrochen war, wird ganz. Eine Bitterkeit, die »niemals« hätte abgestreift werden können, hat sich verwandelt und ist schwächer geworden. Dann wissen wir, daß Wunder möglich sind — sogar für uns.

Ich glaube daran, daß die Wohltaten im Prozeß der Selbstfindung kein Ende nehmen. Heute bin ich geduldig, zuversichtlich und bereit, geheilt zu werden.

13. August

Niemals haben wir von Liebhabern, Kindern oder Helden eine so übertriebene Vorstellung wie von unseren Eltern. Francine Du Plessix Gray

Die Eltern anderer Leute konnten alle Arten von Fehlern, seltsamen Angewohnheiten, Problemen haben. Nicht nur hatten wir nichts dagegen: Es kann gut sein, daß wir ihre Schwächen sympathisch fanden, interessant oder sogar liebenswert. Wir verachteten sie nicht, als sie ihre Stelle verloren oder krank wurden. Wir erwarteten von ihnen nichts anderes, als daß sie sich menschlich verhalten würden. Menschen sind Menschen. Auf einer gewissen Ebene akzeptierten wir das.

Auf der anderen Seite aber setzten wir bei unseren eigenen Eltern voraus, sie müßten geradewegs einer Phantasie-Familie im Fernsehen entstammen. Unsere Mutter hätte schöner sein und jeden Nachmittag Plätzchen für uns backen sollen. Unser Vater hätte größer und Führer bei den Pfadfindern oder Vorsitzender des Elternbeirats in der Schule sein sollen. Da der Mythos immer großartiger ist als das Leben, besaßen auch ihre Mißerfolge eine mythische Dimension. Ihre Fehler waren unentschuldbar; ihre Krankheit war Verrat.

In Wirklichkeit waren sie vielleicht nicht sehr verschieden von den Eltern anderer Leute — mit Ausnahme der Rollen, die wir ihnen zudachten.

Mein eigenes inneres Wachstum erlaubt mir, andere Menschen — meine Eltern eingeschlossen — in neuem Licht zu sehen.

Ich lernte, zu überleben, nicht aber, wie ich leben sollte. Gilly A.

Wir verbrachten den größten Teil der Kindheit damit zu lernen, wie man gerade noch so durchkommt. Viele von uns lernten nicht, wie andere Kinder zu spielen oder wie diese, die Wirklichkeit zu beobachten und zu beschreiben. Wir lernten nicht, über lustige Dinge zu lachen und über traurige Dinge zu weinen. Wir lernten, so dahinzutreiben, uns anzupassen und Reaktionen vorzutäuschen. Wir lernten, den Blick und das Verhalten jener Menschen so gut wie möglich nachzuahmen, die uns als »normal« erschienen. Wir überlebten, so gut wir eben konnten.

Einige machten dabei eine bessere Figur als andere. Einige — zwanzig, dreißig oder vierzig Jahre nach den Tagen der Kindheit — haben in ihrem Leben außerordentliche berufliche Leistungen erzielt. Wir sagen uns selbst, daß uns jetzt diese früheren Dinge nicht mehr stören. Die Vergangenheit ist vorbei. Andere unter uns sind nie frei von quälenden Bildern. Für sie ist das Damals gleichbedeutend mit dem Heute, das Verlustgefühl hält an, und der Schmerz begrüßt sie jeden Tag wie die Sonne. Sie haben keine Kraft für irgendwelche Ruhmestaten.

Beide Gruppen von Erwachsenen, die auf je verschiedene Weise mit der Kindheit umgehen, sind in der gleichen Falle gefangen. Ohne den Wunsch, vergangenen Fragen sich zu stellen und sie zu lösen, entkommen weder die einen noch die andern dem, was war. Beide sind immer noch dabei, »so durchzukommen«. Es gibt keine Ausflucht; es gibt nur den Weg durch die Schwierigkeiten hindurch.

Heute bitte ich um Stärke, damit ich mich für das Leben entscheiden kann, nicht für das Überleben.

15. August

Wenn die Ebbe den niedrigsten Stand erreicht hat, beginnt die Flut. Henry Wadsworth Longfellow

Manchmal müssen unsere Beziehungen sich verschlechtern, ehe sie besser werden können. Manchmal kann der Kummer in einer Beziehung tatsächlich darauf hindeuten, daß wir etwas *Richtiges* tun — zum ersten Mal vielleicht.

Viele, die das Kind in sich nicht kennen, wachsen mit einigen unnatürlichen Gewohnheiten und Verhaltensmustern auf, die, mit der Zeit, als »normal« empfunden werden. Oft werden wir uns nicht bewußt, daß diese Muster schädlich sind, bis wir einwilligen in den Prozeß innerer Heilung. Und dann sind diese Verhaltensweisen schon ganz und gar verwoben mit den Beziehungen, die wir als Erwachsene führen. Wenn wir beginnen, unser Verhalten zu ändern, so ändern wir auch die ursprünglichen Grundregeln der Beziehung. Im Maß, wie wir anfangen, anders zu denken und zu handeln, stoßen wir unsere Partner genauso zwangsläufig vor den Kopf, als wenn wir inmitten eines Walzers plötzlich einen Tango tanzten.

Einige Beziehungen überleben den Wandel nicht. Viele aber werden gerettet, weil der Partner auf dem Weg zur Heilung den Mut hatte, die Musik zu wechseln und nicht abzulassen von den neuen Schritten — bis der Gleichgewichtszustand wiedergewonnen werden konnte.

Ich habe Vertrauen in die neue Richtung, die ich einschlage. Ich glaube, daß auf lange Sicht alles gut für mich und meinen Partner ausgehen wird.

Ich habe bis jetzt noch nicht gewonnen, aber ich habe auch noch nicht verloren. Dennis C.

Im amerikanischen Sport gibt es eine Redensart, die gerne benutzt wird und die etwa so lautet: »Nichts ist verloren, wenn man niedergeschlagen wird — sondern erst, wenn man am Boden liegenbleibt.«

Im Leben wie im Sport macht diese Haltung großen Sinn. Wie »Laß los, laß Gott die Dinge tun« oder »Fang bei dir selbst an« erinnert uns dieser Ausspruch an ein wichtiges Prinzip, das ihm zugrundeliegt. In diesem Fall lautet es: Kämpfe sind keine Kriege, sondern eher eine Serie von Aktionen. Niemand gewinnt jedes Mal — und kann das auch nicht erwarten. Einige Kämpfe sind es überhaupt nicht wert, daß man sich ihnen stellt.

Einen Kampf zu führen ist nicht die Hölle — unsere unrealistischen Erwartungen sind es. Wenn wir gegen eine alte Einstellung oder Verhaltensweise zum Schlag ausholen, müssen wir erkennen, daß wir dazu einen langen Atem brauchen. Wenn eine bestimmte Seite an uns selbst der Feind ist, so haben wir es mit einem gewaltigen Gegner zu tun, der nicht schnell aufgeben wird. Wir müssen mit vielen Kämpfen rechnen — und mit nicht wenigen Niederlagen. Gewinner ist der, der am längsten durchhält.

Nur durch die unaufhörliche Anstrengung wird der Krieg gewonnen; wir können nicht verlieren, wenn wir nicht aufgeben.

Heute bitte ich angesichts vieler Niederlagen um Beharrlichkeit. Ich bitte meine Höhere Macht, daß sie mir Mut schenkt, weiterzumachen.

17. August

Wenn du gefunden werden möchtest, dann stehe dort, wo der Suchende sucht. Sidney Lanier

Wann verwandelt sich ein gutes Programm in ein schlechtes? Wenn es zu einem Versteck wird. Als Menschen, die mit ihrem inneren, ungeliebten Kind sich auseinandersetzen, sind wir erfinderisch — nein, genial —, wenn es darum geht, Verstecke ausfindig zu machen.

Manchmal verstecken wir uns hinter der Arbeit, indem wir ständig über beide Ohren beschäftigt sind. Wir verstecken uns selbst im Gebet — hinter den sanft klingenden Wörtern. Wir können uns entscheiden, immer müde zu sein, so daß wir im Schlaf Zuflucht finden. Wir können uns hinter allen möglichen Masken des »Helfers« verstecken und dann allen anderen zur Seite stehen, damit wir uns nie selbst etwas Gutes tun müssen. Wir können uns verstecken, indem wir uns in allem zurückhalten und den anderen erzählen, wie »hoffnungslos« wir seien, so daß keiner eine Besserung erwartet. Wir können sogar aus unserem Programm ein Versteck machen, indem wir zwar den einzelnen Schritten folgen und alle richtigen Dinge zum Ausdruck bringen, aber uns nie wirklich mit uns selbst auseinandersetzen.

Wenn wir entdeckt werden möchten, müssen wir uns dort zeigen, wo ein anderer uns finden kann.

Ich will meine Verstecke erkennen und bewußt darüber entscheiden, ob ich sie wähle oder nicht.

Den Irrtum zuzugeben, klärt die Lage —
Und macht dich klüger als zuvor.

Arthur Guiterman

Vieles vom eigenen Lebenschaos kann direkt auf unsere schiefen Wertvorstellungen zurückgeführt werden. Nicht nur handeln wir mehr nach diesen Vorstellungen, als wir es glauben, sondern wir verhalten uns oft gerade gegenüber dem besonderen Geflecht von Überzeugungen, die unser Leben mit Schmerz und Leid erfüllen, hartnäckig loyal.

Ohne uns dessen bewußt zu sein, geben wir uns vielleicht ganz und gar dem Perfektionismus, dem Martyrium, der Erstarrung oder der Ansicht hin, das Leben müsse elend und traurig sein. Wenn wir überhaupt an sie denken, belegen wir diese Charakterzüge mit anderen Ausdrücken wie Idealismus, Großzügigkeit, Beständigkeit und Wirklichkeitssinn. Aber egal, wie sie bezeichnet werden: Diese Vorstellungen bewirken ständig ein entsprechendes Verhalten, das dann wieder so gründlich Chaos erzeugt, als ob es vom Fließband käme.

Wenn in unserem Leben verwirrende Zustände auftauchen, ist es heilsam, die ihnen zugrundeliegende Vorstellung oder negative Einschätzung ausfindig zu machen, aus welcher das Verhalten hervorging, das zum Chaos führte. Manchmal ist es nicht das Verhalten selbst, das geändert werden muß — es ist die lange aufrechterhaltene Ansicht, die sich dahinter verbirgt.

Heute habe ich den Mut, alte Annahmen neu zu bewerten.

19. August

Ich bat Gott, in meinem Leben gegenwärtig zu sein. Und diese Gegenwart gab es. Johnny C.

Gebete sind das zentrale Element eines spirituellen Lebens. Aber die Gebete selbst sind nicht das spirituelle Leben — sie sind seine Manifestationen. Genauso, wie Diamanten nicht die Diamantenmine sind, sondern sichtbares Zeichen ihres reichen Schatzes, stellen Gebete Äußerungen des inneren Reichtums dar.

Ein spirituelles Leben ist dem Geistigen immer offen, ist wach und empfänglich für den Willen der Höheren Macht, wie er sich im täglichen Zwiegespräch mitteilt. Natürlich kann es kein Zwiegespräch geben ohne bewußten Kontakt.

Die Wörter sind Flügel der Liebe. Wenn wir nicht verbalisieren, was wir denken und fühlen, sind weder die anderen noch wir selbst fähig, zu einem tieferen Verständnis, einem engeren Dialog zu gelangen.

Die Wörter, die wir zu unserer Höheren Macht sprechen, müssen nicht förmlich oder rituell sein. Die äußere Form des Gebets ist viel weniger wichtig als die innere Bereitschaft dazu. Wenn wir die Hand ausstrecken und uns aussprechen, beten wir.

Heute will ich den bewußten Kontakt mit meiner Höheren Macht beginnen. Ich will dies nicht als eine Verpflichtung, sondern als eine Einladung zur Liebe betrachten.

Der Tod ist der Ursprung der Schönheit.

Wallace Stevens

Der Tod ist so natürlich wie die Geburt. Ungeachtet unserer Gefühle ihm gegenüber, ist der Tod kein Fehler, der verhindert werden kann, oder ein Frevel, gegen den man sich auflehnen sollte. Der Tod ist Teil des Lebens — er ist die letzte Station. Indem er den Prozeß, der mit der Geburt beginnt, abschließt, vollendet er das Leben eines Menschen.

Unser Schmerz beim Tod eines geliebten Wesens ist ebenfalls normal und natürlich. Und mit der Trauer umzugehen, die durch den Verlust entstand: auch das ist ein Prozeß, der mit der Zeit zu Ende geht und dadurch sich erfüllt. Trauer ist etwas äußerst Persönliches; keine zwei Menschen trauern auf dieselbe Weise oder über einen gleichen Zeitraum. Die Reaktionen unterschiedlicher Menschen können niemals genau beurteilt oder miteinander verglichen werden.

Egal, was wir glauben über ein Leben nach dem Tode: Es gibt zwei gar nicht so romantische aber praktische Wahrheiten, die uns Halt geben können, wenn wir jemanden verloren haben. Die eine ist, daß der verstorbene Mensch jetzt keine Probleme mehr kennt — das Verlustgefühl ist allein unser Problem. Und die andere ist, daß die Annahme des Todes — wie die Annahme der eigenen Vergangenheit — zur Lebensart des weisen Menschen gehört.

Ich freue mich darüber, daß mein geliebtes Wesen und ich einige Zeit miteinander verbracht haben. Ich bin genauso dankbar wie tief betrübt.

21. August

Wir haben keine Zeit, keine Zeit zu haben.

Gary Burke

Um das tiefe Nachdenken zur Gewohnheit werden zu lassen, müssen wir uns oftmals und regelmäßig Zeit nehmen, uns selbst zuzuhören, uns zu fragen, wie die Dinge laufen, darüber zu sinnieren, was wir heute mit Erfolg getan haben und was ohne großen Erfolg. Wenn wir nachdenken, beugen wir uns zurück, um herauszufinden, wo wir gewesen sind, damit wir wissen können, wohin wir als nächstes gehen.

Aus dem Nachdenken entstehen Einsichten. Die Einstellung: »Ich habe nie auf diese Weise daran gedacht« kann zu einer Lebensart werden, zu einer grenzenlosen Möglichkeit. *Aber wir müssen das Leben gleichsam für einen Augenblick anhalten,* wenn wir es selbst und die Aussichten, die es bietet, auf neue Weise betrachten wollen. Wir müssen Zeit aufbringen, um nachzudenken, und wir müssen damit fortfahren, bis die Gedanken fließen. Manchmal muß unser Geist buchstäblich aufgebrochen werden, um Platz zu schaffen für den frischen Wind neuer Ideen: Der Verstand ist das Werkzeug, welches wir dafür benutzen können.

Ich will mein Leben täglich genau betrachten, um herauszufinden, ob ich mir die Zeit genommen habe, den Weg zur Selbstfindung zu beschreiten.

Das Klügste, was ich je von mir gab, war: »Hilf mir!«
Dorrie T.

Wie schwer wir uns doch tun mit dem Eingeständnis, daß wir Hilfe brauchen! Wie es uns gegen den Strich geht, zuzugeben, daß wir etwas benötigen. Aber »Hilf mir« ist die Losung, die das Tor zur Heilung öffnet.

Wenn wir diese Wörter aussprechen gegenüber unserer Höheren Macht, dem Ehepartner oder Freund, geben wir damit wirklich die Bereitschaft kund, ehrlich zu sein. Für einige von uns ist das vielleicht die erste aufrichtige persönliche Erklärung, die wir seit vielen Jahren abgegeben haben.

Wenn wir andere um Hilfe bitten, damit wir lernen können, frei zu sein, unsere Illusionen zu thematisieren, unsere Zwänge loszuwerden, bitten wir sie um Beistand, daß wir die Dinge klar erkennen können. Nur das Licht, das von der Aufrichtigkeit ausgeht, kann uns die heimliche Unreife, die charakterlichen Mängel, die uns behindern, offenbaren. Kindische Temperamentsausbrüche, kaschiert als scheinbar berechtigte Empörung, müssen als das erkannt werden, was sie sind. Die Unfähigkeit, Liebe zu empfangen, darf nicht unter dem Deckmantel der Erfahrenheit und Klugheit verborgen werden. Sind wir zu beherrscht, um ergriffen zu werden, zu ängstlich, um ehrlich zu sein?

Einige Probleme sind einfach zu schwierig, als daß wir sie ohne eine kleine Hilfestellung unserer Freunde lösen könnten.

Heute will ich der inneren Freiheit dadurch näher kommen, daß ich jemanden, der aufrichtig ist, bitte, mir beizustehen, daß auch ich aufrichtig bin.

23. August

Man kann die Menschen messen an ihrer Fähigkeit, Verantwortung zu übernehmen. Roy L. Smith

Wenn etwas Neues geschieht, können wir sicher sein, daß dahinter eine mutige Haltung stand, die die ganze Sache vorantrieb. Der Mut ist — als jene Qualität des Herzens und des Kopfes, die sich dem Status quo widersetzt und ihn herausfordert — die Antriebskraft für alle Möglichkeiten, die das Leben bietet.

Der Prozeß der Selbstfindung bringt neue Wirklichkeiten hervor. Wenn Angst und Panik unsere alte Einstellung zum Leben beherrschten, dann ist es der Mut, der — selbst als nur kleiner Funke — uns dazu befähigt, so zu handeln, als wären wir selbstbewußt: bis wir es dann tatsächlich sind. Wenn das Gefühl von Entfremdung und Einsamkeit unsere Realität prägte, dann ist es der Mut, der uns aus der Ecke holt und zur Gruppe führt, Mut, der uns den Mund zum Sprechen öffnet, und Mut, der uns dort hält, bis die Gemeinschaft realer wird, als es die Entfremdung jemals war.

Der Mut ist ein Schlüssel. Er öffnet die Türen zu Liebenswürdigkeit, Weisheit und Aufrichtigkeit. Aber solange wir diesen Schlüssel nicht benutzen, werden wir niemals auf die andere Seite der Tür gelangen.

Heute will ich mich kühn auf meine Ziele zubewegen, selbst wenn ich mich nicht im geringsten kühn fühle. Die Angst wird mich heute nicht zurückhalten.

Gute Leute sind deshalb gut, weil sie durch ihr Scheitern Weisheit erlangt haben.

William Saroyan

Viele von uns wuchsen mit Befehlen auf wie: »Mach schneller«; »Mach es besser«; »Tu noch mehr«. Nur der sofortige, vollkommene Erfolg war ein Erfolg. Da dies ein Unding ist, erlebten wir nur den Mißerfolg und erwarteten weitere Mißerfolge — trotz manchen Gelingens.

Nichts — vom Flötenspiel bis zum Toreschießen — kann erlernt werden, ohne daß es gelegentlich auch Mißerfolge gibt. Wir können nicht wachsen, wenn wir nie verlieren. In der Einstellung zeigt sich der Unterschied zwischen jenen, die einen Fehlschlag erleiden und ihn als Möglichkeit begreifen, um zu lernen — und jenen, die scheitern und das als einen weiteren Beweis ihrer Unfähigkeit betrachten.

Wenn wir einwilligen in die Reise zu uns selbst, werden wir Mißgeschicke erleben, scheitern, und wir werden in gewissen Abständen zu alten Denkmustern und überkommenen Verhaltensweisen zurückkehren — das brandmarkt uns nicht als Versager. Wir erhalten vielmehr die Möglichkeit, uns weiter kennenzulernen, und zu sehen, wie wir bessere Strategien entwickeln, um die Stellen, über die wir gestolpert sind, in Zukunft zu vermeiden oder ihnen auszuweichen.

Ich muß meine Mißerfolge nicht mehr vor anderen oder vor mir selbst verheimlichen. Ich bin dabei zu lernen, aus meinen Fehlern Sprungbretter zu machen.

25. August

Die Liebe Gottes ist leidenschaftlich. Er folgt jedem von uns, selbst wenn wir es nicht wissen.

William Wordsworth

Eine Frau erzählte kürzlich bei einem unserer Treffen von einem Handel, den sie mit Gott abgeschlossen hatte. Sie versprach ihm, sie würde mit dem Rauchen aufhören, wenn er dafür ihrem Sohn helfen würde, von den Drogen loszukommen. Eine lebhafte Diskussion entspann sich. Die meisten vertraten die Ansicht, daß Gott keine Geschäfte macht — nicht, weil er teilnahmslos wäre, sondern weil er das, worum wir zu feilschen versuchen, uns bereits geschenkt habe.

Ist das nicht eine wundersame Wahrheit? Gott liebt von Anfang an die Menschen, die wir lieben, und sogar noch mehr, als wir es tun. Und weil Gott sie liebt, sind sie schon mit allem beschenkt worden, was sie brauchen. Warum stellen wir uns vor, daß wir Gott beeinflussen müßten? Gott tut alles — weit davon entfernt, unseren freien Willen beeinträchtigen zu wollen —, um uns und den geliebten Menschen beizustehen auf dem Weg zur inneren Heilung und zur Freiheit.

So lange dies auch dauern und so schwer es sein mag: Wir müssen die unglaubliche Tatsache akzeptieren, daß der Preis bereits gewonnen ist und daß alles, was wir tun müssen, darin besteht, offen zu werden und ihn entgegenzunehmen.

Heute ermesse ich die Liebe, die ich für meine Familie empfinde, und habe Freude im Wissen, daß sie noch mehr durch Gott geliebt werden.

Der Schmerz ist kurz und die Freude ewig.

Johann Schiller

Der Schmerz kann ein Lehrmeister sein. Und wie viele andere Lehrmeister, verdient er mehr Aufmerksamkeit, als sie ihm manchmal zuteil wird. Wir können uns so sehr an den Schmerz gewöhnen, daß wir ihn ignorieren. Schlimmer jedoch ist es, wenn er derart alltäglich wird, daß wir ihn nicht einmal mehr als Schmerz erkennen.

Viele von uns, die voller Schuldgefühle sind, wissen nicht, daß niemand ständig Schmerzen hat. Wir können uns einfach nicht vorstellen, daß der Schmerzzustand nicht gleichbedeutend ist mit unserem Leben — oder daß es nicht normal ist, schlecht behandelt zu werden.

Aber der Schmerz hat eine Botschaft. Er sagt uns, daß etwas nicht in Ordnung ist, daß wir uns anders verhalten müssen, daß das, was uns verletzt, genau ausfindig gemacht werden muß. Es ist nicht normal, sich die ganze Zeit über einsam, ängstlich, wütend oder verloren zu fühlen. Wenn wir auf diese Weise unser Leben zubringen, müssen wir mit einem Freund sprechen, uns in die Lektüre vertiefen, meditieren — oder was auch immer notwendig ist, um die Türen unseres Geistes aufzureißen: bis wir verstehen, daß der Schmerzzustand nicht die Regel sein sollte. Er muß es auch nicht sein. Und mit der Hilfe unserer Höheren Macht und unserer Weggefährten in der Gemeinschaft wird der Schmerz nicht mehr die Regel sein!

Ich bin bereit, mich um Hilfe zu bemühen, wenn ich sie brauche. Nicht länger akzeptiere ich die Hoffnungslosigkeit als eine Lebensart.

27. August

Woher kommt all die vorgetäuschte Liebe? Von den anderen oder von mir? Mel K.

Je wertvoller ein Schatz ist, desto mehr falsche Stücke entstehen in seinem Umkreis. Und was ist ein größerer Schatz als die Liebe?

Von der unechten Liebe gibt es mehr als genug, und jede Spielart ist hohl in ihrem Kern. Einige sind einfach pure Irreführung: Wenn du mich liebst, wirst du für mich lügen, für mich betrügen, anderswohin schauen und mich alles tun lassen, was ich will. — Einige Fälschungen sind feiner, raffinierter: Wenn du mich liebst, wirst du mir schmeicheln, über alle meine Witze lachen, teure Geschenke für mich kaufen und niemals meine Gefühle verletzen.

Die wahre Liebe ist so schwierig, daß ihre Surrogate anziehender erscheinen mögen. Die echte Liebe gründet auf Vertrauen; die falsche nicht. Die echte Liebe wagt den Versuch. Wie oft denken wir daran, etwas zu sagen, zu tun oder zu schreiben, um unsere Liebe auszudrücken. Aber meistens tun wir es nicht, weil wir uns vor den Konsequenzen fürchten. Die anderen denken vielleicht, wir seien verrückt; sie können uns vielleicht nicht verstehen. Kurzum: Wir haben kein Vertrauen. Aber ihre Fähigkeit, zu verstehen und zu vertrauen, ist nicht das Problem — sondern wir machen eines daraus.

Heute will ich in meinem Herzen nach falschen Vorstellungen von der Liebe suchen. Ich werde anfangen, mich darauf vorzubereiten, anderen die Gabe des Vertrauens zu schenken.

Gesegnet sind jene, die geben können, ohne sich zu erinnern, und nehmen, ohne zu vergessen.
Melvin Schleeds

Mensch sein heißt, sowohl Gebender als auch Nehmender sein. Jeder, der lebt, ist beides. Wir geben der Welt eine Ordnung, geben die Früchte unserer täglichen Arbeit und Anstrengung, die Gnade unseres Daseins. Jedes Lächeln, jedes tröstliche Wort, jede Versuchung, der wir widerstehen, und jeder Schweißtropfen bei unserer Arbeit ist ein gültiger Beitrag — egal, wie winzig er ausfällt — zur Steigerung der menschlichen Lebensqualität. Jedes Mal, wenn wir Nahrung zu uns nehmen, die ein anderer angebaut, Kleider tragen, die ein anderer genäht, oder ein Treffen besuchen, das ein anderer organisiert hat — sind wir Nehmende.

Der zentrale Punkt beim Geben und Nehmen ist nicht das *Ob*, sondern das *Wie*. Was ist unsere Einstellung? Betrachten wir das Geben nur als eine Aufgabe, die wir mehr oder weniger erfüllen? Sind wir dankbar für das, was wir nehmen? Wenn wir erkennen, daß unser Leben Teil eines größeren Ganzen ist, entfliehen wir der Einsamkeit, der Isolation, und entdecken eine neue Bedeutung in dem Wort: Mit-teilen.

Heute feiere ich die Tatsache, daß mein Leben in die menschliche Ordnung integriert ist. Ich bin nicht »anders als«; ich bin genauso notwendig wie jeder andere Mensch.

29. August

Wir machten eine Liste aller Personen, denen wir Schaden zugefügt hatten, und wurden willig, ihn bei allen wiedergutzumachen.

Achter Schritt des AA-Programms

Bei unserer Suche nach körperlicher, geistiger und seelischer Gesundheit erkennen wir, daß Ressentiments innere »Herzattacken« auslösen. Ein Herz, das beladen ist mit Groll, ist ein gefährdetes Herz.

Der Achte Schritt stellt ein Mittel gegen diesen Groll zur Verfügung. Er sagt uns, daß wir innerlich bereit werden sollen für die Wiedergutmachung. Er sagt, daß wir als erstes willens sein sollen, das Unrecht, das wir anderen angetan haben, einzugestehen.

Wenn wir von diesen Personen eine Liste machen, wenn wir ihre Namen und die Gründe, warum wir sie aufgeschrieben haben, Revue passieren lassen, blicken wir auf den wahren Weg zu unserer inneren Befreiung. Die Scham- und Schuldgefühle, die immer mit dem Groll verbunden sind, waren zu lange eine Last. Sie haben uns das Herz schwergemacht und unsere Selbstachtung zerstört.

Unsere Pflichten gegenüber den Personen auf der Liste sind noch nicht erfüllt. Im Achten Schritt tun wir, für den Augenblick, nichts anderes als an der inneren Bereitschaft zu arbeiten, jene Menschen zu erreichen und den zugefügten Schaden wiedergutzumachen.

Ich lerne zu erkennen, was ich selbst zu meinem eigenen Kummer beitrage. Ich bin bereit, das Unrecht, das ich anderen zugefügt habe, wiedergutzumachen.

Das Leben ist kein Problem, das gelöst, sondern eine Wirklichkeit, die erfahren werden muß.

Sören Kierkegaard

Probleme sind oft unsere Lehrmeister. Im Maß, wie wir fortschreiten auf dem Weg zu uns selbst, schätzen wir allmählich die Lektionen, die wir durch unsere Probleme gelernt haben. Aber wenn wir aus allem ein Problem machen, kann das, seltsam genug, selbst ein Problem sein. Es kann zur Sucht und zur Flucht vor dem Leben werden.

Was passiert, wenn der ergiebigste Dialog erst dadurch entsteht, daß wir unsere Probleme mit den Freunden teilen? Was, wenn wir nur dann innere Stärke ausgeprägt empfinden, wenn wir mit Schwierigkeiten ringen? Was, wenn wir uns inmitten von Problemen derart wohl fühlen, daß wir in einigen herumrühren, sobald sie uns auszugehen drohen? (Wir sollten darüber nicht lachen. Viele von uns tun genau das.)

Wenn wir aus jedem Umstand ein Problem machen, haben wir vielleicht das Gefühl, etwas zustande zu bringen — aber das Leben wird dadurch gewiß schwerer, als es sein müßte. Die Hochstimmung, die aus der Verwicklung in innere Kämpfe resultiert, ist nicht die einzige, die es gibt. Wir sind fähig, auf direktere, freudigere Art Verbindungen herzustellen und gute Gefühle zu empfangen.

Ich will mein Leben nicht durch meine Probleme definieren. Ich will mich daran erinnern, daß der Kampf nur ein Teil des Lebens ist — nicht das Leben selbst.

31. August

Sich mit Worten entschuldigen ist nicht das gleiche, als wenn es durch Taten geschieht. Laura J.

Das alte chinesische Sprichwort: »Wenn man nur redet, wird der Reis nicht gekocht« unterstreicht einen wichtigen Grundsatz geglückter menschlicher Beziehungen. Es kommt auf den Unterschied an zwischen Reden und Handeln. Die Menschen können jeden Tag oder zehnmal am Tag sagen, daß ihnen etwas leid tut. Aber der Beweis ihres Bedauerns zeigt sich daran, was sie tun, um den Kreislauf zu durchbrechen, der zuerst überhaupt das Leid verursachte.

Gewiß streben wir danach, verständnisvolle Menschen zu werden. Es ist bewundernswert und heilsam, alles Mögliche zu tun, um den anderen Menschen zu begreifen.

Aber dieses Verstehen darf nicht benutzt werden als Entschuldigung für unannehmbare Verhaltensweisen. Es kann sein, daß die Botschaft, die eigentlich gefordert ist, lautet: »Hör auf, mir dauernd zu sagen, daß es dir leid tut, und fang an, die Scherben wieder zusammenzufügen. Sprich nicht davon; zeig es mir!«

Kein menschliches Wesen kann Verständnis für alles aufbringen. Wir müssen uns daran erinnern, daß ein Verstehen ohne Verantwortungsgefühl nur eine Entschuldigung dafür ist, etwas nicht zu tun.

Heute will ich meine Beziehungen daraufhin untersuchen, ob der eine sich für den anderen verantwortlich fühlt. Ich werde genau nach solchen Entschuldigungsmustern suchen, auf die keine Taten folgen.

September

1. September

Herr: Du gibst uns alles um den Preis des Bemühens. Leonardo da Vinci

In jedem Lebensbereich ist es notwendig, die Balance zu halten. Mit dem Verständnis der Rolle Gottes, die er in unserem Leben spielt, ist es nicht anders. Wir können uns zum Beispiel vorstellen, daß wir nichts zu tun brauchen, daß Gott alles für uns tun wird. Nötig ist nur, daß wir ihn bitten, uns dann zurücklehnen und der Wunder harren, die da kommen werden.

Im anderen Extrem nähern wir uns der Wirklichkeit so, als würde es wirklich keinen Unterschied machen, ob Gott existiert oder nicht. Einige von uns denken, daß alles, was geschieht, die Frucht unserer Arbeit ist — wenn überhaupt etwas geschehen wird. So kämpfen wir uns mit der eigenen Kraft mühsam voran und unterstellen, daß sie uns schon helfen wird, durchzukommen.

Dazwischen befindet sich jene Auffassung, die die Balance hält und die besagt: Gott ist in der Tat ein bereitwillig und großzügig Gebender, der uns schon viele Geschenke vor die Tür gelegt hat. Unsere Aufgabe ist es nun, die Arbeit zu tun, die es uns ermöglicht, diese Tür zu öffnen. — Es ist schwer, sich jemanden vorzustellen, der begabter ist als der hervorragende da Vinci. Gott stattete ihn mit großen Talenten aus. Aber wir müssen auch daran denken, daß da Vinci oft achtzehn Stunden am Tag gearbeitet hat.

Ich akzeptiere die Tatsache, daß ich eine Menge täglicher Arbeit tun muß. Ich will meinen Teil tun und darauf vertrauen, daß Gott das Seine ebenfalls tut.

Alle Berge und Hügel sollen erniedrigt werden, und was uneben ist, soll gerade, und was hügelig ist, soll eben werden. Jesaja 40,4

Der Prozeß der Selbstfindung kann mit der Besteigung eines Hügels verglichen werden. Und wie bei allen Fertigkeiten ist es auch hier so, daß wir besser werden, je mehr wir üben. Im Verlauf dieses Prozesses kommt eine Zeit, da wir einen Hügel erblicken, der uns früher im Innern hätte erbeben lassen oder überhaupt zur Aufgabe gezwungen hätte. Aber indem wir jene Fähigkeiten anwenden, die wir uns durch die Arbeit an einem vernünftigen und konsequenten Programm angeeignet haben, können wir ihn spielend leicht erklimmen.

Als wir mit dem Programm begannen, wurden wir gefragt, ob wir bereit seien, alles zu tun, um uns von den inneren Zwängen zu befreien. Im Maß, wie wir uns entfalteten und ein positives Verhalten förderten, wurden allerlei Dinge möglich, die zu einem früheren Zeitpunkt undenkbar gewesen wären. Im Rahmen des Programmes sagt man uns oft, daß »die beste Art, einen Elefanten zu verspeisen, darin besteht, einfach jeweils nur einen Bissen zu sich zu nehmen«. Wir müssen nicht alles auf einmal machen. Jede Form von innerer Heilung erfolgt Schritt für Schritt.

Jetzt können wir auf den Hügel vor uns schauen und ihn einfach annehmen als ein weiteres Hindernis, das überwunden werden muß — und nicht als einen riesigen Berg.

Ich bin erstaunt und ermutigt angesichts der Fortschritte, die ich bereits erzielt habe. Die Herausforderungen des heutigen Tages schüchtern mich nicht ein.

3. September

Weniger ist mehr. Robert Browning

Menschen, die ihr inneres Kind nie ausleben durften, handeln oft zwanghaft. Warum? Jagen wir jetzt, vielleicht Jahrzehnte später, immer noch der Anerkennung und Zustimmung hinterher, die uns niemals zuteil wurden? Sehen wir uns selbst hierhin und dorthin rennen, wie wir unmöglich zu lösende Aufgaben angehen und wirklichkeitsfremde Lasten auf uns nehmen? Warum? Versuchen wir, hinter den Schleier der Vergangenheit zu gelangen, um das zu bekommen, was nie da war? Kann die Belohnung, die wir suchen, nicht ausschließlich in der Gegenwart gefunden werden?

Wir müssen genügend zur Ruhe kommen, um nachzudenken, bevor wir handeln. Ehe wir ja sagen, müssen wir darauf achten, was genau verlangt wird. Wir müssen uns entscheiden, ob es das ist, was wir tun wollen, ob es gut für uns ist und ob wir Zeit haben. Daß etwas getan werden muß, heißt noch lange nicht, daß wir es tun müssen oder daß es ohne uns nicht getan würde.

Unsere Geschäftigkeit ist größtenteils sinnlos. Oft ist es nötig, weniger zu tun, nicht mehr.

Ich kann mein Leben vereinfachen und meine Last erleichtern, wenn ich ganz realistisch entscheide, was ich tun möchte und wozu ich Zeit habe.

Sie glaubten daran, daß sie es schaffen würden — und sie schafften es. Auch ich glaube, daß ich es schaffen kann. Lou O.

Manchmal scheint es so, als sei die Arbeit an uns selbst Herausforderung genug — die Arbeit an unseren Beziehungen mag dann mehr sein, als wir zu bewältigen imstande sind. Wir sind entmutigt, sobald wir sehen, daß die Fähigkeiten, die eine Beziehung am Leben erhalten und voranbringen, genau die sind, die wir nie erlernt haben — wie etwa: Vertrauen haben; sich die eigenen Gefühle und Bedürfnisse bewußt machen; andere um das bitten, was man braucht; zum Ausdruck bringen, wie wir uns fühlen. Die Dinge, die wir nicht beherrschen, machen eine ganze Liste aus. Wir können sie betrachten, dann uns selbst, dann unseren Partner — und zu dem Schluß kommen, daß wir keine Chance haben.

Aber dann denken wir erneut nach. Wir erinnern uns der Fähigkeiten, die wir gelernt haben, seit wir mit unserem Programm begonnen haben. Wir rufen uns einige der Geschichten zurück, die von Heilung sprechen und die wir bei Gruppensitzungen hörten. Wunderbare, aufregende Geschichten von Menschen, die niemals sich ausdrücken konnten — aber lernten, es zu tun; Menschen, die normalerweise keinen vertrauten Umgang kannten, wenn sie mit anderen konfrontiert waren und zurückschreckten — die aber nun ein Buch über dieses Thema schreiben könnten. Fähigkeiten eignet man sich an. Lernen braucht Zeit. Wir wollen am Ball bleiben.

Heute bitte ich um Geduld für meine Grenzen und um Vertrauen in die grenzenlosen Vorteile des Programms, wie es in meinem Leben wirksam wird.

5. September

Denn wie er im Innern denkt, so ist er.
Sprüche 23,7

Worüber wir nachdenken, darüber sprechen wir. Und worüber wir sprechen, das bewirken wir. Früher oder später werden die Gedanken, die die Wirklichkeit vorwegnahmen, diese Wirklichkeit sein — zumindest, soweit wir das überhaupt wissen können.

Nehmen wir einmal an, jeder von uns hätte einen Cassettenrecorder, der, anstatt unsere Wörter, an einem ganzen Tag unsere Gedanken aufnimmt. Was würden wir hören, wenn wir das Band abspielen? Wären unsere Gedanken meistens auf die Ungerechtigkeiten des Lebens gerichtet und auf die geringen Möglichkeiten, die wir haben, je einen Fortschritt zu erzielen? Oder wären unsere Gedanken positiv, anerkennend und voller Hoffnung für uns selbst und unsere Welt?

Gute Gedanken bringen gute Dinge hervor. Wenn wir hinsichtlich der Güte des Lebens nachdenken, sehen wir das Gute, bringen wir das Gute zum Ausdruck — und das Gute wird allmählich zu einem Teil unseres Lebens werden.

Ich will jeden Tag die Qualität meiner Gedanken prüfen.

Wer mitfühlend liebt, liebt am besten.

Ellen Anne Hill

Wirklich im Glück ist derjenige, der von mitfühlenden Menschen geliebt wird. Wirklich schwer haben es die vielen, die »geliebt« werden von starren Grenzen, vorschnellen Urteilen und einem kaum ausgeprägten Gefühl von Menschlichkeit.

Wir alle tragen einen persönlichen Kampf aus, wir alle haben Narben davongetragen, und wir alle werden verwirrt durch Widersprüche und inkonsequentes Verhalten. Menschlich sein heißt: fehlbar sein. Mitgefühl heißt der Zustand, wo man Kontakt hat zur strahlenden, schönen und doch fehlbaren Natur des Menschen.

Mitfühlende Menschen sind imstande, das Gold unter dem Metall zu sehen. Sie sind fähig, das Bemühen hinter dem gelegentlichen Mißerfolg zu erkennen. Sie können die gute Absicht hinter dem Fehler entdecken.

Wir alle haben Fehler gemacht, Leid erfahren und gelernt, gesund zu werden. Wo wären wir — wenn die Wunden frisch sind — ohne das Mitgefühl der anderen?

Ich bin mir bewußt, daß das Leben für jeden schwierig ist. Heute will ich besonders sensibel und liebenswürdig sein.

7. September

Nur Gott ist für jede Bitte empfänglich.

James Russell Lowell

Der Ausspruch: »Es wird einem nichts geschenkt« trifft sicherlich auf die meisten Dinge zu. Wenn wir Blumen um uns haben möchten, müssen wir sie pflanzen. Wenn wir einen Preis herbeisehnen, müssen wir ihn gewinnen. Wir erhalten nichts, das wir uns nicht verdient und für das wir nicht bezahlt haben — außer der einen Sache, die am wichtigsten ist: Gottes Freundschaft und Liebe.

Gott allein kommt — gemäß der Vorstellung, die jeder von Seiner Gegenwart hat — freimütig und bedingungslos zu jedem, der sein Herz öffnet. Der Mensch auf der untersten Sprosse der gesellschaftlichen Leiter ist Gott willkommen. Die göttliche Gabe steht jederzeit dem zur Verfügung, der um sie bittet.

Warum ermüden wir uns selbst, indem wir allerlei Kinkerlitzchen und vordergründiger Anerkennung hinterherjagen, während die ganze Zeit, gerade vor unserer Nase, die Macht und die Liebe anwesend ist, die alle Dinge möglich und wertvoll macht?

Ich will bestimmen, was an jedem Tag wichtig ist und was nicht; aus dieser Einsicht werde ich meine Entscheidungen ableiten.

Wir können nicht alles auf einmal tun, aber wir können etwas sofort tun. Calvin Coolidge

Die großen Sprünge werden oft über einen längeren Zeitraum gemacht — ein Schritt folgt dem anderen. Schon die kleinste Aktion, unternommen zugunsten der inneren Heilung, kann genau der Impuls sein, der noch für einen weiteren kleinen Schritt benötigt wird, dann für noch einen, bis wir einen großen Satz nach vorn getan haben.

Viele von uns schrecken vor der langsamen, stetigen Methode zurück. Wir wollen sofort den großen Sieg, und alles auf einmal. Wir wollen nicht arbeiten, um dorthin zu *kommen,* wir wollen dort *sein.* Für viele von uns ist dieses Bedürfnis, alles zu haben, alles auf einmal zu haben, in fast ihrem ganzen Leben zum Problem geworden. Nun besitzen wir die Gelegenheit, an einem Programm zu arbeiten, das die Beständigkeit betont, die Ausdauer, die Geduld. Wenn wir unsere Ungeduld als Hindernis auf dem Weg zu uns selbst begreifen, sind wir besser imstande, uns an jedem winzigen Schritt, den wir tun, zu erfreuen. Unser ungeduldiges Wesen hat sich nach sofortiger Heilung gesehnt, doch unser Programm zur Selbstfindung unterstützt eine ruhige, gleichmäßigere Annäherung an unser Inneres. Wir wollen jetzt voranschreiten — beständig, sicher, ohne uns um die Langsamkeit zu kümmern —, ehe wir aufhören, kleine Schritte zu unternehmen, aus denen die großen Sprünge bestehen.

Heute will ich mich prüfen und sehen, ob ich geduldig gewesen bin mit mir selbst und mit der herrlichen neuen Welt, an der ich baue.

9. September

Die Antwort von gestern hat nichts zu tun mit dem Problem von heute. Stu B.

Als kleine Kinder lernten viele von uns, sich abzukoppeln vom Schmerz, anstatt mit ihm verbunden zu bleiben. Wir sonderten uns ab vom nahen Geschehen, um zu überleben. Mit der Zeit ergab es sich dann so: Wir wurden einsam.

Nachdem wir die Brücke zwischen uns und den anderen buchstäblich eingerissen haben, erkennen wir nun, daß wir festsitzen. Die Absonderung, die dafür gedacht war, jeden von uns fernzuhalten, hält auch jeden davon ab, an uns heranzukommen.

Wir müssen die Brücke wieder aufbauen. Wir Menschen brauchen — wie Inseln — Wege, um über all das trennende Wasser blicken zu können, um die Hand auszustrecken und eine andere zu berühren. Verbindungen herzustellen ist die einzige Möglichkeit. Wenn wir einander nicht singen und weinen hören, wenn wir uns bei Mißerfolgen nicht gegenseitig Trost spenden und die Siege des anderen nicht bejubeln können, lassen wir das Beste aus, was das Leben zu bieten hat. Die einzig wahre Tat findet auf jener Brücke statt, die die Menschen miteinander verbindet.

Heute bitte ich meine Höhere Macht um Mut, eine neue Brücke zu bauen.

Der Mensch, der keine Fehler macht, macht in der Regel überhaupt nichts. Edward Phelps

Manchmal führt unsere Angst vor Fehlern dazu, daß wir gar nichts mehr tun. Manche, die das Kind in sich nicht entwickelt haben, fürchten sich so sehr vor dem in der Vergangenheit erfahrenen Tadel und der Zurücksetzung, daß sie immerzu zögern, um ja kein Wagnis einzugehen.

Aber ein kalkuliertes Risiko ist notwendig, um unser Leben zu verbessern. Wir können lernen, mögliche Gewinne genauso zu sehen wie mögliche Verluste, sobald wir mit einer Situation konfrontiert sind, wo wir etwas wagen müssen. Wenn wir imstande sind, beides zu sehen, können wir eine klarere, weniger ängstliche Entscheidung darüber zu treffen, was zu tun ist.

Langsam, je nachdem, wie wir auf dem Weg zu uns selbst vorankommen, begreifen wir das Risiko nicht als eine Einladung ins Unglück, sondern als eine Gelegenheit, innerlich zu wachsen. Gemeint ist hier ein Wachstum, das nicht einfach auf Geschäfte und Geldgewinn bezogen ist, sondern auf die Entdeckung neuer Abenteuer. Wenn unsere Fähigkeit, das Leben zu genießen, größer wird, entdecken wir seinen Reiz — und die erregende Erfahrung, daß wir in der Tat fähig sind, mit ungewohnten Situationen fertigzuwerden und sie zu überwinden.

Ich will mir all der möglichen neuen Abenteuer bewußt sein, die auf mich warten, wenn ich nur bereit bin, ein sinnvolles Risiko auf mich zu nehmen.

11. September

Die Hand, die die Peitsche schwingt über unserem Kopf, ist meistens unsere eigene. Harvey Eagan

Wir müssen lernen, so geduldig mit uns selbst zu sein, wie Gott es mit uns ist. Das ist eine hohe Anforderung für Menschen, die es in ihrer Kindheit allen recht machen mußten und die, beinahe definitionsgemäß, in ihrem Innern keine Unvollkommenheit dulden können. Anstatt der Mahnung: »Sei perfekt, und zwar sofort« Folge zu leisten, müssen die meisten von uns viel weniger kritisch mit sich selbst umgehen. Wir haben es nötig, uns eine Ruhepause zu gönnen.

Wenn wir es uns selbst nachsehen, daß wir menschlich sind, handeln wir so wie Gott uns gegenüber. Gott weiß, wer und was wir sind. Er erwartet keine Perfektion. Wir sind diejenigen, die das tun.

Zugleich die Rolle des Zuchtmeisters und des Prügelknaben zu spielen, überfordert jeden. Es ist dies ein Beispiel einer klassischen Konfliktsituation, aus der es keinen Ausweg zu geben scheint und die so viele Menschen mit einer gestörten Beziehung zur eigenen Kindheit quält.

Wir müssen lernen, weder Tyrann noch unterwürfiges Opfer zu sein. Die Aufgabe besteht darin zu lernen, gesunde Grenzen zu setzen — und daß wir, weil wir besondere Menschen mit dem Anspruch auf wunderbare Dinge sind, uns selbst nicht schlecht behandeln dürfen durch unrealistische Erwartungen, oder indem wir unsere Erfolge schmälern.

Heute will ich meine Erwartungen prüfen und meine Erfolge feiern.

Ein Irrtum, mit Würde zugegeben, ist ein errungener Sieg. Caroline Gascoigne

Nicht nur ist Irren menschlich, es ist unvermeidlich. Es gibt keinen vollkommenen Menschen — aber es gibt Menschen, die aus ihren Fehlern lernen. Zum größten Teil entwickeln wir uns *aufgrund* der Fehler weiter, die wir gemacht haben — nicht *trotz* ihrer.

Wir, mit unschönen Kindheitserlebnissen beladen, neigen dazu, unsere Fehler hinter Selbsttäuschungen und Verleugnungen zu verstecken. Anstatt uns mit diesem menschlichsten aller Wesenszüge zu identifizieren, haben wir eine Menge Schwierigkeiten, uns selbst die wie bei jedem anderen vorhandenen Schwächen zu gestatten. Warum? Weil wir immer noch versuchen, uns vor gefährlichen Situationen zu bewahren — vor Situationen, die meistens gar nicht mehr existieren.

Besonders für uns bedeutet das würdevolle Eingeständnis eines Irrtums einen Sieg auf höchster Ebene. Nicht nur ist das eine reife, vernünftige Handlung — es ist ein weiterer, riesiger Schritt weg von der erniedrigenden Fessel der Vergangenheit.

Ich will meine Fehler zugeben, wenn sie mir unterlaufen, und mich bemühen, herauszufinden, was ich aus ihnen lernen kann.

13. September

Ich bat Gott um neue Augen und Ohren.

Eleanor K.

Es ist möglich, daß wir Millionen für wohltätige Zwecke spenden und doch keine Nächstenliebe empfinden. Es ist möglich, daß wir alle Gedichte in der Bibliothek lesen und nicht fähig sind, einen einzigen poetischen Gedanken zu würdigen. Es ist möglich, daß wir alle großen Gemälde der Welt betrachten und doch keine Schönheit entdecken.

Wenn unser Leben von emotionaler und spiritueller Armut bestimmt wird, liegt das Problem nicht dort *draußen,* sondern hier *drinnen.* Früher erlittene Verluste dafür verantwortlich zu machen, führt zu nichts. Viele begünstigte Menschen sitzen im gleichen Boot wie wir. Und viele frohe Seelen, mit entsetzlichen Nachteilen belastet, die wir niemals eintauschen würden, stoßen auf wunderbare, entzückende Dinge, wohin sie auch schauen.

Worin liegt der Unterschied? Die Welt, in der sie leben, ist dieselbe wie unsere, und doch nehmen sie anders an ihr teil. Sie haben aufgehört, nur darauf zu hoffen, ein schönes Lied zu hören, und haben angefangen, selbst eines anzustimmen. Sie gehen mit ihrer eigenen Besonderheit richtig um, die sie wiederum verbindet mit all den Besonderheiten anderer Menschen. Wir besitzen schon alles, was wir brauchen, um froh zu sein. Die Qualität dessen, was zwischen der Welt und uns geschieht, hängt ab von der Entwicklung in unserem Innern.

Heute bitte ich meine Höhere Macht um ein sicheres Gefühl für meine eigene Besonderheit.

Gott hat dem Menschen seine Freiheit geschenkt unter der Voraussetzung, daß er wachsam sei.
John Philpot Curran

Diese gewisse Art, von allem — uns selbst eingeschlossen — schlecht zu denken, ist so unausrottbar wie Unkraut. Sie kehrt fast im gleichen Augenblick zurück, da wir sie auszutreiben versuchen. Dennoch sollten wir nicht überrascht sein — selbst wenn wir bei der Arbeit am Programm unsere Fähigkeiten ganz ausschöpfen —, auf Gedanken voller Selbstmitleid, Groll, Neid und Haß zu stoßen, die wieder und wieder auftauchen. Solche Gefühle und Einstellungen werden nicht freiwillig verschwinden. Wie Unkraut sind diese alten Denkmuster lebendig und tief verwurzelt.

Um sie nicht aufkommen zu lassen, bedarf es auch der Hartnäckigkeit. Die Bereitschaft, unaufhörlich an ihnen zu arbeiten, ist der Schlüssel. Weder ist ihre sofortige Beherrschung möglich, noch ihre endgültige, absolute Beseitigung. Weil wir menschlich sind, werden unsere Gedanken immer ein wenig unberechenbar und desorganisiert sein; unsere Gefühle werden in manchen Augenblikken übertrieben und für andere unangemessen sein. Die Perfektion unterliegt nicht unserer Wahl — egal, wie sehr wir uns auch daran versuchen.

Aber wir können behutsam eingreifen. Großartige Gärten sind nicht nur schön, weil die Blumen so leuchten — sie sind schön, weil jemand über das Unkraut wacht.

Ich will mich nicht entmutigen lassen durch die Hartnäkkigkeit meiner alten Vorstellungen. Ich bin bereit, mich täglich um meine inneren Angelegenheiten zu kümmern.

Schreitet man zuversichtlich voran in der Richtung seiner Träume und bemüht sich, das Leben zu führen, das man sich vorgestellt hat, dann wird man einen Erfolg erleben, der in gewöhnlichen Stunden unvorstellbar war. Henry David Thoreau

Wir können zu jeder bestimmten Zeit nur soundsoviel tun. Und das ist genügend. Während in unserem Leben Höhen und Tiefen sich abwechseln, finden wir uns manchmal in schrecklichen Situationen vor, die von destruktiven Partnerbeziehungen bis zu finanziellem Chaos reichen. Die Art unseres Verhaltens hängt davon ab, wie wir gehandelt haben, ehe das Problem kritisch wurde. Haben wir da ständig an uns gearbeitet? Haben wir, Tag für Tag, genug innere Stärke aufgebaut, um mit der Situation zurechtzukommen?

Ehe der Prozeß unserer Selbstfindung begann, betrachteten wir Krisen als etwas, über das wir keine Macht besitzen. Wir neigten dazu, uns in selbstmitleidige Gefühle und Einsamkeitsängste zurückzuziehen. Jetzt wissen wir, daß es Hoffnung gibt und Hilfe in Gestalt der Menschen, mit denen wir sprechen, daß es Grundsätze gibt, die wir anwenden können, und winzige kleine Schritte, um den Weg durch den dunklen Tunnel zu gehen, bis wir wieder das Licht erreichen. Wir wissen, daß wir es schaffen können, weil wir sozusagen Gewichte gestemmt haben — im Geist und im Gefühl — durch das tägliche Praktizieren des Programms.

Ich will die kleinen Dinge tun, die zählen, und dabei gewaltige Kraftreserven anlegen für jenen Tag, an dem ich solche Kräfte brauche.

Die Ursache liegt im Verborgenen, aber das Ergebnis ist bekannt. Ovid

Ursachen bringen Wirkungen hervor. Für das menschliche Verhalten gilt: Wir bekommen das zurück, was wir vorher getan haben. Wenn wir viel herumschreien und unsere Fäuste ballen, erleben wir, daß es immer weniger Menschen gibt, die in unserer Nähe sein möchten. Wenn unser Tun darin besteht, uns zurückzuziehen und zu verstecken, erfahren wir die Einsamkeit und bekommen das immer stärkere Gefühl, daß wir nicht liebenswert sind.

Wenn wir uns mit Menschen einlassen, die zu selbstsüchtig oder zu kaputt sind, um ihren Teil in einer liebevollen Beziehung zu erfüllen, haben wir — vielleicht wieder und wieder — nichts als Kummer. Andererseits aber ist es so, daß, wenn wir uns darauf konzentrieren, gesündere und großzügigere Menschen zu werden, wir die echte innere Bereitschaft erlangen für eine Beziehung, die funktionieren kann. Und wenn wir beständig an unserem Programm arbeiten, wird uns Freude dadurch zuteil, daß wir im Innern genesen.

Anstatt uns über die Auswirkungen unseres Verhaltens zu beklagen, könnten wir unsere Zeit besser damit verbringen, daß wir das Verhalten selbst näher betrachten. Wir haben wirklich die Wahl.

Heute will ich nicht nach Äpfeln am Zitronenbaum suchen. Wenn ich Äpfel möchte, werde ich einen anderen Baum kaufen müssen.

17. September

Strebe nach Gerechtigkeit! Dorothy L.

Es ist gesagt worden, daß wir schließlich und endlich das erreichen, worauf wir abzielen. Deshalb spricht der Volksmund davon, daß man sich hohe Ziele stecken muß, wenn man erfolgreich sein will, daß man das Ziel nicht aus den Augen verlieren darf, und so weiter.

Von Zeit zu Zeit ist es nützlich, sich selbst die Frage zu stellen, worauf man seine Gedanken und Energien richtet. Während wir vielleicht von hochfliegenden Plänen erzählen, verrät unser Tun oft etwas anderes, das der Erde ein gutes Stück näher ist.

Für viele ist der schleichende Groll darüber, was uns an Ungerechtigkeiten widerfahren ist, zur bestimmenden Größe geworden. Natürlich waren die Dinge nicht gerecht. In Wahrheit hätten wir zwar etwas Besseres verdient, aber Tatsache ist, daß wir es nicht bekommen haben. Was passiert also mit all diesem Groll? Er zermürbt uns, indem er von uns Besitz ergreift, indem er uns frühere Vorkommnisse wieder und wieder durchleben und uns phantasieren läßt, wie manche Sache anders hätte ausgehen können.

Gestern erhielten wir, was die anderen uns gaben. Heute erhalten wir, was wir uns selbst geben. Wenn wir schließlich das erreichen, wonach wir streben, könnte es sein, daß es nicht das schlechteste unserer Ziele war, nach Gerechtigkeit für uns selbst und für andere zu streben.

Heute will ich in meiner eigenen Welt Ausschau halten nach Ungerechtigkeiten. Ich werde das mir Mögliche tun, um zur Fairness beizutragen.

Wirf nie mit Schmutz um dich. Es kann sein, daß du dein Ziel verfehlst. Und gewiß wirst du dann schmutzige Hände haben. Joseph Parker

Es gibt vielerlei Arten, mit Schmutz um sich zu werfen. Genau das tun wir, wenn wir Ärger und Haß in unsere eigene Vergangenheit schleudern, unsere Gegenwart mit Wahnvorstellungen und Verleugnungen besudeln oder mit negativen Einstellungen und Selbstmitleid gegen unsere Zukunft vorgehen.

Natürlich haben wir das Recht, das zu tun, wenn wir es wollen. Wir können uns im Dreck wälzen, bis dieser Zustand uns so normal erscheint, daß wir den Unterschied nicht mehr kennen. Gewöhnlich weiß dann niemand, was wir damit bezwecken, und wir selbst sind überzeugt, daß allein solches Verhalten der Wirklichkeit angemessen sei.

Aber wir sind diejenigen, die mit dem Schmutz an den Händen leben müssen. Er stört nicht die Leute, gegen die wir Groll hegen; sie sind vielleicht gar nicht mehr am Leben. Und die Menschen, mit denen wir leben, haben sogar noch weniger damit zu tun. Wenn wir den Schmutz suchen, werden wir ihn finden. Und er wird allein uns gehören.

Ich weigere mich, mir selbst zu schaden dadurch, daß ich mich mit negativen Gedanken und Wünschen trage.

19. September

Wenn ich verstehen will, was heute geschieht, oder zu bestimmen versuche, was morgen geschehen wird — dann schaue ich zurück.

Oliver Wendell Holmes

Einige von uns, die es in ihrer Kindheit schwer hatten, müssen sich erst einmal von ihren Eltern lösen, bevor sie hoffen können, eine gesunde eheliche Beziehung zu entwickeln. Die Gefahr ist, daß das neue Zuhause und die Familie, die wir zu gründen beabsichtigen, sich vielleicht überhaupt nicht als neu erweisen, sondern als Fortführung der Verhältnisse, in denen wir aufwuchsen.

Bevor wir nicht bedeutsame Veränderungen herbeiführen, spiegelt unser Eheleben genau jenes Leben, das wir am besten kennen — das unserer Eltern und unser eigenes in Beziehung zu ihnen. Oft wählen wir Partner aus, die diesen familiären Wechselwirkungen entsprechen. Weil die alten Verhaltensweisen alles sind, was wir kennen, fahren wir automatisch damit fort, die Dinge so zu handhaben, wie wir es gelernt haben. Und: Fast genauso automatisch sind wir derart enttäuscht, daß wir das Handtuch werfen. Aber die Trennung von unserem Partner wird nicht jedes Problem lösen. Es kann gut sein, daß es unsere Eltern sind, von denen wir Abstand nehmen müssen, und die Verhaltensmuster, die wir uns in ihrem Zuhause angeeignet haben. Vielleicht müssen wir von Grund auf neu darüber nachdenken, was nötig ist, damit eine Beziehung funktioniert.

Ich will mir eine bessere Zukunft schaffen, indem ich heute verantwortlich handle.

Glaub nicht, daß das, was keiner sieht,
Auch ungesehen bleibt.

Henry Wadsworth Longfellow

Der Besuch, den wir jemandem abgestattet haben, obwohl wir beschäftigt waren, das Geschenk für einen anderen, das uns das Essensgeld kostete, die zusätzliche Runde, die wir auf dem Sportplatz laufen, das Gruppentreffen, zu dem wir gingen, obwohl wir zu müde waren — all das summiert sich. Jede Kleinigkeit, die wir tun, hat Konsequenzen. Manchmal erscheinen sie vielleicht so unwichtig wie die Handlung, die sie verursachte. Und doch ist jede ein bedeutender Beitrag zu dem, was wir sind, und dem, was wir sein werden.

Die kleinsten Handlungen bereichern oder schwächen unseren Charakter. Und es wird sichtbar, wer wir sind. Egal, wie unauffällig oder zurückgezogen etwas getan wird — es wird sofort transformiert in das Ich, das die ganze Welt zu Gesicht bekommt.

Eine mutige Tat in der Öffentlichkeit wurde zuerst im inneren Reich des Herzens vollbracht. Ein ausgesprochenes freundliches Wort war am Anfang ein freundlicher Gedanke. Und ein Schritt in Richtung unserer Heilung wurde zunächst in jenem Teil unseres Wesens erwünscht, den kein anderer je sieht.

Ich weiß, daß genügend kleine Schritte einen großen ergeben. Langsam und stetig voranzukommen ist gut genug für mich.

21. September

Oft ruft uns das Glück, aber wir sind zu beschäftigt, um zu antworten. Ellen H.

In ihrem Streben nach Glück sind viele Menschen zu beschäftigt, um das zu finden, was sie suchen. Häufig finden wir das Glück, das wir so verzweifelt begehren, in kleinen Dingen, von denen man kaum spricht. Wenn wir ihnen aber keine Aufmerksamkeit schenken, verfehlen wir sie.

Glück kann sich offenbaren in der Art, wie das Licht zwischen den Bäumen hindurchfällt oder wie die Herbstblätter zur Erde flattern. Glück kann in der Art liegen, wie unsere Kinder uns beim Namen rufen, oder im vertrauten Blick auf unser Heim, wenn wir zwei Häuserblocks weiter um die Ecke biegen. Glück durchwirkt die wertvollen Erinnerungen und unscheinbaren Andenken, die für uns von unschätzbarem Wert sind. Viele sind ganz entzückt von der Anwesenheit ihres Lieblingstieres, einfach durch die Art, wie es uns anschaut oder durch die unbedingte Liebe, die von ihm ausströmt. Für einige besteht das wahre Vergnügen darin, eine besonders geliebte Speise zu kosten.

Wir sind von Dingen umgeben, die bedeutsam und voller Wonne sein können. Die Frage ist: Werden wir lange genug ruhig und beschaulich sein, um sie zu genießen?

Der Prozeß der Selbstfindung enthüllt viele schöne Dinge, die mir vorher verborgen waren. Ich bin erstaunt über den Liebreiz, der mich umgibt.

Für die meisten von uns liegt die Schwierigkeit mit dem Gebot, unseren Nächsten so zu lieben wie uns selbst, darin, daß wir auch danach handeln.

Toni W.

Viele Menschen finden es schwierig, sich um andere so zu kümmern wie um sich selbst. Für uns jedoch ist das Problem ein ganz anderes.

Wir können nur das geben, was wir haben. Und die einzige Liebe, über die wir verfügen, ist die Liebe, die wir an uns selbst erlebt haben. Das ist unser Problem. Viele von uns haben gelernt, bei jeder Gelegenheit unnötige Scham zu empfinden, zu erwarten, daß sie verlassen werden, und die Welt durch eine dunkle Brille zu betrachten. Wir haben uns selbst nicht als ein der Liebe würdiges Gegenüber erfahren — nicht oft genug und nicht lange genug. Und so ist die Liebe, die wir uns selbst zukommen lassen, oft zaghaft, eingeschränkt, halbherzig und ausgesprochen knauserig. Viele sind nur solange imstande, sich selbst zu lieben, wie es nicht lästig wird oder anderen Schmerz bereitet.

Wenn wir wollen, daß wir anderen mehr geben können, müssen wir zuerst uns selbst mehr schenken.

Heute will ich daran denken, warum ich liebenswert bin. Ich werde diese Liebe in all meinen Handlungen zeigen.

23. September

Vergleiche sind abscheulich. John Fortesque

Am heutigen Tag ist man einfach der, der man ist — nicht mehr und nicht weniger. Das ist kein schlechter Ausgangspunkt für uns. Es ist nicht deprimierend, das zu erkennen, oder unerträglich, es zu akzeptieren. Alle Vergleiche, die wir sonst anstellten, waren wirklich viel schmerzlicher: Ziehen die anderen sich besser an, besitzen sie ein größeres Haus, verdienen sie mehr Geld? Erinnern sich ihre Ehepartner an ihre Geburtstage? Bekommen ihre Kinder bessere Noten? Haben sie mehr Freunde?

Wir haben bei diesem Vergleichsspiel nie gewonnen. Wir haben uns selbst immer herabgesetzt dafür, daß wir nicht genug hatten oder genug darstellten — ob wir nun die Wahrheit über die anderen wußten oder nicht. Indem wir ihr Äußeres mit unserem Inneren verglichen, nahmen wir an, daß sie alles besser machten. Ehe wir in den Prozeß der Selbstfindung eintraten, waren wir völlig unfähig, uns selbst eine Atempause zu gönnen.

Ist es nicht erleichternd, davon abzulassen? Ist es kein gutes Gefühl, sich so zu akzeptieren, wie man ist — nicht so, wie man zu sein befürchtet, und nicht so, wie man zu sein wünscht? Ist es nicht großartig, zu beobachten, wie die Welt sich tanzend dreht — und daran nicht unbedingt teilnehmen zu müssen?

Heute ziehe ich mich aus dem Wettbewerb zurück. Ich freue mich an meinem Leben und an den Richtungen, die ich eingeschlagen habe.

Kommt, Freunde, es ist nicht zu spät, eine neuere Welt zu suchen. Alfred Lord Tennyson

Wir alle haben wahrscheinlich bei unseren Gruppentreffen von »Zu-spät-Geschichten« gehört. Eine davon handelt von einer Frau in mittleren Jahren und ihrem Dilemma, ob sie wieder zur Schule gehen sollte oder nicht. Weil es zu wenig Geld und zuviel Verantwortung für die Familie gab, war es ihr versagt geblieben, Krankenschwester zu werden. »Ich würde fünf Jahre brauchen, um die Schule zu beenden«, sagte die Frau deprimiert, »und in fünf Jahren werde ich einundfünfzig sein!« Worauf ihr Freund entgegnete: »Okay, nehmen wir einmal an, daß du nicht Krankenschwester wirst. Wie alt wirst du *dann* in fünf Jahren sein?«

Dieser Punkt ist wichtig für jene von uns, die den Prozeß der Selbstfindung ein wenig spät in ihrem Leben beginnen. Anstatt der verlorenen Zeit nachzuweinen, müssen wir uns eher auf Möglichkeiten besinnen als auf Handicaps.

Es ist in höchstem Maße aufregend, unseren Geist entschweben zu lassen zu der Frage: »Was wäre, wenn?« Was wäre, wenn ich mich entschließen würde zu lernen, wie man segelt, einen Berg ersteigt oder Koch für Feinschmecker wird? Wenn wir nicht aufgeben, werden viele dieser Was-wäre-wenn-Formulierungen allmählich zu einem »Warum nicht?«. Dann sind wir auf dem richtigen Weg. Warum nicht, wenn das Leben so kurz ist und wir so großartige Menschen sind? In der Tat: Warum nicht?

Heute will ich mich dem »Noch nicht« stellen und fragen: »Warum nicht?«

25. September

Der Neid ist ein Stück Kohle, das zischend heiß aus der Hölle kommt. Philip James Bailey

Ein Arbeitskollege gewinnt bei einer Verlosung einen großen Preis. Eine Nachbarin erbt genügend Geld, um an ihr Haus ein weiteres Apartment anzubauen und einen langen Urlaub zu machen. Der Sohn oder die Tochter eines Freundes bekommt ein Stipendium. Wie reagieren wir darauf? Freuen wir uns ganz unwillkürlich über das große Glück eines anderen? Oder versinken wir sofort in einem Abgrund von Selbstmitleid und Groll, während wir uns zu einem Lächeln und einem Wort der Gratulation zwingen?

Ein gelegentliches Aufflackern von Neid ist menschlich und unvermeidlich, aber das chronische Gefühl, betrogen zu werden, ist ein Zeichen von spiritueller Unordnung, ein Zeichen, daß es Arbeit zu tun gibt. Die Fähigkeit, etwas zu akzeptieren, und die Dankbarkeit sind das Gegengift zum Neid, der nur Leid erzeugt.

Die Frage »Warum nicht ich?«, die angesichts des unverhofften Glücks eines anderen gestellt wird, trifft logischerweise genauso bei seinem Unglück zu. Wir wollen die Weisheit besitzen, unser Leben so anzunehmen, wie es ist, und weniger blind sein gegenüber den Vorteilen, die wir schon genießen.

Heute bin ich dankbar für das, was ich habe, und wohlwollend gegenüber dem, was andere Menschen haben.

Ich formte meine Gewohnheiten aus, und meine Gewohnheiten formten meine Zukunft. J. T.

Durch Übung vervollkommnen wir uns.

Ob wir auf dem Klavier spielen oder aus jeder Mücke einen Elefanten machen: Wenn wir diese Tätigkeiten lange genug ausüben, werden wir geschickt darin. Genau das sind Gewohnheiten — Fertigkeiten, die aus ständiger Übung resultieren. Gewohnheiten können bewußt oder unbewußt sein, gesund oder ungesund, anziehend oder abstoßend, wichtig oder unwichtig.

Unsere Gewohnheiten formen unsere Zukunft. Genauso, wie der Zug von den Schienen geleitet wird, auf denen er rollt, wird unser Leben von unseren Gewohnheiten geleitet. Wenn wir keine neuen Schienen konstruieren oder neue Gewohnheiten ausbilden, wird unser Leben weiterhin sich auf den gleichen alten Schienen zu den gleichen alten Orten bewegen. Wie könnte es je anders sein?

Gewohnheiten sind mächtig — meist, weil sie zu tief verwurzelt sind, als daß man sie sehen könnte. Aber sie sind da und üben die ganze Zeit Wirkungen aus. Wir müssen uns bewußt sein, was unsere Gewohnheiten sind. Jede Konfrontation mit einer unangenehmen Gewohnheit ist ein Sieg für sich. Jedes Mal, wenn wir unseren Fuß in eine andere Richtung setzen, beeinflussen wir die Qualität unserer Zukunft. Jedes Mal zählt.

Heute will ich anfangen, eine Liste meiner Gewohnheiten zu erstellen, sowohl der positiven wie der negativen. Ich werde mir zukünftige Konsequenzen stärker bewußt machen.

27. September

Wenn man sich nicht entscheidet, so ist das auch eine Entscheidung. Harvey Cox

Niemand kann uns zwingen, eine Entscheidung zu treffen, die wir nicht treffen wollen. Ehe wir nicht dazu bereit sind, können wir richtige Entscheidungen nicht herbeizwingen — ganz abgesehen davon, daß wir uns gar nicht daran halten könnten.

Mit Ausnahme von ein paar seltenen Augenblicken, kommen wir normalerweise sehr gut mit den Dingen zurecht, ohne überhaupt eine einzige Entscheidung zu treffen. Aber früher oder später holt uns die Zeit ein, da die Entscheidung nicht mehr zu umgehen ist. Wir haben all die Ratschläge erhalten, die wir brauchen, haben über die ganze Sache nachgedacht und auch gebetet. Die Zeit ist reif.

Anstatt sie auf Eis zu legen und aufzuschieben, sollten wir daran denken, daß uns nur eine begrenzte Zeit zur Verfügung steht. Und die Qualität dieser Tage und Jahre hängt von den Entscheidungen ab, die wir treffen. Niemals werden wir diese Stunde noch einmal durchleben.

Wenn die Zeit naht, dürfen wir keine Angst haben, uns für das Leben zu entscheiden. Die Gelegenheit, gerade jetzt sich für oder gegen etwas zu entscheiden, wird nicht wiederkommen. Entweder, wir betrachten diese Wahrheit und schrecken davor zurück, oder wir erkennen sie als Möglichkeit, die wir dankbar ergreifen. Es ist aufregend, darüber nachzudenken, daß wir in diesem Moment Entscheidungen über unser Leben fällen, die den Wert dieses Lebens für alle Zeit steigern.

Wenn Entscheidungen anstehen, will ich mich selbst darin schulen, sie eher als Möglichkeiten denn als schreckliche Probleme zu betrachten.

Wir machten bei diesen Menschen alles wieder gut — wo immer es möglich war —, es sei denn, wir hätten dadurch sie oder andere verletzt.

Neunter Schritt des AA-Programms

Der Achte Schritt war die Vorstufe jener Handlung, die der Neunte Schritt uns zu unternehmen auffordert. Nachdem wir uns selbst vorbereitet haben, indem wir eine Liste der Menschen anfertigten, die von uns verletzt wurden, sind wir nun bereit, die Dinge wirklich in die Hand zu nehmen. Es ist Zeit, Kontakt aufzunehmen, zuzugeben, was wir getan haben, und zum Ausdruck zu bringen, daß es uns leid tut. Der Zweck besteht nicht darin, zu duckmäusern, sondern eine größere Verantwortung für unser eigenes Leben zu übernehmen.

Viele, die aus der Kindheit Verletzungen davontrugen, wurden in dem Augenblick frei, als sie durch das Eingeständnis, etwas falsch gemacht zu haben, ihre Schuldgefühle aufgaben. Ob jenes nun gut aufgenommen wurde oder nicht, ob die Reaktion des anderen angemessen war oder nicht — die bloße Bereitschaft, der Wirklichkeit ins Auge zu sehen, war genug, um die Fesseln der Vergangenheit zu lösen.

Wenn eine direkte Wiedergutmachung nicht möglich ist, dann läßt die Weisheit des Programms uns wissen, daß wir sie in unserem eigenen Herzen leisten können. Erneut hat das Ergebnis vom Neunten Schritt viel weniger mit den anderen zu tun als mit unserer Bereitschaft, das zu tun, was zur inneren Heilung notwendig ist.

Meine Höhere Macht verleiht mir den Mut, meine Verantwortung anzuerkennen, wenn ich andere verletzt habe.

29. September

Die »Gewinner« im Programm — wie haben sie es geschafft, so zu sein, wie sie sind? Ivy B.

Im Rahmen des Programms begegnen wir einigen wahrhaft erstaunlichen, imposanten Menschen, deren Worte einer tiefinneren Quelle des Friedens zu entspringen scheinen. Obwohl diese Worte gewöhnlich ganz einfach sind, liefert ihre Botschaft ein beredtes Zeugnis für den grundsätzlichen Unterschied zwischen jenem Leben, das sie früher führten, und dem, was sie heute sind.

Als Anfänger auf dem Weg, von Sorgen gequält, rätseln wir über ihre Fortschritte. Gewiß, die meisten von ihnen haben länger als wir das Programm praktiziert. Und offensichtlich haben sie etwas Wichtiges herausgefunden, etwas, auf das wir bis jetzt noch nicht gestoßen sind.

Was zunächst nicht so augenfällig ist: Sie haben — im Gegensatz zu uns — auch etwas verloren. Sie haben abgelassen von einigen Illusionen, von einem Großteil ihrer arroganten, ungehörigen Einstellung, an der wir immer noch festhalten, als stehe sie uns zu — die uns jedoch nur dazu verurteilt, noch längere Zeit in der Tretmühle zu verbringen.

Die Worte jener Menschen, die wirklich losgelassen haben, dienen als Segensspruch: Mach weiter. Alles andere wird sich zeigen.

Heute danke ich Gott für die Gegenwart meiner Weggefährten in der Gemeinschaft, die immer wieder zurückkehren in den Kreis.

Laß deinen Willen nicht herumbrüllen, wenn deine Macht nur ein Wispern ist. Thomas Fuller

Bei einem Gruppentreffen, wo wir die Schwierigkeiten mit unserem inneren Kind thematisieren, nickte ein Mann wissend und lächelte sympathisch, als er sagte: »Ich habe herausgefunden, daß meine Art, die Dinge anzugehen, nicht immer funktioniert — eigentlich funktioniert sie nicht sehr oft.« Er sprach über die widerspenstige Einstellung, die er kürzlich in sich selbst entdeckt hatte.

Sicherlich gab es viele im Raum, die sich mit ihm identifizieren konnten. Die automatische »Du-überzeugst-mich-überhaupt-nicht«-Reaktion reicht ein ganzes Stück weit zurück. Noch heute schenken wir, wenn jemand etwas vorbringt, das richtig klingt, ihm selbst dann kein Gehör, wenn wir eigentlich das tun möchten, worum es geht, oder wenn wir wissen, daß wir es tun sollten; schließlich hat es ja ein anderer gesagt.

Der Mann fuhr fort, das wirksame Gegenmittel zu beschreiben, das er ersonnen hatte, um seine eigenwilligen Verhaltensweisen im Zaum zu halten. »Ich übe Handlungen ein, die sich an die Normen halten«, sagte er, »zum Beispiel meinen Gurt anlegen, was ich immer abgelehnt hatte. Vielleicht wird mein Leben gerettet, wenn ich dieser Norm Folge leiste. Vielleicht wird mein Leben nicht nur auf eine, sondern auf mehrere Weisen gerettet, wenn ich all den Normen folge, mit denen ich konfrontiert bin.«

Ich will auf die weisen Einsichten der anderen hören und mich ihnen anschließen, wenn sie mir richtig erscheinen.

Oktober

Die anderen werden dich meist so behandeln, wie du dich selbst behandelst. Muhamed Moussa

Wir legen fest, wie die anderen uns sehen und wie wir behandelt sein möchten. Die Vorstellung, die wir von uns selbst haben, setzt sich aus dem zusammen, was wir nach außen übermitteln — und auf diese Bilder wiederum reagieren die anderen.

Genauso, wie die Art, nach der wir andere Menschen behandeln, grundsätzlich die gleiche ist, nach der wir uns selbst behandeln, so entspricht auch unser Blick auf sie: die Deutung ihrer Worte und Taten, dem Blick auf uns selbst. Wenn wir mit anderen ins Gericht gehen, sind wir wahrscheinlich ebenso hart mit uns selbst, und umgekehrt.

Das Heranwachsen in nicht intakten familiären Verhältnissen kann mit dem verglichen werden, was in einer Esse passiert. Dort wird ein Stück glühend heißen Metalls zu einem Gegenstand geformt, der einen bestimmten Zweck erfüllt. Allzuoft wurden die mit einer schweren Kindheit belasteten Menschen so »geformt«, daß sie sich selbst als mangelhafte, unvollkommene, machtlose Wesen sehen, die nur wenig Einfluß haben auf das Geschehen in ihrem Leben. Dieses Selbstbild lädt andere dazu ein, genau dementsprechend auf sie zu reagieren.

Im Maße, wie wir lernen, anders zu sein, begreifen wir uns allmählich als andere — die Menschen werden auf unser stolzes, zum Vorschein kommendes neues Selbst reagieren.

Ich sehe jetzt, daß ich zum großen Teil selbst verantwortlich bin für die Wirkung, die ich auf andere habe. Ich lerne, den Menschen beizubringen, wie ich gerne behandelt sein möchte.

2. Oktober

Nur ein solcher Mensch ist edel, der Mitgefühl empfindet mit jeder lebenden Kreatur. Buddha

Manchmal scheinen unsere eigenen Probleme so groß zu sein, daß wir uns kaum Gedanken über das tatsächliche Leben anderer Menschen machen. Sobald dies passiert, verlieren wir die Fähigkeit, Mitgefühl zu haben.

»Mitleid« ist ein wunderbares Wort, das buchstäblich »Leiden mit anderen« bedeutet. Mitleidende Menschen sind solche, die Raum haben in ihrem Geist, um für andere empfänglich zu sein. Sie sind, in wahrstem Sinne, Erbauer von geistigen Häusern, wo andere Schutz und Sicherheit finden in einer bitterkalten Nacht.

Tatsache ist: Wir sind nicht die einzigen, die leiden. Wir sind nicht die einzigen, die eine Verletzung haben. Wir sind nicht die einzigen Menschen mit einer Geschichte. Jedes menschliche Wesen hat eine. Wir alle bestreiten einen schwierigen Kampf. Der mitleidende Mensch versteht das und ist fähig, dem Einsamkeitsgefühl zu entfliehen, das so oft einhergeht mit den Zeiten persönlicher Not.

Das Mitleid gestattet uns, zuzuhören. Wenn wir zuhören, sehen wir unsere eigenen Schwierigkeiten aus einer gesünderen Perspektive. Das Mitleiden bringt uns den anderen näher, verbindet uns mit ihnen — und dann hat alles wieder mehr Sinn.

Heute bin ich mir gewahr, daß auch andere zu kämpfen haben.

Du kannst nicht dein ganzes Leben ein gutes Ei sein — entweder du schlüpfst aus, oder du wirst schlecht. Fr. Ralph Pfau

Wir müssen alle erst eine Zeitlang Gefolgsleute gewesen sein, ehe wir selbst fähig werden, die Führung zu übernehmen. Also folgen wir bis dahin anderen, indem wir ihnen zuhören, das tun, was sie tun, und uns auf ihre Weisheit und Erfahrung stützen.

Dann kommt für uns die Zeit, da wir die Führerschaft übernehmen. Das ist der Augenblick, wenn wir das meiste dessen gehört haben, was andere zu sagen vermögen, und das meiste empfangen haben, was die Gruppe zu geben vermag. Dadurch, daß wir diese Grundsätze und Praktiken in unserem täglichen Leben anwenden, sind wir im Innern gerüstet, eine andere Rolle zu übernehmen.

Es wird immer Menschen geben, die sich gerade erst bewußt werden, daß ihre Probleme in der Kindheit wurzeln. Sie werden unschlüssig zu den Gruppentreffen kommen und bei uns um Trost nachsuchen, um Orientierungshilfe, geistige Herausforderung und Weisheit. Sie schenken uns die Möglichkeit, die Gaben, die wir erhielten, mit ihnen zu teilen. Die Qualität der Führerschaft, die wir anzubieten haben, ist ganz und gar abhängig von unserer inneren Bereitschaft und Fähigkeit, Verantwortung zu übernehmen, wenn die Zeit dafür reif ist.

Heute will ich meine Fortschritte im Programm beurteilen. Ich will keine einzige Gelegenheit auslassen, mit anderen das zu teilen, was ich gelernt habe.

4. Oktober

Was die Vernunft wirkt, zerstört die Leidenschaft.
Alexander Pope

Selbstachtung ist immer das Ergebnis eines Selbstbildes. So, wie wir uns selbst sehen, legen wir Wert auf uns selbst. Selbstachtung ist wesentlich der Wert, den wir uns selbst geben.

Das Selbstbild ist die Definition unserer selbst. Es zeigt an, was wir im Spiegel der eigenen Wahrnehmungen erblicken. Somit ist es von entscheidender Bedeutung, daß wir Sorge tragen für unser Verhalten und die Situationen, denen wir uns aussetzen — denn dabei entstehen die Definitionen, die wir von uns selbst geben.

Einer verlorenen Liebe nachzuhängen ohne Aussicht auf Erfolg, ist selbstzerstörerisch. Sich um vier Uhr morgens in der Nähe des Apartments der oder des Ex-Geliebten herumzutreiben oder hinter Nachtbars stille Plätzchen ausfindig zu machen oder zu versuchen, wahre Liebe in einer Diskothek für Singles zu entdecken, ist ganz einfach ein sinnloses Verhalten. Während solche Verhaltensweisen unsere ganze Aufmerksamkeit beanspruchen, werden wir uns noch stärker als Verlierer, als immer Leidende sehen, denen niemals etwas gelingt. Natürlich, denn wir begeben uns in Situationen, in denen überhaupt nichts anderes herauskommen kann. Wir müssen uns die Folgen unserer Handlungen bewußt machen.

Heute will ich über den Unterschied zwischen Liebe und Obsession nachdenken.

Bittet, so werdet ihr nehmen, daß eure Freude vollkommen sei. Johannes 16,24

Einige tiefe Gedanken, Perlen der Weisheit, die Jahrhunderte überdauert haben, sind in der Lage, uns ärgerlich und böse zu stimmen. Eine bestimmte Vorstellung kann, je nach unseren Erfahrungen, eine breite Skala emotionaler Reaktionen hervorrufen. Das obige Zitat etwa könnte eine Menge Leute zum Lachen bringen, ihnen einen Schauder über den Rücken jagen oder sie zum Spott reizen. Vielleicht lehrte sie ihre Lebenserfahrung, keine Bitte zu äußern, weil sie, wann immer sie es doch taten, auf Ablehnung stießen. So lernten sie, nicht mehr zu bitten.

Aber auf dem Weg sein zu sich selbst heißt, daß man neue Wahrheiten erfährt. Menschen, die dabei sind, ihr inneres Kind zu entdecken, lernen, daß es darauf ankommt, *wen* man fragt. Wir lernen, unsere Bitte nicht mehr an Menschen zu richten, die kein Vertrauen verdienen. Wenn wir uns daran halten, finden wir heraus, daß wir empfangen, sobald wir den Wunsch gegenüber solchen Menschen äußern, von denen wir wissen, daß sie für uns da sind.

Es ist Interesse, Rückhalt und Bestätigung vorhanden für alle, die an unserem Programm teilnehmen. Alles, was wir tun müssen, ist: Die richtigen Leute zu bitten.

Ich will keine Tugend daraus machen, jedem *Menschen Vertrauen entgegenzubringen. Vertrauen will verdient sein. Ich werde genau darauf achten, wem ich vertraue und wem nicht.*

6. Oktober

Für viele Leute ist Gott nur der Papa, der eine Maske trägt.
Anonym

Eine liebevolle Beziehung einzugehen mit Gott — wie wir Ihn verstehen —, ist der Kern der spirituellen Reise ins eigene Innere. Bei der Suche nach einem Gott, den wir verstehen können, rennen viele von uns, die sich als Kind ungeliebt fühlten, mit dem Kopf gegen eine Wand. Denn unsere Vorstellung von Gott als Vater wird vermittelt durch das Bild unseres leiblichen Vaters.

Wenn wir über Gottes Willen nachdenken, darüber, was Gott für uns vorsieht und was Gott von uns möchte, sehen die Antworten, die wir empfangen, überraschenderweise genauso aus wie die Antworten, die wir erhalten würden, wenn wir Gott durch unseren Vater ersetzten. Und da viele von uns keine gesunde Beziehung zum eigenen Vater hatten, kann es sein, daß wir sehr zornig sind auf Gott. Aber ist es wirklich Gott, mit dem wir Schwierigkeiten haben, oder sind es die tief vergrabenen, übereinander geschichteten Gefühle gegenüber einer männlichen Autoritätsperson?

Sobald wir imstande sind, den Unterschied zu benennen, sobald wir die Vatermaske von Gott nehmen, können wir noch einmal beginnen, neue Fragen stellen und neue Möglichkeiten ausprobieren mit Gott, wie wir Ihn verstehen.

Heute will ich klar unterscheiden, welche meiner Einstellungen in bezug auf Gott ihren Ursprung in meinen vergangenen Beziehungen mit meinem Vater haben und welche wirklich frei davon sind und sich allein auf Gott beziehen.

Für uns gibt es nur das Bemühen, alles andere ist nicht unsere Sache. T. S. Eliot

In nahezu jedem Bestreben, das zur menschlichen Existenz gehört, ist es völlig klar, daß eine große Leistung nur errungen werden kann um den Preis einer bewußten, konsequenten Bemühung.

Beruflich erfolgreiche Menschen legen auf jedes Detail ihrer geschäftlichen Transaktionen allergrößten Wert. Marathonläufer verausgaben sich jeden Tag, während sie genau auf Zeiten, Entfernungen und die subtilen (oder nicht so subtilen) Botschaften achten, die der Körper ihnen mitteilt. Wir haben wiederholte Male unseren Kindern eine Version dieser Wahrheit gegeben: »Wenn du nicht bereit bist, deinen Teil zu leisten, kannst du keinen Erfolg erwarten.« Das gleiche gilt für die wichtigste aller menschlichen Errungenschaften: das innere Wachstum.

Doch wenn wir die stark reduzierten Erfolgserlebnisse in unserer inneren Entwicklung betrachten, die in einem nicht intakten Milieu sich vollzog, dann ist das, was wir am meisten verlangen, eben die sofortige Belohnung mit geringem Aufwand. — Wir wollen uns aber des Marathonläufers entsinnen, der sich Kilometer um Kilometer durchbeißt. Wir müssen bereit sein, zu arbeiten, wenn wir diesen wichtigsten aller Wettbewerbe gewinnen wollen.

Indem ich weiß, daß ich nicht verantwortlich bin für die endgültigen Resultate, kann ich meine Kräfte in die täglich notwendige Arbeit lenken, für die ich allein verantwortlich bin.

8. Oktober

Ich bin ein alter Mann, und ich kannte viele Schwierigkeiten — aber die meisten davon ereigneten sich nie.
Mark Twain

Die Einbildungskraft ist etwas Wunderbares, solange wir sie nicht gegen uns selbst einsetzen. Wie das Feuer ist sie etwas Wirkliches voll mächtiger Gewalt, das imstande ist, entweder zu wärmen und Leben zu schenken, oder alles niederzubrennen und zu zerstören, was ihm in den Weg kommt. Wenn wir nur an die Probleme denken, die wir uns selbst schaffen, die aber nie tatsächlich vorhanden sind! Familiäre Zusammenkünfte, von denen wir im voraus wissen, daß sie uns verrückt machen, erweisen sich als unspektakulär oder sogar als angenehm. Telefongespräche, die wir monate- oder jahrelang aufschieben wegen des quälenden Schmerzes, den sie verursachen, sind gar nicht, wie wir angenommen hatten, diese »große« Sache. Entscheidungen, vor denen wir zurückschreckten und auswichen, verbessern, sobald sie erst einmal getroffen sind, unser Leben so sehr, daß wir uns fragen, auf was wir eigentlich gewartet haben!

Wir, die es schwer hatten als Kind, wir wachsen oft heran mit einer »Verhängnis-Brille«. Alles, was wir sehen, wird durch die verdunkelten Gläser gefiltert. Wieviel von dem, wovor wir Angst haben und wegrennen, ist im Grunde mehr ein Phantasieprodukt als eine Tatsache. Wieviel von unserem Leben, unseren Kräften, bringen wir dafür auf, das zu vermeiden, was noch gar nicht existiert und vielleicht nie eintreten wird?

Ich bin dabei zu lernen, daß ich keine imaginären Konflikte aus der Zukunft borgen sollte.

Das Leben ist kein Krieg — und die Menschen sind nicht der Feind. Anonym

Einige von uns haben erfahren — indem wir es sahen, davon hörten, und indem wir es auf hundertfache Art unserem Bewußtsein eingebleut haben —, daß das Leben tatsächlich Krieg ist. Wir wurden in Familien großgezogen, die Konflikte und Kämpfe als *gegeben* nahmen und daher solche Botschaften übermittelten wie: »Das wird ein schrecklicher Tag werden. Ich kann das jetzt schon sagen — und ich habe noch nicht einmal das Haus verlassen.«

Einige von uns hatten ein Zuhause, das wirklich eine Festung war. Wir lernten, daß wir nur innerhalb der Grenzen der geschützten Zone sicher waren. Jeder, der sich dort nicht mit uns aufhielt, war ein Fremder, war jemand, dem man nicht vertrauen konnte, ein Feind.

Aber dies sind Wahrnehmungen von Vorgängen — falsche Wahrnehmungen —, keine Wahrheiten an sich. Die Kriege, die unsere Eltern führten, tobten in ihren Köpfen. Das muß für uns nicht gelten. Fremde müssen keine Feinde sein, es sei denn, wir zwingen sie in diese Rolle.

Eine streitsüchtige Einstellung bringt immer Unglück. Wir müssen nicht so denken, wenn wir nicht wollen.

Ich habe erfahren, daß die Erwartung von Feindseligkeit Feindseligkeit hervorbringt. Heute erwarte ich nichts anderes als Liebenswürdigkeit und Frieden.

10. Oktober

> *Sich selbst finden heißt ... die Angst vor dem Leben überwinden.* Anonym

Viele von jenen Menschen, die ihr inneres Kind noch nicht gefunden haben, leben in ständiger Angst — Angst sowohl vor Erfolg wie Mißerfolg, Angst vor dem Alleinsein und Angst vor der Nähe zu anderen, Angst vor dem Leben und Angst vor dem Sterben. Unser Erbe ist die Angst.

Es ist ein sicheres Zeichen, daß wir dabei sind, uns selbst zu finden, wenn wir das Leben als eine aufregende Erfahrung zu sehen beginnen, als eine Begegnung der besten Art — anstatt als gefährliche und schreckliche Unternehmung in feindliches Gebiet. Wir wissen, daß wir innerlich gesunden, sobald wir positiv zu fühlen vermögen und neugierig sind auf ein kleines Wagnis; wenn wir einen neuen Freund zu treffen imstande sind ohne die Furcht, wir könnten unsere Identität verlieren; und wenn wir fähig sind, unsere Bedürfnisse zum Ausdruck zu bringen, ohne in einem Abgrund von Schuld- und Angstgefühlen zu versinken.

Viele Situationen im Leben sind wirklich furchteinflößend. Den Menschen geschehen schreckliche Dinge. Aber es ist genauso wahr, daß das Leben voller Annehmlichkeiten und voller Schönheit ist. Sich selbst finden heißt: Beide Seiten akzeptieren und die letztere wählen.

Heute will ich ein so erfülltes Leben führen, wie es mir nur möglich ist, beschützt von der Liebe meiner Höheren Macht.

Der Mensch, den man am leichtesten täuschen kann, ist der eigene Nachkomme.

Edward Bulwer-Lytton

Wie viele Verluste können wir uns erlauben? Unter allen Investitionen, die wir machen können, finden sich die weitaus wichtigsten und riskantesten in unseren persönlichen Beziehungen. Sie sind deshalb wichtig, weil bei solchen Investitionen viele von unseren Empfindungen, ein großer Teil unseres Selbstwertgefühls und unserer Gelassenheit auf dem Spiel stehen. Sie sind riskant, weil das Gelingen der Beziehung so sehr abhängt von der Bereitwilligkeit der anderen Person und ihrer Fähigkeit, fair zu sein.

Gleich, wie stark wir uns dafür einsetzen, daß die Beziehung funktioniert — wenn unser Partner nicht über das verfügt oder das nicht tut, was nötig ist, dann haben wir kein Glück! Die Qualität unserer Beziehung kann einfach nicht gesünder sein als die beiden Beteiligten, die miteinander verbunden sind.

Man ist nicht kühl oder berechnend, wenn man die Verwicklungen und Rahmenbedingungen einer wichtigen emotionalen Investition genau betrachtet. Damit erfüllen wir das elementare Gebot der Verantwortung gegenüber uns selbst, unseren Partnern und unserer Höheren Macht.

Heute will ich meine Selbsttäuschungen und meine falschen Vorstellungen von den Menschen, die ich liebe, prüfen: Was passiert hier wirklich?

12. Oktober

> *So oft suchen wir uns das Unmögliche aus — und geben uns dann dem Versuch hin, es in die Tat umzusetzen.*
> Anonym

Wenn es eine innere Stimme gibt, die uns vorschreibt, daß wir zwangsläufig scheitern, so besteht eine Möglichkeit, dieser elenden Anweisung zu gehorchen, darin, nur unlösbare Aufgaben zu übernehmen und dann unseren Selbstwert vom Ergebnis abhängig zu machen.

Solche Aufgaben sind vielleicht unlösbar aufgrund ihrer besonderen Eigenart (wenn man zum Beispiel jemanden verändern möchte, der nicht verändert werden will) oder aufgrund der Umstände (wenn man etwa versucht, ein auf zwei Jahre veranschlagtes Projekt in einer Woche auszuführen) oder aufgrund mangelnder persönlicher Eignung (wenn jemand mit zwei linken Händen darauf besteht, Gehirnchirurg zu werden). Jedes dieser Projekte wird für uns »erfolgreich« enden, weil wir gewiß an ihnen scheitern werden. Und wenn wir nicht ein wenig Einblick in den Wahn der alten, inneren Normen gewonnen haben, wird die Aufgabe noch unmöglicher und unser Versuch, sie zu vollenden, noch mühsamer.

Es gibt keine geborenen Verlierer. Wir alle haben es verdient, zu gewinnen. Wir wollen sicherstellen, daß wir die nächste Aufgabe nicht deshalb übernehmen, weil sie unmöglich ist, sondern weil sie ausgeführt werden kann.

Egal, wovon die alten Botschaften sprechen: Ich will den Mißerfolg nicht schon im voraus programmieren.

Sei wie der Vogel, der bei seinem Fluge kurz sich niederläßt auf schwankenden Zweigen und fühlt, wie sie nachgeben unter ihm — und der doch singt, wissend, daß er Flügel hat. Victor Hugo

Sicherheit. Auf was gründen wir unsere Sicherheit?

Wenn wir das Gefühl von Sicherheit mit irgendeinem äußeren Zustand verknüpfen oder mit einer Gegebenheit, die keine Sicherheit bieten kann, dann werden wir sicher ins Unglück stürzen, sobald der Zweig bricht.

Menschen, die auf dem Weg der inneren Heilung sind, haben seit langer Zeit schon eine Kraft gefunden, die größer ist als sie selbst, eine Kraft in ihrer Nähe, die ihnen zu »Flügeln« wird. Indem wir unser Leben der Sorgfalt Gottes übereignen, verstehen wir allmählich, daß wir weder allein sind noch zurückgeworfen werden auf unsere eigene Kraft.

Wir verfügen über die enorme Fähigkeit, das Leben zu genießen, und über ein echtes Gefühl von Freiheit, sobald wir lernen, unsere Sicherheit mit diesem alles liebenden Gott zu verbinden. Dann werden wir — begegnen uns Situationen, die wir nicht in der Hand haben — darauf vertrauen können, daß wir nicht zu Boden stürzen.

Das Wissen, daß meine Höhere Macht mich nicht fallen lassen wird, hat mich mutiger und tapferer werden lassen.

14. Oktober

Das stärkste Bollwerk der Autorität ist die Uniformität; die kleinste Abweichung von ihr gilt als das größte Verbrechen. Emma Goldman

Einige Menschen und einige Werte verdienen einfach nicht, daß wir ihnen treu ergeben sind. Aber Menschen mit problembeladenen Beziehungen in der Kindheit empfinden es oft als schwierig, hier genau zu unterscheiden. Viele von uns haben jenen Grundsatz tief verinnerlicht, der bedingungslose Loyalität verlangt — in dem Sinne, daß wir Autorität nicht hinterfragen oder zurückweisen dürfen.

Wir neigen dazu, uns blind alten Maximen zu unterwerfen, sogar noch als erwachsene Menschen. Ohne darüber nachzudenken, gehorchen wir automatisch solchen Vorschriften wie: »Weine niemals«; »Man darf dich sehen, soll dich aber nicht hören«; »Sei vollkommen« und »Störe niemals irgend jemanden«. Obwohl wir wissen, daß nichts Falsches dabei ist, wenn wir weinen oder die Stimme erheben, obwohl wir wissen, daß niemand vollkommen sein kann und daß Erwachsene sich nicht deswegen beunruhigen sollten, weil sie einmal einen anderen Erwachsenen stören — machen wir so weiter, wie es uns beigebracht wurde: vor fünfzig Jahren vielleicht!

Ein einsichtiger, kluger Mensch verpfändet nicht seine Loyalität, weder einem anderen Menschen noch für irgendeine Sache. Loyalität will verdient sein, und die Stimmen, die nach unserer Loyalität verlangen, müssen mehr sein als Echos aus längst vergangene Zeiten.

Gehorche ich immer noch alten Grundsätzen, die sich nicht mehr anwenden lassen? Heute will ich bewußte Entscheidungen treffen, die einem Erwachsenen angemessen sind.

Hab Geduld mit allen Dingen — aber zuallererst mit dir selbst. Francis de Sales

Manchmal werden wir alle von der in der Gesellschaft vorherrschenden Forderung beeinflußt: »Beeil dich«. Wir sind umlagert von lauter Fertigprodukten, sei es Kartoffelbrei oder ein Foto aus der Sofortbild-Kamera. Wir hören andauernd, daß »schneller gleich besser« ist: »Mein Computer ist besser als deiner, weil er noch mehr Operationen in noch kürzerer Zeit durchführt.« Von dieser neurotischen Forderung verhext, werden wir zu unglaublich ungeduldigen Menschen. Manchmal müssen wir uns erst beeilen, um überhaupt einmal langsamer machen zu können. Wir bekommen einen Tobsuchtsanfall, wenn Leute nach unserem Gefühl zu langsam fahren. Wir schelten eine Kellnerin dafür, daß sie uns nicht schnell genug bedient, und nehmen an, sie mache das absichtlich — obwohl es durchaus sein kann, daß ihr die Füße weh tun.

Und wie bei allen anderen Gewohnheiten, gewöhnen wir uns so sehr auch an diese Art, daß wir sie nicht einmal mehr in Frage stellen; es ist ganz einfach normal, so zu sein. Und weil sie schon derart Teil von uns geworden ist, verlieren wir sogar grundsätzlich die Fähigkeit, sie überhaupt noch anzuzweifeln.

Alle großen Dinge brauchen Zeit. Jedes echte, wertvolle Wachstum braucht Zeit. Wachstum vollzieht sich nicht im Bereich von Millisekunden oder hastig ausgeführten Tätigkeiten. Wenn wir in der Hetze, die uns zu noch größerer Schnelligkeit antreibt, die Geduld verlieren, versäumen wir den unermeßlichen Bestand an Schönheit, der uns umgibt.

Heute lebe ich friedlich, weil ich weiß, daß schneller nicht gleich besser ist; besser ist besser.

16. Oktober

Die Henne unseres Nachbarn kommt uns wie eine Gans vor. Chinesisches Sprichwort

Unsere eigene Unzufriedenheit ist imstande, die Flamme der Phantasie zu schüren, sobald es um das Leben anderer Menschen geht. Die Jungen können es nicht abwarten, älter zu werden, und die Alten sehnen sich danach, wieder jung zu sein. Die Leute in der Stadt glauben, das gute Leben müsse auf dem Land zu finden sein, während die vom Land von glänzenden Lichtern träumen. Eine andere Arbeit, ein anderer Gefährte, eine andere Kindheit — das ist es, was unser heutiges Leben wirklich glücklich hätte machen können.

Aber sind die Kirschen des Nachbarn immer so viel süßer? Die Implikationen dieser alten Redewendung sind von tiefgreifender Bedeutung für unsere Aufgabe, die alten Wunden im Innern zu heilen.

Das ewige Schmachten nach Erfahrungen und Umständen, die es nie gab oder die nicht mehr weiterbestehen, ist eine sichere Art, den inneren Fortschritt zu sabotieren. Warum? Weil diese lähmende Angewohnheit auf der Vorstellung beruht, daß der Mensch, der wir jetzt sind, und der Ort, wo wir uns heute befinden, unannehmbar seien.

Der Aufbau eines neuen Selbstbildes erfordert, daß wir unsere Träume anerkennen und ihnen nachgehen. Aber er erfordert auch, daß man — so, wie man genau in diesem Augenblick ist — sich akzeptiert und liebevoll mit sich umgeht. Anstelle dieses ganzen »Könnte-würde-sollte-Geredes« sollten wir fragen: Ist der Ort, an dem wir uns gerade befinden, so schlecht? Drängen wir nicht Schritt um Schritt vorwärts — heute, gerade in diesem Moment? Sind wir nicht schon *im Besitz* süßer Kirschen?

Heute werde ich meine Aufmerksamkeit auf das richten, was ich habe, anstatt auf das, was ich nicht habe.

Ich konnte die Verletzlichkeit jedes anderen Menschen akzeptieren — aber nicht meine eigene.

Mae L.

Wir alle haben gehört, daß es beglückender ist, zu geben als zu nehmen. Nicht so viele von uns aber haben gehört, daß es genauso beglückend ist, zu empfangen — und zugleich viel schwieriger. Bedarf jemand unseres Mitgefühls, unserer Zeit, unseres Geldes? Sie sollen uns nur darum bitten, und sie werden es bekommen. Geschenke zu bereiten ist genau das, wofür wir da sind. Aber derjenige zu sein, der sie erhält — das ist etwas ganz anderes. Viele von uns sind nicht fähig, eine liebevolle Gabe wirklich anzunehmen. Etwas zu empfangen bereitet Schmerz. Das macht uns nervös und mißtrauisch. Wir haben das Gefühl, verletzbar zu sein. Wir stehen wie Fremde vor der weisen Einsicht, daß das Empfangen die tiefste Form des Gebens darstellt.

Wahre Liebe ist nicht nur nachsichtig gegenüber der Verletzlichkeit und den Fehlern anderer, sondern sie ist offen für deren Bereitschaft, zu verzeihen. Diese Bereitschaft ganz und gar zu akzeptieren heißt, daß wir uns nicht mehr ständig selbst kasteien für die begangenen Fehler und erlittenen Rückschläge. Wir müssen davon ablassen und die Wahrheit annehmen, daß uns vergeben wird.

Die Liebe anderer Menschen zu empfangen bedeutet, daß man die Maske der Perfektion abnimmt und sich selbst dafür verzeiht, daß man menschlich ist.

Heute will ich mein Verhalten prüfen, sowohl wenn ich Liebe empfange, als auch dann, wenn ich Liebe schenke.

18. Oktober

Die Erschöpfung macht uns alle zu Feiglingen.
Vince Lombardi

Manchmal ist uns danach, einfach die Decke über den Kopf zu ziehen. Wir haben keine Lust mehr, auf etwas zu warten, und wir haben Angst, die Dinge loszulassen. Wir sind es müde, uns selbst bis zum Äußersten zu verausgaben, uns verletzlich zu fühlen, Risiken einzugehen. Unser Fortschritt scheint zum Stillstand gekommen zu sein; verglichen mit uns, bewegen sich Schnecken wie Rennpferde vorwärts.

Dann ist es eine gute Idee, sich zurückzuziehen und eine Weile auszuruhen. Wir müssen uns daran erinnern, daß Frustration und Enttäuschung zwangsläufig zur Reise dazugehören — wie die Dornen, die an der Rose wachsen. Wir dürfen nichts anderes erwarten. Natürlich werden wir manchmal zu müde. Der Weg zum Selbst geht bergauf und ist mit Hindernissen übersät. Bergsteigen ist kein Volkstanz; wir sind verständlicherweise erschöpft und haben ein Pause verdient, wenn wir sie brauchen. Es ist ganz einfach unsere alte Denkhaltung, alles schlecht zu machen, die uns zu dem Entschluß kommen läßt, wir bräuchten keine Rast und sollten keine haben. Es ist die alte Verhaltensweise, sich schuldig zu fühlen wegen einer kleinen Erholung, die wir uns gönnen. Morgen ist ein anderer Tag. Morgen werden wir erfrischt und bereit sein, von neuem weiterzugehen.

Heute will ich üben, mir selbst eine Ruhepause zu gestatten, sobald ich sie benötige. Ich werde mir selbst die gleiche Rücksicht zukommen lassen wie jedem anderen müden Reisenden.

Ein Missetäter ist oft jemand, der etwas unterlassen hat — nicht immer der, der etwas verbrochen hat.
Marc Aurel

Einige von uns leben schon so lange mit dem Gefühl, ihnen geschehe Unrecht, daß der Gedanke, selbst es jemand anderem zugefügt zu haben, für sie kaum vorstellbar ist. Sie sind derart festgelegt auf die Rolle des Opfers, daß sie sich schwertun, die eigene Aggression anzuerkennen. Aber viele spielen beide Rollen, ob aktiv oder passiv, direkt oder indirekt. Wir alle müssen für etwas um Entschuldigung bitten.

Weil wir ständig denken, daß wir die Entschuldigungen verdienen, anstatt sie anderen schuldig zu sein, sind wir nicht sehr geschickt darin, um Verzeihung zu bitten. Die einfachen Wörter: »Es tut mir leid. Ich habe mich geirrt«, kommen uns nicht leicht über die Lippen. Mehr als andere neigen wir vielleicht dazu, unsere Fehler zu rechtfertigen wegen all des Unrechts, das uns angetan wurde. Aber es ist wichtig für den Prozeß innerer Heilung, daß wir lernen, die Verantwortung zu übernehmen, wenn wir andere Menschen verletzt haben. Indem wir aufrichtig und sofort unsere Fehler eingestehen, üben wir uns in einer gesunden Demut und reißen eine weitere Grenze zwischen uns und der übrigen Menschheit ein.

Vorenthaltene Entschuldigungen sind unbezahlte Schulden. Es ist kein Zeichen von Schwäche, wenn wir unsere Schulden begleichen — es ist ein deutliches Zeichen von Verantwortlichkeit.

Ich bin verantwortlich — für das, was ich tue, und für das, was ich unterlasse.

20. Oktober

Das Verzeihen braucht Zeit. Hulbert L.

Manchmal halten wir die Vergebung für eine Sache, die entweder ganz oder überhaupt nicht gewährt wird — einmal verziehen, immer verziehen. Aber sie stellt zumeist einen Prozeß dar, der Zeit braucht — so daß wir Schritt um Schritt vorwärtskommen.

Gewillt sein zu etwas ist nicht das gleiche wie etwas wollen. Wir mögen gewillt sein, zu verzeihen, aber wir wollen es nicht. Die Verletzung, die uns zugefügt wurde, ist vielleicht so schmerzhaft und erfüllt uns mit solcher Wut, daß wir nicht ganz und auf einmal zu verzeihen imstande sind. Wir können jedoch damit beginnen. Wir können anfangen, an jedem Tag einen versöhnlichen Gedanken zu hegen. Wir können jeden Tag einem gehässigen, unwilligen Gedanken widerstehen. Wir können weiter fortfahren, indem wir eine verzeihende Geste — wie klein diese auch immer sein mag — zum Ausdruck bringen. Der Prozeß kann sich fortsetzen, indem wir eine Liste mit all den Gründen aufstellen, warum die nicht gewährte Vergebung uns mehr schadet als den anderen. Er kann dadurch voranschreiten, daß wir zu beten lernen für jene, denen wir gerne verzeihen möchten.

Ganz plötzlich werden wir sehen, daß die unerreichbare Vergebung geleistet worden ist. Aber natürlich ist das alles nicht auf einmal geschehen.

Heute bitte ich um den Mut, den Prozeß des Verzeihens zu beginnen, und um den Glauben daran, daß er gelingen wird.

Wir verfügen über zu viele hochtrabende Wörter und über zu wenige Handlungen, die ihnen entsprechen. Abigail Adams

Es gibt viele immer wiederkehrende Themen und Redewendungen in den Unterhaltungen jener Menschen, die bewußt auf dem Weg zu sich selbst sind. Eine dieser eingängigen Formeln der Weisheit lautet: *Etwas versuchen wollen heißt: etwas verschleiern.* Das will sagen, daß wir verleitet werden, die Wörter als Deckmantel zu benutzen für Handlungen, die wir nicht ausführen.

Natürlich sind die Wörter kein adäquater Ersatz für unsere Tätigkeiten. Weil wir Menschen sind und daher mit Angst und Erschöpfung konfrontiert, neigen wir manchmal dazu, Ausflüchte zu machen, indem wir sagen, wir hätten versucht, etwas zu tun, das wir in der Tat getan haben sollten. Wir haben versucht, offen zu sprechen, oder wir haben versucht, uns Einschüchterungsversuchen zu widersetzen — obwohl wir wissen, daß wir eigentlich keine Anstrengung unternommen haben. Wie die obige Redewendung zeigt, sind wir ganz einfach dabei zu lügen, wenn wir geltend machen, etwas getan zu haben, das wir nicht getan haben.

Und diese Lüge ist unnötig. Wenn wir nicht willens sind, eine Mühe auf uns zu nehmen, brauchen wir nur zu sagen: »Ich kann das heute nicht erledigen. Morgen vielleicht.« Wir haben es nötiger, ehrlich zu sein, als gut auszusehen.

Ich brauche weder gegenüber mir selbst noch gegenüber irgend jemand sonst mein Verhalten zu rechtfertigen. Egal, welche Wörter ich benutze: Die Wahrheit ist die Wahrheit.

22. Oktober

Einige Beweise, die sich aus den Umständen ergeben, sind sehr stark — zum Beispiel, wenn man eine Forelle in der Milch vorfindet.

Henry David Thoreau

Es gibt viele Dinge, an die sich gerade Menschen mit einer unglücklichen Kindheit nicht erinnern oder erinnern wollen — aber die durch die damaligen Umstände bedingten Tatsachen und Gründe treten deutlich hervor. Jene zurückliegenden Geschehnisse sich einzugestehen, ist wohl die einzige Möglichkeit, wodurch wir sie in der Vergangenheit zurücklassen können, anstatt sie mit uns herumzuschleppen.

Wenn es uns schwerfällt, gut zu uns selbst zu sein, so lernten wir wahrscheinlich vor langer Zeit, daß wir es nicht verdienten, gut behandelt zu werden. Wenn wir uns wiederholte Male in Beziehungen stürzen, die auf Abhängigkeit beruhen, mag dies Beweis dafür sein, daß wir die Erfahrung gemacht haben, nur in den Beziehungen mit anderen Menschen Anerkennung zu erhalten. Wenn wir selbstzerstörerische Einstellungen gelernt haben, bedeutet das nicht, daß unsere Lehrer niederträchtig waren. Es bedeutet jedoch, daß wir lernten, was sie zu lehren hatten. Die Beweise sind zu stark, als daß wir sie bestreiten könnten. Die Konsequenzen sind zu bedeutsam, als daß wir sie ignorieren könnten.

Ich entschließe mich, die Wahrheit zu akzeptieren. Wenn ich zugebe, daß es in meiner Vergangenheit traumatische Erlebnisse gab, bedeutet das nicht, daß sie voll von schlechten Menschen war.

Kein Grundsatz in bezug auf die innere Heilung wird funktionieren, wenn ich nicht arbeite.

Iris S.

Es ist gut möglich, daß wir das Bereitsein zur inneren Heilung mit jener Arbeit verwechseln, aus der die Heilung erst resultiert. Alles, was wir lesen, die Gruppensitzungen, die wir besuchen, die Bekenntnisse über uns selbst, an denen wir andere teilhaben lassen — all dies muß nicht mehr bedeuten, als »sich bereit zu machen«.

Der Heilungsprozeß beginnt, nachdem wir Informationen gesammelt und darüber gesprochen, nachgedacht und geschrieben haben. Sich selbst finden heißt: Tätig sein, handeln, arbeiten. Die Arbeit an uns selbst macht Fortschritte, sobald wir tatsächlich nein sagen, wenn dies gesagt sein muß; sobald wir uns gestatten, richtig zu reagieren und zornig zu werden, wenn wir versucht sind, zu bestreiten und zu verdrängen, daß eine Situation abscheulich ist.

Die Arbeit an der inneren Bereitschaft ist jedoch trotzdem Arbeit. Sie soll nicht auf die leichte Schulter genommen werden. Jede ausgeführte Tätigkeit, die dieser Bereitschaft dient, führt uns Stück um Stück an den »spirituellen Ausgangspunkt« heran, an die Stelle, wo wir willens sind, den Dämonen in unserem Leben gegenüberzutreten.

Die Heilung wird spürbar, wenn wir uns wirklich erheben, zugleich in uns gehen und es mit den alten destruktiven Mustern, die uns gefangenhalten, auf eine Kraftprobe ankommen lassen.

Heute will ich mir bewußt sein, daß Nachdenken über das Handeln nicht dasselbe ist wie Handeln. Heute werde ich handeln.

24. Oktober

Der Wettlauf gilt nicht dem Eilfertigen, noch der Kampf dem Mächtigen. Der Prediger Salomon

Nicht überwältigende Durchschlagskraft entscheidet über den Ausgang der meisten Kämpfe — schon gar nicht der inneren —, sondern Geduld und Beharrlichkeit.

Wir müssen auf der Suche nach dem Kind in uns viele Kämpfe bestehen. Kämpfe gegen das negative Denken, gegen die Abhängigkeit vom männlichen oder weiblichen Partner, gegen die Angst, verlassen zu werden, gegen die Empfindungen von Scham und Schuld. Wir fühlen uns oft schwach, unsicher und machtlos gegen solch furchterregende und konstante Kräfte.

Wenn wir glauben, wir könnten keinen weiteren Tag mehr den Kampf dagegen aufnehmen, müssen wir uns daran erinnern, daß wir uns diese Einstellungen schrittweise, Tag für Tag, Mal für Mal und Gedanke für Gedanke angeeignet haben. Und das ist auch die einzige Möglichkeit, sie wieder in die Flucht zu schlagen: durch einen Gegenstoß und einen nächsten.

Geduld und Beharrlichkeit müssen unsere geheimen Waffen sein. Unscheinbar und unspektakulär wie sie sind, werden diese beiden inneren Soldaten den Kampf viel weiter vorantreiben als ein kraftraubender Frontalangriff, der vielleicht einen Moment lang wütet, dann aber versiegt.

Ich bin zuversichtlich, daß Geduld und beharrliches Streben auf lange Sicht sich durchsetzen werden. Und ich bin dankbar für diese Einsicht.

Ins Dasein einwilligen heißt: Sich in sich selbst versenken, mehr innere Erfahrungen machen und den Willen zum Leben steigern. Albert Schweitzer

Selbst die widrigsten Umstände können uns nicht neidisch, selbstmitleidig oder habgierig werden lassen, sofern wir es nicht zulassen. Obgleich wir nicht über alle unsere Erfahrungen bestimmen können, sind wir doch imstande, unsere Reaktionen zu kontrollieren. Wenn wir nicht die Verantwortung zurückweisen, ist unser Verhalten allein unsere Sache.

Zum Beispiel: In der gleichen Straße können wir einem Mann begegnen, der keine Beine mehr hat und der glücklich und innerlich gelassen seinen Angelegenheiten nachgeht — und einem anderen Mann, der das Schicksal verflucht, weil ihn der Schuh drückt. Es kann sein, daß wir eine zufriedene und friedliche alte Frau treffen, die nichts anderes als Armut kannte — und eine gebildete, wunderschön gekleidete junge Frau, die deprimiert ist, weil sie sich kein neues Auto leisten kann. Vielleicht stoßen wir auf den betrunkenen Alkoholiker, der zusammengekrümmt im Türeingang liegt — und auf seinen Genossen, der dabei ist, trocken zu werden, und der nach einem AA-Treffen in einer Gruppe von Freunden lacht.

Wir, alle von uns, können lernen, stärker zu sein als unsere jeweiligen Umstände — wenn wir willens sind, unsere Einstellungen zu ändern.

Ich bin Herr über mein Verhalten. Heute entscheide ich mich dafür, an den Rosen Freude zu haben — trotz der Dornen.

26. Oktober

Wir bestreiten unseren Lebensunterhalt durch das, was wir einnehmen. Wir gestalten unser Leben durch das, was wir geben. Paula L.

Viele von uns denken und haben auch das Gefühl, nichts geben zu können. Die Vorstellung, die wir von uns selbst haben, ist derart verhaftet mit der geringen Selbstachtung, daß wir uns eher vor anderen verstecken, als sie ausfindig zu machen, eher unsere Ideen unterdrücken, als sie auszudrücken, und unsere eigene Erfahrung abwerten, als sei sie es nicht wert, daß ein anderer sich für sie interessiert und Nutzen aus ihr zieht.

Aber die Qualität unseres Lebens wird bestimmt durch das, was wir anderen schenken. Und wir haben wirklich Dinge zu geben: Geschenke, über die kein anderer verfügt. Wer begreift die zwingende Macht des unbegründeten Schamgefühls besser als wir? Wer kann mit mehr Mitgefühl Neulinge erreichen, die überzeugt davon sind, bis in die Grundfeste ihres Innern erschüttert zu sein? Wir sind imstande, das Pech in unseren mißglückten Beziehungen in Gold zu verwandeln, indem wir jenen zur Seite stehen, die noch nicht — wie wir — gelernt haben, wie man den Teufelskreis der sich wechselseitig bewirkenden Mißgeschicke durchbricht. Wir sind in Sicherheit; das *wissen* wir.

Unsere Gaben sind so wertvoll, daß sie unbezahlbar sind. Wenn wir bereit werden, sie zu verschenken, können wir die Welt verändern.

Heute will ich stolz und sicher auftreten — wie einer, der Reichtümer verteilt.

Wir setzten die Inventur bei uns fort, und wenn wir Unrecht hatten, gaben wir es sofort zu.
Zehnter Schritt des AA-Programms

Der Zehnte Schritt ermahnt uns auf vernünftige Weise, gleichsam die Naht zu erneuern, bevor der Saum ausgerissen ist; den undichten Wasserhahn zu reparieren, bevor wir eine Überschwemmung haben; den Ölstand ständig zu prüfen, um den Motor vor Schäden zu bewahren. Der Zehnte Schritt ist der, welcher uns auffordert, Sorge zu tragen für die eigenen Angelegenheiten.

Wenn wir uns selbst beobachten und auf uns achtgeben, hat das nichts von einem Vergnügen an sich oder einer aufgeregten Stimmung. Obwohl diese »innere Wartung« unentbehrlich ist für unser ständiges Wohlergehen, mag es ermüdend und störend wirken, jeden vergangenen Tag mit einem kritischen Auge zu begutachten. Und wir haben keine Freude daran, immer wieder unsere Fehler ausfindig zu machen und zuzugeben. Aber die innere Disziplin, die wir durch den täglich praktizierten Zehnten Schritt erlangen, ist die beste Vorsichtsmaßnahme, die wir ergreifen können, um unsere Gewinne zu sichern und weitere Verluste zu verhindern.

Wie ein Spiegel zeigt uns der Zehnte Schritt ein klares, realistisches — nicht von Verzweiflung und Wunschdenken verzerrtes — Bild, wer wir sind und wie wir uns fühlen. Und wir müssen nur — indem wir den Spiegel benutzen — uns selbst prüfen und fortfahren in unseren Angelegenheiten. Der Zehnte Schritt nimmt nur eine oder zwei Minuten in Anspruch.

Ich bin dankbar dafür, daß ich ein wirksames Werkzeug besitze, um mich selbst im Auge zu behalten.

28. Oktober

Behandle alle Dinge so, als wären sie dir geliehen, ohne daß du je darüber verfügen kannst: sei es der Körper oder die Seele, das Empfindungsvermögen oder die Stärke, seien es äußere Güter oder Ehren, sei es ein Haus oder ein Gut ... alles.

Meister Eckhart

Die Tatsache, daß wir uns keine Juwelen und Antiquitäten leisten können, bedeutet nicht, daß wir nicht besitzergreifend wären. *Mein* ist das Lieblingswort von einigen unter uns, die bis zum nächsten Monatsende kaum mit ihrem Gehalt auskommen: *Mein* Auto, *mein* Haus, *mein* Sparkonto, *meine* Kinder, *mein* Ehemann — sogar *mein* Alkoholiker!

Jedoch ist Besitz — speziell in bezug auf andere Menschen — in Wahrheit nur die Vortäuschung einer Machtposition. Die irrige Vorstellung, ein anderer gehöre uns, erzeugt Angst sowie ein falsch verstandenes Verantwortungsgefühl und eine übersteigerte Furcht vor dem Verlust. Wir können bestenfalls nur fürsorgliche Verwalter unserer Beziehungen sein, ganz zu schweigen von Dingen, die uns gehören.

Etwas Wunderbares geschieht, sobald wir uns darin üben, die Menschen, die wir lieben, als nur geliehene zu betrachten. Anstatt darauf zu beharren, daß sie immer bei uns sein müssen, können wir heute das Vergnügen an ihrer Gesellschaft genießen. Wir können unsere Hände öffnen und ihnen und uns Raum geben, um die Freude am freien Leben zu entdecken.

Heute werde ich zum ersten Mal loslassen.

Wacht, steht fest im Glauben, seid mannhaft und seid stark! 1. Korinther-Brief 16,13

Der Gedanke, ein Problem zu besitzen, indem wir über einen problembeladenen Menschen verfügen, hat vielen von uns, die wir unter einer unglücklichen Kindheit leiden, tiefe Erleichterung gebracht. Aber selbst, wenn wir das Problem des anderen dann losgelassen haben, empfinden wir oft noch den Schmerz. In der Tat kann es gut sein, daß das Problem bei den anderen ist, aber der Schmerz immer noch bei uns.

Voranzuschreiten auf unserem Weg ist zwangsläufig schmerzlich. Wir müssen dabei vielleicht Menschen verlassen, Beziehungssysteme und Orte, die, egal, wie schädlich sie waren, noch immer Teil von uns sind. Einige von diesen waren eng mit uns verwachsen — gehörten zu unserer persönlichen, privaten Geschichte. Und es kann keinen Zweifel geben: Abschiednehmen tut weh.

Aber alles ist schwer, bevor es leichter wird. Neue Einstellungen und Handlungen werden nicht immer unangenehm sein. Es ist in Ordnung, für eine Weile Schmerz zu haben. Wir wollen geduldig sein und daran denken, daß er vorübergeht im Maße, wie die innere Heilung Fortschritte macht.

Nur die Toten empfinden in ihrem Dasein keinen Schmerz. Heute bin ich dankbar für das Leben, den Atem und die Möglichkeiten.

30. Oktober

's ist keine Kunst, des Geistes Aufbau im Gesicht zu finden. William Shakespeare

Die Gesichter von Babies sind wunderbar — nicht nur, weil sie körperlich schön, sondern weil sie absolut offen sind. Es kommt selten vor, daß man in ein Gesicht schaut, das nichts vortäuscht, nichts verschleiert, nichts versteckt. Solche Gesichter machen uns Freude, und sie sind schön, weil sie etwas Ganzes zum Ausdruck bringen.

Wenige Erwachsene haben solche Gesichter. Sie sind — im Gegensatz zu Babies, die unschuldig sind, weil es ihnen an Erfahrung mangelt und weil sie noch unberührt sind — oft Überlebende ihrer eigenen, grausamen Erlebnisse.

In einigen Erwachsenen aber wurden Aufrichtigkeit und Offenheit wiedergeboren, weil sie, nach und nach, bereit waren, jede einzelne ihrer Masken aufzugeben. Nun, da sie nichts mehr verbergen, brauchen sie keinen mehr daran zu hindern, in sie hineinzuschauen. Weil ihr Inneres ihrem Äußeren entspricht, spiegeln ihre Gesichter deutlich die Ganzheit, die in ihnen wiederhergestellt wurde. Es ist genauso ein Privileg wie eine Freude, solche Klarheit und Frische aus einem erwachsenen menschlichen Leben leuchten zu sehen. Und es ist der Beweis, daß Erneuerung möglich ist.

Persönliche Erneuerung ist für mich möglich; mein Programm verspricht es.

Sein ist wichtiger als Tun. Betty Lou B.

Das Nachdenken ist wichtig, aber schwierig. Meditation und Reflexion mögen manchen von uns als fast unmöglich erscheinen, denn diese Tätigkeiten bringen es mit sich, daß man nichts »tut«. Wir hängen der Überzeugung an, daß Leistung, Erfolg und Fortschritt immer bedeuten, daß man etwas tut.

Ein Mythos in unserer Gesellschaft ist der, daß Menschen, die etwas hervorbringen, wertvoll, und Menschen, die nichts hervorbringen, wertlos sind. Wenn wir darüber nicht nachdenken, neigen wir dazu, dieser Auffassung völlig zuzustimmen. Wir untersuchen sie nicht näher und sind nicht einmal erstaunt über ihre Folgen — bis in unserem eigenen Leben etwas geschieht, das uns die Dummheit dieser Idee zu Bewußtsein bringt: Wenn wir ein geistig zurückgebliebenes Kind haben oder wenn wir selbst zu Invaliden werden oder uns zur Ruhe setzen — was »tun« wir dann? Wir leben weiter. Und das genügt. Das Leben ist, wie die Schönheit, sich selbst Grund dafür, daß es existiert.

Es ist doch zu schade, daß wir so viele Dinge auf schwere Art und Weise lernen müssen. »Tun« ist wichtig, natürlich, aber es ist nicht alles. Sein und Tun ist nicht das gleiche: Sein ist das Erste und Wichtigste.

Heute will ich mir Zeit zum Nachdenken nehmen. Ich werde die Wichtigkeit einiger meiner Tätigkeiten und meiner Geschäftigkeit in Frage stellen.

November

Egal, ob du glaubst, du kannst es, oder ob du glaubst, du kannst es nicht — du hast recht.
Henry Ford

Die Einstellung prägt die Qualität unseres Lebens. Wenn wir uns selbst als Versager empfinden, als hilflose Opfer, die sich nur selbst auf den Arm nehmen mit all diesem Gerede über Selbstfindung — und wenn diese Einstellung nicht bestritten wird —, dann sind wir in der Tat nicht fähig zur Veränderung.

Wenn andererseits unsere Einstellung positiv ist, kommt ein ganz neues System von Wirklichkeiten dabei heraus. Bestärkt durch eine andere Wahrnehmung unserer eigenen Person, sehen wir, daß unser Leben zum großen Teil in unserer Hand liegt, daß die Vergangenheit nicht über uns herrschen muß wie ein tyrannischer König, daß wir fähiger sind, als wir es uns je träumen ließen, und daß wir wirklich imstande sind, von neuem zu entscheiden, wer wir sein und wie wir leben werden.

Die Wirklichkeit selbst bestimmt nur selten über das, was am Ende geschieht. Unsere Einstellung gegenüber dieser Wirklichkeit macht den Unterschied aus. Im allgemeinen werden die Menschen begrenzt durch ihre Einstellungen, nicht durch die Gelegenheiten, die sich ihnen bieten. Was der eine als miserablen, regnerischen Tag empfindet, ist vielleicht für den anderen eine wunderbare Gelegenheit, Regenschirme zu verkaufen.

Ich bin für meine eigene Weltsicht verantwortlich. Ich — und nicht die anderen — wähle die Brille aus, die ich aufsetze.

2. November

Schenk einem Kind ein wenig Liebe — und du bekommst sehr viel zurück. John Ruskin

Viele von uns erschrecken sich zu Tode über das verletzte Kind, das in ihrem Innern lebt. Wir haben Angst, uns zu sehr zu erinnern, Angst vor dem Gefühl, erdrückt zu werden, Angst vor dem Zorn, der wieder entfacht wird. Aber trotz dieser erfahrenen Angst gibt es gute Gründe, dem zu lauschen, was dieser wertvolle Teil von uns zu sagen hat.

Kinder sind — egal, wie tief sie verletzt wurden — von Natur aus ehrlich. Ihre Hauptaufgabe im Leben besteht darin, zu spielen. Das Staunen, die Phantasie, das Vertrauen und die Liebe sind genauso Teil ihrer selbst wie die Finger und Zehen. Die sehr jungen unter ihnen haben bisher keine Zeit habt, die tödliche Fähgkeit zum Betrug einzuüben.

Unser Kind ist immer noch da — in uns. Dieses Kind übermittelt noch immer die Botschaften der Unschuld und wartet weiterhin darauf, gehört und anerkannt zu werden. Es ist das innere Kind, das — obwohl es verwundet sein mag — darauf wartet, uns zu lehren und uns zu führen auf dem Weg, der die Heilung bringt. Oftmals leitet das Kind den Erwachsenen zur Weisheit.

Im Maße, wie ich stärker werde, bin ich auch bereiter und fähiger als früher, die Zeit mit meinem inneren Kind zu verbringen.

Jemand hat einmal gesagt, daß die am weitesten verbreitete Ursache von Geschwüren darin liegt, daß man Berge besteigt, wo nur Maulwurfshügel sind.

Maxwell Maltz

Nicht jedes Problem, das auftaucht, eignet sich als Krise. Und trotz unserer Neigung zur Überreaktion stellt nicht jede Krise, mit der wir konfrontiert sind, notwendig eine extreme Situation dar. Anstatt vor Angst dahinzuschwinden oder vor Wut um uns zu schlagen, können wir eine vernünftigere, maßvollere Art der Annäherung unternehmen, indem wir die schwierigen Situationen, die sich anbahnen, abschätzen, bevor wir reagieren.

Wie wichtig ist das? Ein Mißverständnis unter Freunden zum Beispiel bedeutet nicht das Ende der Welt. Wessen Problem liegt hier vor? Wenn eines unserer Kinder in der Schule eine schlechte Note bekommt, trägt dafür das Kind die Verantwortung, nicht wir. Die Überreaktion ist weder im einen noch im anderen Falle angemessen.

Wenn wir wirklich in einer Krise stecken und eine wichtige Entscheidung gefällt werden muß, benötigen wir all unser Wissen und unsere Fähigkeit, um die Stärke unseres Programms auf die richtige Wahl zu lenken, die zu treffen ist. Wir werden dafür weder die Energie noch die Perspektive besitzen, wenn wir nicht imstande sind, den Unterschied zwischen Maulwurfshügeln und Bergen zu benennen.

Heute will ich die Umstände so sehen, wie sie sind — ohne sie zu bagatellisieren, ohne sie zu übertreiben.

4. November

Wenn du es so gut ausgedrückt hast, wie du kannst, dann kannst du es nicht besser sagen.

Tim U.

Wir können nur bis zu einem bestimmten Punkt gehen, um anderen Menschen — oder einer ganz bestimmten Person — zu helfen, uns zu verstehen. Jenseits davon sind die besten Bemühungen vergeudet. Besonders dann, wenn der andere nicht begreifen *will.* Es ist unmöglich, mit jemandem zu kommunizieren, der nicht mit uns kommunizieren kann oder will. Das Verständigungsproblem liegt nicht immer auf unserer Seite; es kann bei anderen liegen, die sich entschieden haben, nicht zuzuhören.

Wir sind nur dafür verantwortlich, unsere Gedanken und Gefühle so klar mitzuteilen, wie es uns möglich ist. Aber wir sind nicht verantwortlich für die Interpretation unserer Botschaft durch diesen anderen Menschen. Wir haben unseren Teil getan, wenn wir ehrlich gesagt haben, was es zu sagen gibt. Wenn der andere das nicht akzeptiert, sich verletzt, verwirrt oder wütend fühlt, tragen wir dafür nicht die Verantwortung. Und wir sind nicht genötigt, endlos weiterzumachen mit dem Versuch, uns selbst zu erklären.

Wenn andere Menschen sich weigern hinzuhören, ist das nicht unser Problem — es ist ihres. Jene, die aufrichtig nach Verständnis suchen, werden es auch finden.

Heute will ich mich nicht frustrieren lassen, wenn ein anderer der Kommunikation abgeneigt ist. Ich werde das akzeptieren, was ist.

Es fällt der jüngeren Generation schwer, Henry David Thoreau zu verstehen, der an einem Teich lebte, aber keine Wasserski oder einen Schnorchel besaß.
Bill Vaughn

Junge Menschen glauben, sie wüßten so viele Dinge, die aber die Jugend in ihrer Unerfahrenheit einfach nicht wissen kann. Man denke etwa an all die Dinge, bei denen wir sicher waren, daß wir sie als Erwachsene gewiß niemals tun würden: »Ich werde meine Kinder nie zu den Hausaufgaben zwingen, wie es meine Mutter tat«. »Ich werde immer in Form bleiben«. »Ich werde nie vor dem Fernseher einschlafen wie mein Vater«. »Wenn ich eine gute Arbeit bekomme, werde ich nicht knickrig sein mit dem Geld wie meine Eltern«. »Ich werde niemals so pingelig sein, daß ich wegen ein paar nassen Handtüchern auf dem Boden ein großes Geschrei anfange«.

Bis wir eingeholt werden von der Wirklichkeit, wie sie sich mit den Jahren ausprägt, stellen wir uns vor, daß wir zu vital und zu klug seien, um uns anzupassen, Kompromisse zu schließen oder zu versagen. Viele von uns, die heilig versprachen, sie würden immer für ihre Kinder da sein, wurden selbst zu Menschen, die mit großen inneren Problemen zu tun haben. Trotz unserer Annahme, überlegen zu sein, wurden »wir« wie »sie«, als die Reihe an uns kam.

Wenn wir das Denk- und Verhaltensmuster hinter unserem Tun erkennen, sollten wir ein besseres Verständnis bekommen von den beiden Enden des Spektrums.

Ich fälle weniger Urteile über andere, seit ich erkenne, daß wir alle Reisende auf demselben Weg sind.

6. November

Wenn man arbeitet, gewinnt man; wenn man nur Wünsche hat, dann nicht. Ed B.

Alles hat seine bestimmte Zeit und seinen bestimmten Ort — dazu gehört auch das Wünschen. Manchmal wirkt es extrem therapeutisch (ganz zu schweigen von der puren Freude dabei), seine eigenen Sehnsüchte den Sternen mitzuteilen. In solchen Momenten sind wir imstande, die köstlichsten Situationen und Ereignisse heraufzubeschwören. Diese können dann sehr wohl irgendwann Wegweiser für die Wirklichkeit werden.

Es gibt jedoch Zeiten, in denen das Wünschen nicht genügt. Es gibt Zeiten, da die einzig angemessene Reaktion in der Arbeit liegt. Es gibt Zeiten, wo alle Wünsche der Welt nicht die Arbeit leisten, die getan sein muß. Der Wunsch allein bringt uns nicht zu Gruppentreffen oder setzt die wichtigen Einsichten in die Tat um, die aus der ernsthaften inneren Auseinandersetzung und der unmittelbaren Arbeit an den Problemen mit der eigenen Familie gewonnen wurden. Nur, weil wir es wünschen, lassen wir nicht ab von den Ressentiments, beginnen wir keine Beziehungen und verbessern wir nicht unsere körperliche Verfassung.

Es gibt Zeit für beides. Das Wünschen wie auch das Arbeiten hält Wohltaten für uns bereit. Unsere Aufgabe besteht darin, den Unterschied zwischen beiden zu erkennen und zu entscheiden, wann das eine verlangt wird und nicht das andere.

Der Wunsch verfolgt einen anderen Zweck als das Tun. Der Unterschied zwischen beiden wird mir immer klarer.

Wer einem anderen mutig hilft, hat auch das Recht, Kritik zu üben. Abraham Lincoln

Wenn wir zurückschauen, können wir in unserer Vergangenheit vieles finden, das Kritik verdient und über das wir unglücklich sind. Diese Einstellung kann allzuoft und allzuleicht auf die Zukunft angewandt werden. Noch bevor ein Ereignis eingetreten ist, sind wir imstande, viele Dinge zu finden, die wir kritisieren, derentwegen wir bedrückt sind und an denen wir etwas auszusetzen haben.

Das Problem liegt größtenteils in der Einstellung. Ob wir zurückschauen oder nach vorn oder einfach auf das uns umgebende Hier und Jetzt — es ist unsere Einstellung, die das interpretiert, was wir sehen.

Wenn wir willens sind, zu korrigieren, was falsch, und zusammenzufügen, was zerbrochen ist, wird die Kritik wesentlich konstruktiver. Sie wird zu einer Bemühung, die uns erkennen läßt, was getan werden muß — und nicht zu einem Klagelied darüber, daß nichts auszurichten sei. Vieles von dem, was zur Heilung gehört, kann getan werden. Es liegt in unserer Macht, etliche Veränderungen vorzunehmen, die die Qualität unseres Lebens beeinflussen.

Heute will ich ich niemandes Verhalten in Frage stellen, solange ich nicht ebenso bereit bin, meinen Teil zur Lösung des Problems beizutragen.

8. November

Laßt uns munter sein und tätig
Und, geneigt des Schicksals Huld,
Immer schaffend, immer strebend,
Arbeit lernen und Geduld.

Henry Wadsworth Longfellow

Ein meisterhafter Bildhauer wird vielleicht hundertmal auf einen Marmorblock schlagen, ohne daß etwas Bemerkenswertes sichtbar wird. Jedoch der hundertunderste Hieb des Meißels bewirkt im Stein die vollkommene Veränderung. Was ist nun die Ursache dafür — der letzte Hieb oder die hundert vorher?

Genauso verhält es sich mit dem inneren Wachstum. Wir stellen vielleicht im ganzen Verlauf unserer konsequenten, zähen Bemühungen keinen nennenswerten Gewinn fest. Und dann passiert es. Auf einmal wird eine Schwierigkeit gemeistert, eine Wahrheit enthüllt sich, eine schlechte Angewohnheit hat uns nicht mehr in der Gewalt.

Aber natürlich ist das nicht plötzlich geschehen. Der Fortschritt trat ein, indem ein Hieb nach dem anderen ausgeführt, ein Schritt nach dem anderen unternommen wurde — durch all die scheinbar unwirksamen, wahrscheinlich schon vergessenen Anstrengungen, die dem Umschwung vorangingen.

Heute habe ich absolutes Vertrauen in den inneren Wachstumsprozeß. Ich erwarte keine Medaille mehr für jede Runde, die ich laufe.

Sei mißtrauisch gegenüber den Surrogaten.
Connie L.

Wenn in unserem Leben etwas Wichtiges fehlt, neigen wir naturgemäß dazu, solange herumzuwühlen, bis wir etwas finden — irgend etwas, durch das wir die Lücke zu schließen versuchen. Wir benutzen dafür vielleicht die Dinge, die wir essen, den Alkohol, Geld, Sex — irgendwas. Auf diese Weise beginnt die Abhängigkeit: Wir wissen nicht, wie wir das bekommen sollen, was wir brauchen, und so strecken wir die Hand nach etwas anderem aus. Im Grunde sehnen wir uns bei diesen »wechselnden Abhängigkeiten« oft nach Liebe und Anerkennung. Aber sie bringen keine Liebe hervor, sondern nur die Illusion der Liebe.

Surrogate machen uns krank. Selbst wenn sie nicht an sich schlecht sind, benutzen wir sie falsch. Wir vergessen, daß sie nur einen momentanen Ausweg darstellen, einen Notbehelf, nicht die wahre Sache selbst.

Manchmal kennen wir unsere wirklichen Bedürfnisse nicht. Und manchmal kennen wir sie zwar, haben aber Angst, die Risiken auf uns zu nehmen, die sich einstellen, sobald wir ihnen nachgehen. In beiden Fällen werden wir weiterhin Sklaven unserer Abhängigkeiten oder Ersatzhandlungen sein, bis wir sie erkennen als das, was sie sind, und lernen, unsere Bedürfnisse auf gesundem Wege zu befriedigen.

Heute will ich meine Höhere Macht um Einsicht in meine wirklichen Bedürfnisse bitten. Ich werde mein Leben auf Surrogate hin überprüfen.

10. November

Ein mutiger Mensch ist auch voll des Glaubens.
Cicero

Glaube und Mut gehen Hand in Hand. Der Mut befähigt uns, für das einzutreten, was wir glauben, aber nicht zu wissen vermögen. Mut wird von der Vision des Glaubens beseelt. Es bedarf keines Glaubens, um eine Handlung auszuführen, die kein Risiko in sich birgt. Nur wenn der Ausgang ungewiß ist und die Bemühung selbst ein tapferer Akt, erscheinen Mut und Glaube zwangsläufig gemeinsam, um die Aufgabe zu bewältigen.

Wenn wir ständig Ablehnung erfahren haben, ist es, trotz des unsicheren Ergebnisses, eine mutige Tat, dem anderen die Hand entgegenzustrecken. Wenn wir immerzu nachgegeben und aufgegeben haben, unterstützen wir den Glauben an uns selbst auf eine höchst gewagte und mutige Weise, indem wir standhaft bei unserer Entscheidung bleiben.

Viele Menschen, die auf dem Weg zu sich selbst sind und sich nie für spirituell halten, sind dennoch ausgezeichnete Vorbilder für den Glauben, weil sie beständig nach dem greifen, was ungewohnt ist in ihrem Leben. Weil sie den Glauben haben, sind sie willens und fähig, das Wagnis auf sich zu nehmen.

Heute kann ich das tun, wovon ich überzeugt bin, daß ich es tun kann.

Ende gut, alles gut. John Heywood

Man hat gesagt: »Im Spiel des Lebens ist nichts weniger wichtig als der Stand zur Halbzeit.« Halbzeit bedeutet, daß das Ganze nicht vorüber ist; das Spiel geht noch weiter, und über das Ergebnis ist noch nicht entschieden.

Es wäre wunderbar, wenn alle Menschen aufwachsen könnten in Familien, die durchdrungen sind von der Fähigkeit, gut miteinander umzugehen, und die wissen, wie man zuhört, wie man Sorge trägt für den anderen und Mut schenkt. Viele jedoch sind nicht auf diese Weise großgeworden.

All das bedeutet ganz einfach, daß erst Halbzeit ist. Der Endstand ist noch nicht vermerkt. Die Qualität unseres Lebens wird nicht dadurch bestimmt, wie wir anfangen, sondern dadurch, wie wir uns entscheiden werden bezüglich des Ausgangs. Wir können die Fähigkeiten, die für ein erfolgreich geführtes Leben notwendig sind, uns aneignen — ob wir nun von Anfang an über sie verfügen oder nicht. Wir können lernen, für uns selbst und andere zu sorgen, in unseren Beziehungen eine feste Haltung einzunehmen und eine weise Wahl zu treffen. Es war uns vorgegeben, wer wir waren; wer wir sein werden, ist von uns selbst abhängig.

Ich sehe jetzt jeden neuen Tag als eine weitere Möglichkeit, innerlich zu wachsen und glücklich zu werden. Von diesem Tage an bin ich verantwortlich für die Qualität meines Lebens.

12. November

Am schlimmsten ist die Einsamkeit dann, wenn man sich nicht wohl fühlt mit sich selbst.

Mark Twain

Wir alle bemühen uns, der Einsamkeit zu entfliehen, besonders dann, wenn dieses Gefühl, isoliert zu sein, mehr oder weniger ständig vorhanden ist. Durch unsere Reaktion auf diese Angst werden wir manchmal abhängig von anderen. Wir machen unaufhörlich irgendeine Bewegung oder irgendwelchen Lärm, nur, um nicht allein sein zu müssen.

Vor wem laufen wir weg?

Die Entdeckung, daß, wenn wir allein sind, wir uns selbst zur Gesellschaft haben, birgt eine ungeheure Freude. Wir fangen an, uns selbst zu mögen, und bemerken, daß das Wort »Ich« wirklich schön ist. Wir sind nicht vollkommen oder notwendigerweise anziehender als irgend jemand sonst, sondern wir sind gerade richtig. Wir können lernen, uns auf die eigenen Gedanken zu freuen und nicht ängstlich vor ihnen davonzulaufen. Wir können sogar lernen, sanft in den Spiegel zu schauen, um unseren besten Freund darin zu finden. Je mehr wir das verstehen, desto weniger fürchten wir uns vor der Stille. Tatsächlich wird es viele Momente geben, da wir bewußt die Stille und das Alleinsein suchen. Wenn wir aufhören, vor uns selbst zu erschrecken, werden wir von den meisten Lebensängsten befreit werden.

Ich werde allmählich fähiger, den Frieden zu entdecken in der Gesellschaft mit mir selbst und daran Gefallen zu finden.

Ereignisse mit großer Tragweite haben ihren Ursprung oft in belanglosen Umständen. Livius

Für Menschen, die ihrem inneren Heilungsprozeß verpflichtet sind, kann fast jedes Ereignis — egal, wie alltäglich oder unbedeutend es sein mag — eine aufregende Möglichkeit sein zur persönlichen Entwicklung. Der Trick besteht darin, die Möglichkeit zu erkennen.

Ein kleines Lächeln kann — wenn es von einer scheuen, ängstlichen Person aufgebracht wird — eine Serie positiver Geschehnisse in Gang bringen und Konsequenzen haben, die das Leben verändern. Das Aussprechen einer einfachen Wahrheit kann — wenn Übertreibungen und Lügen an der Tagesordnung waren — einen größeren Durchbruch im Innern anzeigen. Viele, die in ihrer Kindheit starke Angstsituationen erlebten, haben nie gelernt, ein Risiko zu tragen — aber Risiken gestatten uns, Kurs zu nehmen auf einen neuen und besseren Küstenstrich. Einige von uns finden es unendlich einfacher zu sagen: »Das macht nichts«, wenn es ihnen doch wirklich etwas ausmacht. Ein vernünftiges Risiko ist also ein großer Schritt nach vorn, egal, wie wenig selbstsicher die Erklärung ausfallen mag. Wann ereignen sich die Gelegenheiten für inneres Wachstum? In jedem Augenblick und alle Zeit.

Wenn wir uns umschauen, werden wir viele Chancen entdecken, die wir als Sprungbrett in eine neue Lebensweise benutzen können. Es ist nur nötig, einen Anfang zu machen. Selbst die kleinste Anstrengung wird genügen.

Ich will heute keine Chance auslassen, neue Gewohnheiten auszubilden. Die Zeit schreitet voran, und ich will keine Möglichkeit verpassen.

14. November

Eine *Überzeugung wiegt 99 Meinungen auf.*

Mitch G.

Selbstbewußtsein und innere Gewißheit sind die besten Gaben, die wir Neulingen zuteil werden lassen können. Sie müssen hören, daß sie tatsächlich wunderbare Menschen sind, daß es natürlich Hoffnung und Hilfe gibt und daß sie zweifellos Glück und Gesundheit verdienen.

Auf dem Weg zur inneren Heilung waren viele von uns anfangs ohne diese starken Überzeugungen. Wir besaßen nur lang gehegte Meinungen, und die meisten davon waren negativ. Wir haben vielleicht unser Programm begonnen unter der Last eines Selbstbildes, das uns wissen ließ, wir seien nicht intelligent, nicht anziehend und ganz allgemein ohne Wert.

Welch eine Überraschung und welch einen Auftrieb erfuhren wir, als wir Menschen begegneten, die uns anders sahen! Hier gab es Leute, die überzeugt waren von unserer Größe und uns dabei helfen konnten, daß wir es auch erkannten. Schließlich stellte sich heraus, daß unsere negativen Meinungen überhaupt nicht mehr mit der Überzeugung konkurrieren konnten, die wir von ihnen lernten.

Wir KÖNNEN im Leben anderer Menschen Veränderungen bewirken. Ihre Vorstellung von sich selbst, die wir ihnen zurückspiegeln, wird vielleicht der Grundstein werden einer mutigen und neuen Überzeugung. Wir wollen sie weitergeben.

Heute will ich anderen von meinem Selbstbewußtsein abgeben. Ich werde meine ganze Kraft einsetzen gegen negative Meinungen.

Man hilft anderen am meisten dadurch, daß man das tut, was einem selbst am meisten helfen würde.
Catherine Burford North

Eine unserer neurotischen Verhaltensregeln lautet, daß wir verantwortlich sein müssen für die Gesundheit, den Reichtum und das Glück anderer Menschen. Wenn wir dieser Regel über Jahre hinweg gehorchen, verzehrt uns die Frage: »Was muß ich tun für andere?« oft ein ganzes Leben lang.

Aber wir können nur geben, was wir zu geben haben — also uns selbst. Besessenes, sklavisches Dienen ist keine Gabe; es ist eine angepaßte Reaktion auf das Leben. Der Versuch, Liebe zu kaufen mit Geschenken, die wir uns nicht leisten können, ist unverantwortlich, nicht generös.

So seltsam es klingen mag: Unsere eigene geistige Gesundheit ist zweifellos das größte Geschenk, das wir einem anderen machen können. Das bedeutet: Wenn wir tatsächlich denen, die wir lieben, einen Gefallen tun wollen, dann werden wir Sorge tragen für uns selbst.

Und wer weiß? Vielleicht sind gerade wir der Ausdruck an geistiger Gesundheit und innerer Balance, der notwendig ist, um einen anderen zu beseelen.

Heute bitte ich um ein tiefes Verständnis des alten Sprichworts: »Die Nächstenliebe beginnt bei einem selbst.« Ich anerkenne mein Bedürfnis nach meiner eigenen Nächstenliebe.

16. November

Wenn ich Angst habe, dann deshalb, weil ich in der Zukunft lebe. Wenn ich deprimiert bin, dann deshalb, weil ich in der Vergangenheit lebe.

Jimmy R.

Wie bei vielen weisen Sprüchen ist auch hier der Wahrheit hinter dem Gedanken wesentlich leichter zuzustimmen, als mit ihr zu leben. Die tagtägliche Realität zeigt sich dadurch, daß wir zur Ängstlichkeit neigen, sobald wir versuchen, für all die Vorhaben auf unserer Liste verantwortlich zu sein. Es ist leicht, zu viel zu tun: sich zu sorgen über Rechnungen, die noch gar nicht fällig, über Ereignisse, die für die ferne Zukunft geplant sind, über Katastrophen, die vielleicht eintreten oder auch nicht.

Und es ist leicht, zuviel Zeit damit zu verbringen, daß man in der Kammer der Erinnerungen herumstöbert. Gelegenheiten, die vor Jahren verpaßt wurden, vielversprechende Beziehungen, die fast geklappt hätten (aber dem war dann doch nicht so), reale oder vorgestellte Zurückweisungen — all dies kann aus der Kammer hervorgezerrt und aufgeführt werden auf der Bühne unseres Bewußtseins.

Was aber geschieht jetzt, im gegenwärtigen Augenblick? Scheint heute die Sonne? Sind wir gesund? Können wir uns frei bewegen und tiefgreifende Veränderungen vornehmen?

Heute treffe ich die gesunde Entscheidung, diese vierundzwanzig Stunden als ein glänzendes Potential zu erleben, das von keinem Gestern getrübt wird.

Eine Entschuldigung ist eine vorsichtige Lüge.
Jonathan Swift

Die Selbsttäuschung ist die Binde um unsere Augen, die wir zu unserer eigenen Exekution tragen. Es kann sein, daß wir zuviel Zeit unseres Lebens damit verbringen, unverantwortliches Verhalten rational zu rechtfertigen und Ausflüchte zu machen. Für einige von uns ist die Selbsttäuschung zur Gewohnheit geworden. Entschuldigungen abzugeben für negative Verhaltensweisen hat sich zu oft schon als unsere zweite Natur erwiesen.

Wie ein abgenutztes Geldstück wird die Selbsttäuschung immer wieder zum Vorschein kommen. Wir müssen darauf achtgeben, auf der Hut sein vor Gedanken wie diesen: »Mag sein, daß ich nur zur Flasche griff wegen all der Probleme, die ich damals hatte. Diese Probleme sind jetzt vorbei. Ich wette, ich könnte ruhig wieder einen Schluck zu mir nehmen.« Oder wie steht es damit: »Wir haben uns beide geändert. Vielleicht war ich zu hart mit ihm. Er wird mich diesmal bestimmt nicht mehr schlecht behandeln. Ich glaube, ich habe gelernt, besser mit ihm umzugehen.«

Die Blindheit durch Selbsttäuschung hat uns schon zuviel gekostet. Wir müssen vorsichtig sein. Je mehr wir üben, gesunde Entscheidungen zu treffen, desto mehr lernen wir, unserer Intuition zu vertrauen, Risiken auf uns zu nehmen und destruktive Beziehungen und Verhaltensmuster hinter uns zu lassen. Alles, was wir zu verlieren haben, sind schlechte Angewohnheiten.

Ich kann mich schützen vor Selbsttäuschungen und ehrlich sein zu mir selbst und anderen.

18. November

Die süße Erinn'rung an den Gerechten
Wird blühn, wenn er im Staube schläft.

Nahum Tate

Der Volkstrauertag gibt Anlaß zum Gedenken an jene, die um unserer Freiheit willen den höchsten Einsatz bereitwillig gaben: das Leben selbst. Je nachdem, welche Rolle Kriegserfahrungen für uns selbst oder für die uns nahen Menschen spielen, schenken wir diesem Tag, so wie er kommt und geht, viel oder wenig Beachtung.

Menschen, die im Begriff sind, das Kind in sich wiederzuentdecken und langsam zu sich zu finden, können diesem Tag dadurch Bedeutung geben, daß sie an jene denken, die vor ihnen gegangen sind — sowohl an die, die starben, ohne zu wissen, daß so etwas wie Selbstfindung möglich sei, als auch an die, die teuer bezahlten für solche Möglichkeiten, über welche wir heute verfügen.

Die Treffen, die wir besuchen, wurden irgendwo zum ersten Mal einberufen von jemandem, der zweifellos unentschlossen und unsicher war. Die ersten, die sich selbst als »geschädigte Kinder« erkannten und mit sich kämpften, um ihre Geschichte erzählen zu können, sind vielleicht noch — oder vielleicht auch nicht mehr — am Leben. Sehr wahrscheinlich erinnert sich kaum jemand an sie, wenn sie überhaupt je bekannt wurden.

Uns stehen heute zahlreiche Segnungen zur Verfügung, weil gestern jemand bereit war, den Preis zu zahlen. Wir wollen dankbar derer gedenken, die den Weg freimachten, den wir jetzt gehen.

Heute fühle ich mich eins mit allen, die ihre Kindheitsprobleme bewältigen wollen. Ich bin dankbar für die Chancen, die sie für mich geschaffen haben.

Beharrlichkeit ist die oberste Tugend. Ohne sie gibt es keine andere. Carol L.

Wie tapfer wir doch sind, ehe der Kampf anhebt! Unsere Helme glänzen, wir haben frische Pferde, und unsere Herzen sind voller Zuversicht. Wehe unseren Feinden! — Dann beginnt der Kampf. Und wie schnell weichen die ruhmvollen Visionen zurück vor der rauhen Wirklichkeit des Gefechts!

Genauso sieht es aus mit den Kämpfen in unserem täglichen Leben. Zunächst scheint es aufregend zu sein, wieder in eine Art Schule zu gehen — wir können es kaum abwarten, damit anzufangen. Dann geraten wir in Rückstand mit unserer Lektüre, bekommen in einer Prüfung keine gute Note und würden lieber zu Hause bleiben und fernsehen, anstatt uns mühsam in dieses neue Klassenzimmer zu schleppen. Mit unseren eigenen Aktionen ist es immer das gleiche. Die modische Diät wird schnell langweilig, und es ist schwierig, das innere Feuer und die Energie, die wir in unsere erste Übungsstunde einbrachten, noch aufrechtzuerhalten, sobald unser Eifer nachläßt und wir müde werden.

Fast jeder hat den Mut, ein Vorhaben zu beginnen. Beharrlich dabei zu bleiben, ist eine andere Sache. In unserem Fall gebührt der Sieg nicht den Klügsten, den Größten, den Reichsten — sondern dem, der trotz allem weitermacht.

Heute bitte ich um die Stärke, unbeirrt fortzufahren, sobald eine Aufgabe keine Freude mehr macht.

20. November

Wenn Menschen von Neid erfüllt sind, verachten sie alles — sei es gut oder schlecht. Tacitus

Der Neid ist wie eine Motte, die sich langsam durchfrißt, bis das Kleidungsstück ruiniert ist. Die traurige Sache dabei ist, daß der Neid nicht einen leicht ersetzbaren Mantel oder Pullover zerstört, sondern unser Leben.

Auf welche Weise schadet uns der Neid? Zum einen läßt er uns zynisch werden. Nichts kann uns zufrieden stellen, sobald wir einmal in ihn verstrickt sind. Weder befindet sich jemand auf der gleichen Stufe mit uns, noch können solche Dinge wie Ehrgefühl, Selbstlosigkeit oder ganz einfach Freundschaft als wirkliche und mögliche anerkannt werden.

Ein Mensch mit chronischen Neidgefühlen hat Schwierigkeiten, seine freundschaftlichen Beziehungen aufrechtzuerhalten. Die Nähe bereitet ihm zuviel Schmerz. Neidische Menschen brauchen Distanz, um sich selbst zu schützen. Und wegen dieses Bedürfnisses sind sie oft allein und einsam.

Das Programm bietet uns ein Leben voller Gaben — und jede trägt unseren Namen. Was vor uns liegt, ist besser, als wir es uns vorstellen können. Der Neid zerstört unsere Fähigkeit, zu uns selbst zu kommen.

Meine Augen sind auf mein eigenes Ziel gerichtet. Heute will ich zufrieden sein damit, meine eigenen Wege zu gehen und meine eigenen Dinge zu tun.

Sie sind gut, sie sind schlecht,
Sie sind schwach, sie sind stark,
Sie sind weise, sie sind töricht —
Und so bin ich.

Sam Walters Foss

Wir sind voneinander gar nicht so verschieden, wie wir manchmal denken. Eigentlich hat fast jeder auf die eine oder andere Weise mit seinen Kindheitsproblemen zu tun. Die »anderen«, gegen die wir uns oft in Stellung bringen, jene Menschen, die als normal gelten und die wir sowohl bewundern wie auch beneiden, sind in Wirklichkeit wir selbst. Wissen wir mehr als sie? Sind sie gesünder als wir? Sind sie besser? Wer hat mehr verdient — sie? Oder wir? Es gibt auf solche Fragen keine richtigen Antworten.

In bestimmten Situationen waren wir alle gut und schlecht, schwach und stark, weise und töricht. Unzählige Situationen haben innerhalb der Familien — selbst wenn kein Alkohol im Spiel war — schwere emotionale Verwüstungen angerichtet. Die Kinder in solchen Elternhäusern wuchsen genauso unausgeglichen auf wie wir. Auch sie haben ihre Geschichte, ihre Narben und ihre tapferen Hoffnungen. Sie versuchen sich und scheitern, und versuchen es noch einmal — genau wie wir. Sie sind genauso unvollkommen, wie wir es sind — und genauso wunderbar.

Im Maß, wie ich meine Perspektiven zurückgewinne, empfinde ich mich auf neue Weise eins mit der übrigen Menschheit.

22. November

Kommt, ihr dankbar'n Menschen, kommt,
Stimmt an das Lied zum Erntefest;
Die Frucht ist nun in Sicherheit
Vor des Wintersturmes Bitterkeit.

Henry Alford

Jene, die das erste Erntedankfest in Amerika feierten, waren isolierte, arme Menschen, die in einem fremden Land kaum das Nötigste besaßen. Sie wußten, daß der Kampf erst anfing, daß sie die lange Zeit eines bitteren Winters noch vor sich hatten.

Sie warteten nicht mit ihrer Danksagung, bis sie den Sieg davongetragen hatten. Sie sagten Dank dafür, daß sie erfolgreich überlebten; sie waren noch am Leben. Sie dankten für die Möglichkeiten der Zukunft, nicht dafür, daß sie von gewaltigen Leiden und Mühen verschont geblieben waren, denn nichts war ihnen erspart geblieben.

Während wir in unseren gemütlichen Sesseln sitzen, den Duft von Truthahn in der Nase haben, der in unseren sich selbst reinigenden Backöfen schmort, und auf das Fußballspiel im Fernsehen waren, könnten wir für einige Minuten still nachdenken über das ursprüngliche Erntedankfest. Dadurch kommen wir vielleicht in Berührung mit dem wahren Geist dieses Tages.

Heute danke ich für die Möglichkeit, daß ich Dank sagen kann.

Die innere Heilung ist eine Art Bürgerkrieg, aber es ist ein Krieg, der gewonnen werden kann.
Schwester Imelda

Wie oft hören wir Leute sagen: »Sicher, es wäre richtig, das zu tun — doch das ist leichter gesagt als getan!« Aber »es« — was auch immer »es« für jeden bedeutet — ist auch leichter getan als nicht getan. Wie schwer es sein mag, den Willen und das eigene Verhalten auf den Prozeß der inneren Heilung zu richten: Es ist viel schlimmer, an sich selbst vorbeizuleben und die inneren Ziele zu verfehlen. Letzten Endes ist jeder Preis, den wir für diese Heilung bezahlen, viel niedriger als die Kosten, die dann entstehen, wenn wir alles bisher Erreichte aufgeben.

Einige tun sich sehr schwer damit, einen anderen anzurufen. Andere sind zu Tode erschreckt, wenn sie bei Gruppentreffen sprechen, mit Freunden sich unterhalten oder zugeben sollen, daß sie Gefühle haben. Aber die andere Alternative ist ganz einfach zu schmerzlich gewesen. Was immer wir zu tun haben, ist der Mühe wert. Die Gewinne sind immens. Wie viele von uns empfanden nicht diese gewaltige Woge des Selbstvertrauens und des Glücks, als wir doch das eine Treffen besuchten, vor dem wir uns gefürchtet hatten? Wie oft haben wir nicht gefühlt, wir könnten die Welt umarmen, als wir unseren Standpunkt behaupteten und sahen, daß wir daran nicht gestorben sind? Die Belohnung besteht darin, daß wir lernen, uns selbst mehr zu mögen — und sie ist so gut, wie sie eben sein wird.

Heute will ich sicherstellen, daß ich die Vorteile im Prozeß der Selbstfindung nicht vergesse — und daß ich nicht nur die Opfer in Betracht ziehe.

24. November

Wenn wir Gott verlieren, dann ist Gott selbst nicht verloren.
Anonym

Jedem von uns kann es ab und zu passieren, daß er in die Falle tappt, mit Gott ein Abkommen treffen zu wollen. Dahinter scheint der Gedanke zu stecken, daß, wenn man mit Gott ein solches Abkommen zu schließen imstande ist, man auch das Resultat in der Hand hat, über das Gott allein zu bestimmen scheint.

Wir können mit Gott nicht so verfahren — nicht, weil er derart unerbittlich wäre, sondern weil wir mit Gott nicht zu handeln brauchen. Der Nutzen, um den wir zu feilschen versuchen, existiert schon als etwas Wertvolles im Geiste Gottes. Und wir brauchen nicht zu verhandeln wegen der Vorteile für andere, weil Gott diese Menschen bereits liebt und nur das Gute für sie vorsieht.

Dennoch hören wir manchmal uns selbst oder andere so etwas sagen wie: »Warum zeigt Gott sich mir nicht? Jede Woche spende ich Geld, und ich bin meinen Nächsten und meinen Freunden behilflich. Ich melde mich freiwillig für gute Zwecke. Und doch fühle ich mich unsicher und ängstlich. Warum antwortet Gott nicht auf meine Gebete?«

Vielleicht besteht die Aufgabe darin, Gott nicht zu überrollen mit all unseren Bemühungen, sondern still zu lauschen und zu sehen, daß die Gabe schon die ganze Zeit vor unserer Türe lag. Wir waren einfach zu beschäftigt, um sie aufzuheben.

Heute will ich offen sein für neue Einsichten über Gott, wie ich Ihn verstehe.

Wenn wir auf die Zentimeter achten, werden wir uns um die Kilometer keine Sorgen machen müssen.
Hartley Coleridge

Die Bestandteile eines Programms, das der Selbstfindung dient, sind wie kleine Steine, die um den Fuß eines Felsblocks angehäuft werden. Keines der Steinchen könnte allein den Fels an Ort und Stelle halten. Aber zusammen sorgen sie dafür, daß er sich nicht losreißt und den Hügel hinunterstürzt. Der Felsblock steht für all die zerstörerischen Kräfte in unserem Leben — die lähmenden Erlebnisse, die schlechten Angewohnheiten, die Schwachpunkte. Die Aufgabe der Steine, in unserem Fall die der Gruppentreffen, der täglichen Lektüre, des Gebets und der Einübung des Programms, ist es, den Felsblock daran zu hindern, daß er alles Aufgebaute zerstört.

Wir ziehen Steine heraus, sobald wir das Interesse am Gebet verlieren, aufhören, uns mitzuteilen, oder zu beschäftigt sind, um Gruppentreffen zu besuchen. Jeder kleine Stein, den wir entfernen, schwächt das Fundament des großen Steins, bis die Katastrophe nur noch eine Frage der Zeit, aber nicht mehr aufzuhalten ist. Wenn der Tag des großen Zusammenbruchs kommt, werden wir dann überrascht und wütend sein? Werden wir uns daran erinnern, daß wir selbst diejenigen waren, die die Steine wegnahmen? Oder werden wir einen anderen dafür verantwortlich machen, oder das Pech, oder Gott?

Heute will ich die kleinen Steine meines Programms genau im Auge behalten.

26. November

Meine Familiengeschichte beginnt mit mir.

Plutarch

Feiertage beschwören in unserem Kopf, genauso wie überall sonst, den Mythos der Familie herauf, wie er in den Medien dargestellt wird. Wir werden überflutet mit Bildern von Familientreffen, wo Leute liebevoll zusammensitzen oder auf dem Weg nach Hause sind, um die Feiertage dort zu verbringen.

Vielleicht haben wir kein solches Heim. Vielleicht hatten wir nie eines. Es kann gut sein, daß all die Aufmerksamkeit, die wir dem Zuhause und der Familie in dieser Zeit des Jahres schenken, nur dazu dient, uns statt Freude viel Schmerz zu bereiten.

Wir wollen niemals vergessen, daß es Familien und heimatliche Orte in allen möglichen Arten und Ausformungen gibt. Einige der besten Familien sind nicht biologischer Natur. Sie stellen nicht eine liebevolle Umgebung dar, die uns mitgegeben wurde — sondern wir haben uns für sie entschieden. Wir entdecken vielleicht, daß die Realität einer Familie und eines zärtlichen Zuhause tatsächlich möglich ist, wenn wir willens sind, sie zu wählen. Es wird notwendig sein, eine überlegte Wahl zu treffen, um uns mit jenen Menschen zu umgeben, die uns lieben und Sorge für uns tragen. Es gibt sie. Viele Menschen suchen wie wir nach einer Familie. Und gemeinsam mit ihnen können wir Wärme und Anerkennung erfahren.

Wenn ich meine Fähigkeiten entwickle, um mit anderen Menschen Beziehungen einzugehen, so gründet sich von selbst eine Familie liebender Herzen um mich.

Von nun an bitt' ich nicht um Glück —
Ich selbst bin dieses Glück. Walt Whitman

Da wir früh und schnell erwachsen werden mußten, übernahmen viele von uns die Funktion von »Eltern« für unsere Eltern. Wir betrachteten unser eigenes Überleben als abhängig von dem Schutz und der Fürsorge, die wir jedem anderen in unserer Umgebung zuteil werden ließen. In unserem verzweifelten Versuch, »kleine Erwachsene« darzustellen, versäumten wir es, kleine Kinder zu sein. Aber wer sagt, daß dieses Verhältnis nicht umgedreht werden kann?

Nun, da wir Erwachsene sind, müssen wir vielleicht darum kämpfen, das Spielen zu erlernen. Obwohl es zu spät ist, mit Puppen zu spielen oder im Hof eine Zirkusvorstellung zu veranstalten, ist es doch niemals zu spät, an einem schönen Tag Drachen steigen zu lassen, Muscheln zu sammeln, ein ausgiebiges Schaumbad zu nehmen oder auf einer Decke im Park zu liegen und nach Wolkenbildern Ausschau zu halten. Es ist nicht zu spät, das verletzte Kind im Innern bewußt einzuladen, uns bei den Abenteuern, die wir vorhaben, zu begleiten.

Sag deinem Kind, daß es in Zukunft immer freihat, daß du jetzt der Elternteil sein wirst — und daß niemand je diese guten Zeiten sich träumen ließ, die ihr beide in Zukunft miteinander verbringen werdet!

Ich kann ungehindert Freude und Lachen empfinden. Heute werde ich sie an meinen Orten ausfindig machen.

28. November

Wir suchten, durch Gebet und Besinnung die bewußte Verbindung zu Gott — wie wir Ihn verstanden — zu verbessern. Wir baten Ihn nur, uns seinen Willen für uns erkennen zu lassen, und um die Kraft, ihn auszuführen.

Elfter Schritt des AA-Programms

Sei mit mir. Das ist es, wonach der Elfte Schritt klingt. »Nimm meine Hand. Gib mir Kraft für den heutigen Aufstieg. Schütze mich vor dem Steinschlag des Selbstmitleids. Hilf mir aufzustehen, wenn ich gestolpert bin. Laß dein Auge auf mir ruhen. Ich bin mit dir.«

Dies ist ein Beispiel, wie eine Frau täglich und bewußt in Beziehung tritt zu Gott, wie sie ihn versteht. Sie erachtet ihren täglich praktizierten Elften Schritt als eine ausgesprochene Einladung — als eine Bitte um Führung wie auch um Kameradschaft. Sie findet Heilung, Kraft und Frieden in der konsequenten Durchführung dieses Schrittes. Und sie muß durch keinen ihrer Tage allein wandern. Sie reist in guter Gesellschaft, mit einem Freund, der den Weg kennt.

Im Universum herrschen Ordnung und Stabilität. Und diese Prinzipien sind jenen zugänglich, die nach ihnen suchen. Der Elfte Schritt läßt uns weitergehen in der richtigen Richtung.

Weil ich weiß, daß Gott mich ständig begleitet, füllt sich mein Herz mit Freude.

Ich? Ich ärgere mich über gar nichts. Karen F.

Das Wort *Ärger* kann ganz und gar nicht diese enorme Wut beschreiben, die in den Herzen der Menschen gärt, die sich seit ihrer Kindheit unglücklich fühlen. Es gibt wohl tatsächlich kein Wort, um die Tiefe dessen, was wir dabei empfinden, genau festzuhalten. Aber diese innerste Wut ist eine mächtige Kraft in unserem Leben, nicht zuletzt deshalb, weil sie so sehr eingefleischt ist, daß man sie nicht sieht. Die meisten von uns würden nicht vermuten, daß sie vorhanden ist — wären da nicht ihre Folgen.

Chronischer, im Innern begrabener Ärger ruft oft Störungen im Verhalten hervor. Ein Beispiel dafür ist die aufbrausende, hitzköpfige Reaktion auf nahezu alles — ein platter Reifen, ein verkehrtes Wort, das Kind, das etwas falsch gemacht hat. Unbedeutende Ausrutscher sind eine Freveltat; kleine Ungelegenheiten nicht zu tolerieren.

Extreme Gefühllosigkeit ist ein anderer Ausdruck unterdrückter Wut. Hier erleben wir das tödlich schweigsame Verhalten, den Widerwillen oder die Unfähigkeit, überhaupt zu reagieren. — Dann gibt es jene unter uns, die einfach tödliche Angst haben vor Ärger in jeder Form und aus jedem Anlaß. Wir benehmen uns dann so, daß wir Frieden um jeden Preis wünschen und nichts ins Wanken bringen wollen.

Die Frage ist nicht, ob wir ärgerlich sind oder nicht. Die Frage ist, ob wir uns damit auseinandersetzen oder nicht.

Heute will ich den Ärger, den ich empfinde, gegenüber meiner Höheren Macht und gegenüber einem anderen Menschen zum Ausdruck bringen.

30. November

Jeder Mensch ist sein eigener Hauptfeind.

Anacharsis

Was würden wir von Menschen halten, die ihren Abfall auf den Rasen vorm eigenen Haus werfen, eine Tasse mit Zucker in ihren Benzintank kippen und dann etwas Ketchup auf ihre Kleider spritzen, bevor sie zum großen Einstellungsgespräch gehen? Würden wir ein solches Verhalten einfach töricht nennen oder ausgesprochen gefährlich? Würden wir diese Leute als vernünftig erachten? Würden vernünftige Menschen ihr eigenes Wohlbefinden sabotieren — ihre eigenen Zukunftsmöglichkeiten? Was um alles in der Welt geht da in ihnen vor?

Was denken wir uns eigentlich, wenn wir monatelang harte Arbeit in den Prozeß der Selbstfindung investieren, nur um ihn nach und nach wieder zu vertun? Wenn die Gruppentreffen gut für uns sind — ist es dann vernünftig, ihnen fernzubleiben? Wenn wir gelitten haben, weil wir zuwenig Liebe bekamen — ist es dann nicht absurd, unsere neuen Freunde in der Gemeinschaft nicht mehr anzurufen? Beschneiden wir nicht die eigenen Möglichkeiten, wenn wir uns mehr für das Leben der Figuren im Fernsehen interessieren als für das unsere? Wir müssen gar nicht verrückt sein, um uns selbst im Wege zu stehen — es genügt schon, wenn wir aufhören nachzudenken.

Ich will auf der Hut sein gegen Selbstgefälligkeit und Trägheit. Ich weigere mich, meine eigenen Fortschritte zu gefährden.

Dezember

1. Dezember

Gott schenkte uns die Erinnerung, damit wir Rosen haben können im Dezember. James M. Barrie

Gefühle haben für uns zahlreiche Bedeutungen. Nicht wenige dieser Bedeutungen sind negativ. Es zeigt sich, daß wir uns vor außerordentlich vielen Dingen fürchten. Aber Gefühle können auch als Hinweise dienen, die helfen, den Weg in die Vergangenheit zu finden und freizumachen bis zu jener Erfahrung, wodurch die Empfindung ausgelöst wurde. Eine schlimme Verbrennung zum Beispiel, mit den sie begleitenden Gefühlen von Schmerz und Panik, erinnert uns an den Moment, als es passierte. Und diese Gefühle prägen gewiß unsere Gedanken an Feuer.

Das gleiche geschieht jedes Mal, wenn wir Frieden, Freude, Erfolgserlebnisse und Glück empfinden. Deshalb ist es so wichtig, daß wir spielen, selbst wenn wir uns dabei nicht wohl fühlen; daß wir feiern, selbst wenn wir uns unwürdig vorkommen; daß wir lachen, selbst wenn wir glauben, wir wüßten nicht wie.

Jedes Mal, da wir solch frohe Dinge tun, die mit der inneren Heilung zusammenhängen, setzen wir ein Zeichen, das es uns leichter macht, den Weg zurück zu finden in jenen glücklichen Zustand — und um dieses Gefühl von neuem zu erfahren.

Was ich einmal kann, kann ich auch ein zweites Mal. Ich begreife, daß Gefühle mir helfen, aber mich auch verletzen können.

Die Sorge ist ein geistiger Zustand, der auf Angst beruht.
Napoleon Hill

Eine Hauptaufgabe der Selbstfindung besteht darin, viele der sinnlosen, womöglich neurotischen Verhaltensmuster, die wir uns angeeignet haben, mit anderen Bezeichnungen zu versehen. Zum Beispiel jene unter uns, die von einem Berg von Sorgen umgeben sind, bezeichnen ihn nie als solchen — wir sagen ganz einfach: Es geht uns gut.

Es ist nicht schwer, irgendein sinnloses Verhaltensmuster zu rechtfertigen, das in unseren Herzen und Köpfen beheimatet ist. Wir lassen es einfach in einem anderen Licht erscheinen und benennen es um. Die Sorge jedoch ist ein Ausdruck der Angst — Angst vor dem Glücklichsein, vor dem Erfolg, davor, mit den alten Grundsätzen zu brechen, wonach das Leben eine Schinderei und das Glück etwas Unwirkliches sein soll. Wenn wir unser Leben nicht ganz genau betrachten, akzeptieren wir diese Vorstellungen als Normen, denen wir gehorchen.

Durch das Licht der Vernunft kommen wir oft dahin, zu erkennen, daß einige dieser »Regeln«, denen wir Folge leisten, überhaupt keinen Sinn ergeben. Wir machen allmählich die Angst im Hintergrund aus, aber wir sehen auch, daß diese Angst in der objektiven Wirklichkeit keine Grundlage hat. An diesem Punkt steht es uns frei, eine Entscheidung darüber zu treffen, welchen Weg wir einschlagen werden.

Die Angst ist der Begleiter derer, die einsam sind. Ich bin jetzt nicht allein, und ich fürchte mich auch nicht.

3. Dezember

Wie passen Verschwiegenheit und Offenheit zusammen? Ich habe Angst vor leichtfertigem Gerede.
Vonnie W.

Nicht jede Information ist dazu bestimmt, mitgeteilt zu werden. Dazu gehören etwa die vertraulichen Botschaften anderer Menschen oder die »Leckerbissen« des Klatschs, der genauso wahr wie unwahr sein kann. Auch ist es nicht klug, alle Details aus unserem Privatleben auszubreiten, sei es in der Öffentlichkeit oder bei unseren Gruppentreffen. Das gilt besonders dann, wenn unsere Geschichte intime Einzelheiten über Freunde und Mitglieder der Familie enthalten.

Die Offenbarung des eigenen Inneren ist wichtig für den Prozeß der Selbstfindung — aber wo ziehen wir die Grenze? Andere an unserem Leben teilhaben zu lassen, ist ein wunderbarer Vorgang — abgesehen davon, daß die Geheimnisse, die wir einfach nicht preisgeben wollen, imstande sein können, unsere Kräfte erlahmen zu lassen. Was also ist angemessen?

Zwei Leitlinien haben anderen Menschen auf dem Weg zu sich selbst geholfen: *Finde einen treuen Gefährten, dem du vertraust.* Wir können uns nur in dem Maße auf das Urteil des Gefährten verlassen, wie unser eigenes sich entwikkelt, um festzulegen, welche Punkte sich bedenkenlos für die Gruppendiskussion eignen und welche nicht. *Wenn du im Zweifel bist, dann schweig lieber.* Wenn es irgendwie fraglich ist, ob wir in die Privatsphäre eines anderen eindringen können, dann sollten wir nichts sagen, ehe wir nicht sorgsam die Konsequenzen durchdacht haben. Wir können immer noch zu einem späteren Zeitpunkt die Dinge beim Namen nennen.

Heute bitte ich um den Weitblick, daß ich das mitteile, was ich mitteilen sollte, und das übrige ungesagt sein lasse.

Es ist gut, so zu handeln, als ob. Und es ist sogar noch besser, an den Punkt zu kommen, wo diese Handlung automatisch erfolgt. Charles Holton

Viele von uns wissen nicht einmal, wie es ist, fröhliche Gefühle zu haben — geschweige denn, fröhlich zu sein, weil der Kalender es so will. So gerne wir uns emporschwingen würden zu jenem unbegreiflichen Zustand — die Tatsache, daß die Feiertage ins Haus stehen, gibt uns nur ein irgendwie schuldbeladenes Gefühl.

Es hilft nicht, wenn man uns sagt, wir sollten in dieser Zeit des Jahres heiter und unbeschwert sein. Aber es hilft wirklich, wenn wir uns daran erinnern, daß es zum großen Teil eine Frage der inneren Wahl ist, ob wir diese Feiertage feierlich begehen. Wir können entscheiden, uns dem Strom der weihnachtlichen Käufer zu überlassen und Geschenke einzukaufen für die Menschen, die wir lieben. Wir können beschließen, zu lächeln, die Musik zu genießen, ein besonderes Gericht zu kochen und Freunde zu uns nach Hause einzuladen.

Wir haben, weiß Gott, einige Erfahrungen darin, Gefühle vorzutäuschen. Warum also nicht auch hier? Und wer weiß: Vielleicht wird dieses Mal unser Gefühl so echt, daß wir uns nicht mehr davon befreien können — anstatt »so zu handeln, als ob«.

Heute bitte ich Gott um die Gnade eines frohen Herzens.

5. Dezember

Am Leben sein heißt: Miteinander den Raum teilen, die Träume, den Kummer, unsere Ohren öffnen, um zu hören, unsere Augen, um zu sehen, unsere Arme, um zu halten, und unsere Herzen, um zu lieben.

Paul Tillich

Ein wirkungsvolles, schöpferisches Leben bedarf der Übung und der Arbeit. Es ist wichtig, dies zu verstehen. Und es ist eine Frage von Fähigkeiten, die man erwirbt — genauso, wie man lernt, einen Haushalt zu führen oder eine Firma zu leiten, lernt man auch, glücklich und gut zu leben. Wie geschickt wir sind, hängt fast immer unmittelbar damit zusammen, inwieweit wir die Dinge auch praktizieren. »Ab und zu mal« reicht dafür nicht aus.

Man kann es sich vorstellen als ein Tauziehen zwischen dem, der wir im Augenblick sind, und jenem, der wir sein möchten: Der eine zieht fest; der andere zieht noch fester. Wer wird gewinnen? Der, der wir jetzt sind, ist stark in seinen programmierten Antworten, seinen angeeigneten Reaktionen und in seinen bequemen, gewohnten Empfindungsmustern. Wir sind die Summe dessen, was wir waren. Und die Vergangenheit ist mächtig. Unser neues, werdendes Selbst, jenes, das wir anstreben, ist jung und ohne die Kraft einer eigenen Geschichte. Wie soll dieses Selbst an Stärke gewinnen, wenn es nur ab und zu einmal eingeübt wird?

Die Stunden und Tage unseres Lebens können zunehmend strahlender werden in all den Jahren, die vor uns liegen — wenn das Selbst, nach dem wir unterwegs sind, den Willen hat, alle Mühen auf sich zu nehmen.

Heute gratuliere ich mir selbst zu der Stärke und Einsicht, die ich mir durch harte Arbeit erworben habe.

Ich fühle mich jedesmal besser, wenn ich mit meinem Freund zusammengewesen bin. Charlotte Y.

Einige Menschen erheben unsere Herzen auf ganz besondere Weise. Vielleicht ist es ihre Zärtlichkeit, ihr Humor oder ihre Fähigkeit, aufmerksam zuzuhören, die uns anziehen. Unsere Freundschaften können auf vielen Dingen beruhen — auf Hobbies, auf beruflicher Zusammenarbeit, gemeinschaftlichen Tätigkeiten oder irgendwelchen anderen Aktivitäten, die gleichgesinnte Menschen zueinander führen. In unseren engsten Freundschaften machen wir wahrscheinlich die Erfahrung, daß das Beste von uns und das Beste der Freunde zusammenkommt.

Freundschaften haben eine positive Wirkung auf die Selbstachtung, weil sie uns erlauben, das widerzuspiegeln, was wir gegenseitig am meisten schätzen. Diese Anerkennung gründet nicht auf unechter Unterstützung, sondern auf einer ehrlichen Betrachtung der Stärken des Freundes. Kein Wunder also, wenn wir uns derart wohl fühlen im Zusammensein mit unseren Freunden; sie offenbaren uns das Beste von dem, was wir sind, und ermuntern uns, die innere Entwicklung in positiven Richtungen fortzusetzen. Diese gesunden Beziehungen gestatten es, daß wir uns stetig von jenem früher praktizierten Verhalten distanzieren, als wir es allen recht machen wollten. Sie halten uns einen klaren Spiegel vor, darin wir uns selbst als freudige und liebenswerte Menschen sehen.

Heute will ich auf die gesunden Qualitäten achten, die ich meinen Freunden übermittle.

7. Dezember

Lasset uns laufen mit Geduld in dem Kampf, der uns verordnet ist. Hebräer 12,1

Bei Neulingen, die sich der Gruppe anschließen, wo wir über unsere in der Kindheit wurzelnden Probleme sprechen, bemerken wir oft, wie ungeduldig sie sind mit ihrer inneren Entwicklung. Die Kommentare klingen so ähnlich wie diese: »Warum dauert das so lange?«; »Ich muß es wohl falsch angehen, weil ich überhaupt keine Fortschritte zu machen scheine« oder: »Weshalb geht es bei den anderen besser voran als bei mir?«

Es gibt keinen Wettbewerb im Prozeß der Selbstfindung. Die weise Antwort auf solche Bemerkungen lautet: »Sag, wie lange schon hast du jene Gewohnheiten und Verhaltensmuster praktiziert, die dir mitgegeben worden sind?« Die Entgegnung darauf ist natürlich: »Mein ganzes Leben lang.« Und die klare Antwort dazu lautet: »Warum glaubst du dann, ein paar Wochen oder Monate seien genug, um diese ein Leben lang eingeübten Gewohnheiten zu ändern? Sei geduldig.«

Wir müssen lernen, mehr Geduld zu haben mit dem Leben und — vor allem — mit uns selbst.

Ich lerne, lieber mit Fortschritten zufrieden zu sein, als die Perfektion zu wollen.

Laß nie zu, daß das Gestern das Heute aufzehrt.
Richard H.Nelson

Es geht vor allem um Grenzen. Wie oft sprechen wir doch über sie. Meistens sind das Grenzen zwischen uns und anderen Menschen. Wo endet meine Verantwortlichkeit und wo beginnt deine? Aber es gibt andere Grenzen — Grenzen geistiger Art. Eine davon hat mit dem Gestern zu tun, in dem wir uns verlieren.

Die vergangenen Ängste sind imstande, die Grenze des Heute zu überrennen wie eine Viehherde, die durch einen kaputten Zaun bricht. Wir können den Unterschied aus den Augen verlieren zwischen dem, was gestern geschah, und dem, was heute sich vielleicht ereignet. Wir können zulassen, daß die gestrigen Ressentiments heute Tatsache werden, oder daß uns die gestrigen Erwartungen heute vorsagen, was zu passieren habe. Die Menschen aus der Vergangenheit werden vielleicht zu jenen, mit denen wir heute umgehen. Unsere Väter werden unsere Ehemänner oder männlichen Freunde. Gewisse Verhaltensmuster zwischen unserer Mutter und ihrem Familienverband werden zur Norm, die wir heute erwarten. Es ist nicht fair, derartiges den Menschen anzutun, die jetzt um uns sind.

Das Heute ist wie eine leuchtend neue Münze. Sie hält große Möglichkeiten bereit und wartet darauf, daß wir uns entscheiden, zu welchem Zweck wir sie ausgeben. Wir haben, wie immer, die Wahl: Entweder die Verletzungen von gestern oder das Heute als Fest.

Die Möglichkeiten, die der heutige Tag bietet, brauchen nicht durch die Vergangenheit beschränkt zu werden. Ich entscheide mich, glücklich und gesund zu sein in diesen vierundzwanzig Stunden.

9. Dezember

Der Erfolg kann nicht so sehr an der Position gemessen werden, die man im Leben erreicht, als an den Hindernissen, die man überwunden hat im Bemühen, erfolgreich zu sein. Booker T. Washington

Das Wettbewerbsdenken kann einen umbringen. Wenn wir zulassen, daß unser Wert oder unsere Bedeutung gemessen wird anhand der Leistungen eines anderen, führt das zu Verwirrungen und zu einem Mißverstehen der Wahrheit.

Keiner ist so wie der andere. Wir haben nicht alle an der gleichen Stelle angefangen. Die Anstrengung und der heldenhafte Einsatz, derer es bedurfte, um ein bestimmtes Maß an Erfolg zu erzielen — egal, auf welchem Gebiet er sich zeigen mag — sind so unterschiedlich wie die Teilnehmer selbst in diesem Spiel des Lebens.

Unsere Aufgabe besteht darin, zu lernen, bei uns selbst zu verweilen. Wir müssen lernen, unsere Größe nicht mit dem Zollstock eines anderen oder in bezug auf andere Menschen zu messen, sondern uns selbst gut genug zu kennen, um die Bemühung und den Willen zu schützen, die wir aufgebracht haben, um dahin zu kommen, wo wir jetzt sind — wo immer das sein mag.

Heute will ich mir keine Gedanken darüber machen, wer vor oder hinter mir ist. Ich werde mein eigenes Rennen bestreiten.

10. Dezember

Oft wird unser Leben zerstreut anstatt zentriert.
Rich H.

Was immer wir nicht klar in eine Richtung lenken — es tendiert ins gefühlsmäßig Diffuse. Viele Leben, umherwirbelnd wie die Blätter im Wind, werden damit vertan, daß zuerst eine Angelegenheit behandelt wird, dann die nächste und dann noch eine dritte. Nichts wird wirklich auf den Punkt gebracht. Nichs wird je zu Ende geführt.

Ein gesundes Leben verlangt nach soviel innerer Mitte, daß eine Sache, wenn sie einmal begonnen ist, auch beendet wird. Wenn wir dies nicht tun, kehren wir oft zu den gleichen Kämpfen zurück, um sie wieder und wieder zu bestreiten.

Der Prozeß der Selbstfindung fordert nicht, daß wir jede Wunde sofort auskurieren, noch daß wir an einem Dutzend Fronten gleichzeitig kämpfen — sondern daß wir geduldig und auf gesunde Weise uns für einen Bereich entscheiden, daß wir irgendwo einen Anfang machen. Es ist möglich, daß wir einen Großteil unseres Lebens darauf warten, genau die richtige Stelle für den Anfang zu finden. Es ist, als ob dann — wenn wir diesen magischen, vollkommen deutlichen Punkt, mit dem wir uns auseinanderzusetzen beginnen, entdeckt haben — alles an seinen Platz kommen und die innere Heilung leicht werden würde.

Sobald wir den ersten Schritt unternommen haben, stellen wir fest, daß alle Dinge und Themen miteinander verbunden sind — und daß ein helles Fenster in irgendeinem Teil des Hauses alle Räume erhellt.

Mein Ziel heute ist es, eine klare Vorstellung von meinen Absichten zu bekommen.

11. Dezember

Jeder kann Rache suchen — aber es bedarf eines Königs oder Fürsten, um zu verzeihen.

Arthur J. Rehrat

Unter allen menschlichen Bestrebungen ist der Racheakt am einfachsten und leichtesten auszuführen. Aber er ist sinnlos. Er bringt keine Lösung.

Auf der anderen Seite ist das Verzeihen die Geste aus einer gesünderen geistigen Haltung und aus dem Gefühl der Stärke. Die Größe dieser Handlung beruht in der erhabenen Einsicht, daß wir, wenn wir keine Vergebung gewähren, im Grunde uns selbst schaden. Solange wir sie unterlassen, verurteilen wir uns dazu, im augenblicklichen Punkt des Leidens zu verharren.

Es kann zu einer automatischen Reaktion werden, den eigenen Unwillen, den Zorn und die Rachegelüste von der Vergangenheit auf die Gegenwart zu übertragen. Wir werden wahrscheinlich alle Kräfte dafür einsetzen müssen, unsere Empörung angesichts dessen, was uns in der Vergangenheit angetan wurde und was wir seitdem an Opfern bringen mußten, aufrechtzuerhalten und zu rechtfertigen. Wir können uns dabei als derart halsstarrig erweisen, daß es für uns zu einer Art heiligem Auftrag wird, diesen Groll bis ins Grab mit uns herumzutragen.

Aber dann werden wir selbst ein Grab, und der Mangel an Vergebung ist gewissermaßen der Leichnam, der alles, was wir berühren, vergiftet.

Im Maße, wie mein Verständnis zunimmt, wächst auch meine Bereitschaft zur Vergebung. Heute werde ich mein Programm praktizieren und fortfahren in meiner Entwicklung.

Sag mir, wer deine Freunde sind, und ich sage dir, wer du bist.
Cervantes

Das im Programm enthaltene Wissen erinnert die Menschen, die auf dem Weg innerer Heilung sind, ständig daran, daß sie sich in acht nehmen müssen vor zweifelhaften Menschen und zweifelhaften Orten. Es liegt klar auf der Hand: Wenn wir uns mit solchen Menschen und an solchen Orten herumtreiben, werden wir uns vertun.

Wir, die in der Kindheit oft mißachtet wurden, bewegen uns auf unsicherem Terrain, sobald wir mit Menschen zu kommunizieren versuchen, die andauernd negative Gefühle hegen gegenüber dem Leben oder besonders gegenüber uns. Viele von uns empfinden ihre eigene Familie, wenn sie sich ihr wieder zuwenden, als den unsichersten Ort auf Erden. Viele müssen genau abwägen, wie sicher es für sie ist, nach Hause zurückzukehren. Unsere ganze Aufgabe besteht darin, uns zu entwickeln auf dem Gebiet der Selbstachtung und des Selbstvertrauens. Das macht es notwendig, daß wir Erfolgserlebnisse haben. Wenn wir aber von solchen Menschen umgeben sind, die uns nur sagen, was unmöglich geschehen kann oder was wir nie schaffen werden, dann steuern wir direkt auf die kleineren und größeren Unglücke zu.

»Sei mit denen, die gewinnen«, sagt man uns. Halte dich an jene Menschen, die dir helfen, daß du den Berg ersteigst — nicht an jene, die dich herunterziehen.

Ich bin nicht verpflichtet, mein Leben mit Menschen zu verbringen, die es herabwürdigen. Ich bestimme, wer in meiner Gesellschaft ist.

13. Dezember

Wenn du einen Fluß eindämmst, steht er still. Fließendes Wasser ist wunderbares Wasser. Also sei durchgängig für alles Fließende.

Englisches Sprichwort

Der Schmerz hat eine laute Stimme. Wenn wir leiden, richten sich unsere Energien und unsere Aufmerksamkeit naturgemäß nach innen. Wenn wir verletzt sind und bluten, kümmern wir uns nicht um so profane Dinge wie den Preis für Benzin.

Es ist so, wie es sein soll.

An einem gewissen Punkt jedoch ist der intensive Blick nach innen nicht mehr notwendig — ja er kann sogar das Gegenteil bewirken. An dieser Stelle müssen wir über uns selbst hinausschauen und bereit sein, anderen in ihrem Heilungsprozeß beizustehen.

Die allzu schnelle, auf unbegründeten Schamgefühlen basierende Antwort eines Menschen, dem in der Kindheit nichts geschenkt wurde, lautet: »Aber ich habe nichts, das ich geben könnte. Ich kann mich kaum selbst über Wasser halten.« Das aber ist nicht der Fall.

Die meisten von uns haben gelitten. Wir können uns gegenseitig davon erzählen. Wir können viel Unterstützung und Verständnis empfangen aus dieser Gabe, sich mitzuteilen und anderen bei der Heilung zu helfen. Im Maße, wie wir gelernt haben, uns durch das eigene Leid hindurchzukämpfen und ein Gefühl innerer Stärke an den Tag zu legen, so können wir anderen damit kundtun, daß keiner von uns ein Opfer seiner Vergangenheit sein muß.

Gott liebt und akzeptiert mich so, wie ich bin — ich will es auch so halten.

Gesundheit und Fröhlichkeit erzeugen sich wechselseitig. Joseph Addison

Unser eigenes körperliches Wohlbefinden zu fördern, ist genauso Teil der inneren Heilung wie das Neuprogrammieren unserer Vergangenheit. Wir leben schließlich in unserem Körper, und sein Zustand begrenzt oder erweitert unser Vermögen, mit den Gefühlen klarzukommen, unsere Fähigkeit zur Konzentration und das Maß an Geduld, das wir in unser Leben einbringen.

Wieviel Energie haben wir? Viele Menschen sagen, daß die Energie, die sie aufwenden können, direkt proportional ist zu der Menge an körperlicher Betätigung, die sie sich im Laufe des Tages verschaffen. Wieviel Bewegung bekommen wir? Wie immer besteht der Trick darin, sich nicht einfach in ein unrealistisches Trainingsprogramm zu stürzen, das einen überfordert. Wir müssen keine Schulden machen, indem wir die neueste Ausrüstung kaufen oder uns dem gerade modischsten Club anschließen. Wir können anfangen mit der schlichten inneren Verpflichtung, einmal um den Block zu gehen.

Tatsache ist, daß wir nicht Geist oder Seele oder Körper sind; wir sind alles zusammen: Alle Teile wirken zusammen, vermischen sich und beeinflussen sich gegenseitig. Wenn wir einen Aspekt dessen, was wir sind, schlecht behandeln, beschränken wir die Ganzheit dessen, was wir sein können.

Heute will ich nahrhafte Kost zu mir nehmen und einige körperliche Übungen machen.

15. Dezember

Große Werke werden nicht durch bloße Kraft vollbracht, sondern durch Beharrlichkeit.

Samuel Johnson

Manchmal muß eine Beziehung aufgelöst werden, weil sie an ihr Ende gekommen ist. Obwohl wir vielleicht lange mit jemandem zusammen waren oder sogar von dieser Person abhängig sind, wissen wir, daß wir Schluß machen müssen. Es geschieht uns zuliebe. Dem Anderen zuliebe. Der inneren Heilung zuliebe.

Die Versuchung, dabei einfach nur herumzureden, mag sehr groß sein: Wir können behaupten, alles sei vorbei — und doch noch den anderen wiedersehen. Wir können die Sache für beendet erklären — und weiterhin alte Liebesbriefe lesen, um das Haus des anderen herumfahren und häufig an jene Orte zurückkehren, die »wir« immer aufsuchten.

So verständlich diese Verhaltensweisen sind und so stark die panische Angst und der Schmerz über das Ende einer Beziehung auch sein mögen — keine dieser Handlungen macht die Trennung zur vollendeten Tatsache. Die Tür nur einen Spaltbreit offen zu halten, bedeutet, daß es keine Trennung gibt. Trennung heißt: Getrennt sein. Trennung heißt Ende.

Wenn die Vergangenheit nicht abgeschlossen wird, ist die Zukunft nicht offen. Das Leid mag zunächst überwältigend sein — aber wenn es nötig ist, eine Beziehung zum Abschluß zu bringen, müssen die Schritte dafür unternommen werden.

Heute lege ich meine Angst vor Trennungen und meine Angst davor, einen Schlußstrich zu ziehen, in die Hände meiner Höheren Macht.

Die gewaltige Welt des Auges, des Ohres, besteht zur Hälfte aus dem, was sie erschaffen, und dem, was sie wahrnehmen. William Wordsworth

Bei einer morgendlichen Fernsehshow gab es einen Beitrag über Haustiere. Einige Leute brachten ihre kleinen Lieblinge mit. Eines davon war eine Katze, die keine Haare hatte — sie sah seltsam aus, gewiß, aber war doch, nach allgemeinem Urteil, nicht schön. Der Moderator fragte behutsam: »Aber ist sie nicht häßlich?« Und der ein wenig verletzte Besitzer entgegnete: »Schön ist, was der Betrachter als schön empfindet!«

Zum großen Teil sind es die Wahrnehmungen, die unser Leben formen. Das Leben wird in der Tat nicht nur durch das erzeugt, was wir sehen und empfinden, sondern dadurch, wie wir sehen und empfinden. Was für diesen ein katastrophaler Mißerfolg ist, nimmt jener als Gelegenheit wahr, um etwas zu lernen. Der Gott, der einigen Menschen als Nörgler erscheint, ist den anderen der Helfer, daß sie stark sind. Was der eine als unglückliche Kindheit auffaßt, ist für den anderen eine Art Universität für die zum Überleben notwendigen Fähigkeiten, in der alle Absolventen den Doktorgrad erreichen.

Es geht nicht darum, was passiert oder was uns zugestoßen ist — sondern darum, wie wir diese Ereignisse betrachten.

Ich bin für meine Wahrnehmungen der Welt selbst verantwortlich. Ich akzeptiere die Tatsache, daß die Welt, die ich sehe, zum großen Teil die Welt ist, die ich hervorbringe.

17. Dezember

Ein Optimist erwartet, daß seine Träume, ein Pessimist, daß seine Alpträume wahr werden.

Laurence J. Peter

Manchmal ist das einzige, was wir ändern können, unsere Einstellung — und das genügt. Unsere Einstellung kann viel wichtiger sein als die objektive Realität einer bestimmten Situation.

Einer, der im Verkehrsstau festsitzt, schimpft auf das Schicksal, knurrt: »Warum passiert *mir* das dauernd?« Zugleich empfindet der andere, der im Auto dahinter ebenfalls nicht weiterkommt, die »verlorene« Zeit seines Vordermannes als »gewonnene« Zeit — als ideale Gelegenheit, um eine neue Sprache zu studieren, zu meditieren oder ein Problem zu überdenken ohne die Unterbrechung durch Telefonanrufe oder Besucher. Die eine Person sieht nur die Schwierigkeiten und reagiert dementsprechend; die andere entdeckt eine Möglichkeit und handelt ebenso danach. Der Verkehrsstau ist für beide der gleiche — aber ihre Einstellungen ihm gegenüber sind unterschiedlich —, wie ihr jeweiliger Blutdruck.

Einige sehen die Vergangenheit als eine schreckliche Strafe des Schicksals, die von einem sich rächenden Gott auferlegt wird. Andere sehen sie als Chance — sei es gerecht, daß sie sich bietet, oder nicht —, um innere Stärke aufzubauen und Weisheit zu erlangen mit der Hilfe eines liebevollen Gottes. Der Unterschied besteht ganz und gar in der Einstellung.

Ich lerne, das Beste aus meinen Möglichkeiten zu machen.

Vielleicht bin ich stärker, als ich denke.

Thomas Merton

Die Selbstachtung beruht auf der bestimmten Art und Weise, wie wir unseren eigenen Wert wahrnehmen. Diese Empfindung wiederum gründet zum großen Teil auf unseren Erfahrungen. Das heißt: Je nachdem, wie wir unsere Aufgaben bewältigen — wie unser Leben sich gestaltet —, bestimmen unsere Erfahrungen über unsere Identität. Es ist unsere Wahrnehmung der eigenen Identität, die die Selbstachtung und deren Pendant, das Selbstvertrauen, begründet.

Die Erfahrung hat die Menschen mit einer unglücklichen Kindheit oft gelehrt, daß sie machtlose Opfer sind. Allzu häufig ist unsere Erfahrung die, daß wir keine Kraft haben, die Geschehnisse um uns herum zu steuern. Die Angst, das Gefühl von Schuld und von Preisgegebensein — all das wird im selben Maße Teil unseres Lebens, wie die Freude am Spiel und das Gefühl, sicher zu sein und über Unterstützung zu verfügen, zum Leben der anderen gehören.

Wenn die innere Heilung einsetzt, müssen wir wirklich lernen, daß wir mehr Kraft besitzen, als wir dachten — denn sobald wir zu uns finden, werden die Erfahrungen, an denen wir beteiligt sind, positiver und unterliegen stärker unserem Einfluß. Im Gegensatz zu den Signalen, die wir früher empfingen, erfahren wir, daß wir wertvolle, fähige Individuen sind. Wir lernen, Erfolg zu erwarten.

Ich bin stärker und fähiger, als ich es je von mir dachte. Morgen werde ich stärker sein als heute.

19. Dezember

Wir alle bauen am Haus unseres Schicksals, arbeiten in diesen Wänden der Zeit.

Henry Wadsworth Longfellow

Es kommt wirklich auf uns selbst an. Wir haben die Wahl, das »Salz der Erde« zu sein und ein Licht auf dem Gipfel des Berges — oder wir entscheiden uns, etwas ganz anderes zu sein.

Wenn wir bei den Menschen, mit denen wir umgehen, Leid verursachen, so ist dies häufiger ein Ergebnis von Unachtsamkeit als von Böswilligkeit. — Wir wollen nun vier Weisen betrachten, durch die wir die anderen verletzen. Diese Verhaltensmuster mögen vor langer Zeit ausgeprägt worden und so normal sein, daß wir kaum noch die verheerenden Folgen sehen, die sie hervorrufen.

KRITISIEREN: Es unterliegt weder unserer Verantwortung, noch ist es unser Vorrecht, andere mit unseren Urteilen, seien sie zutreffend oder nicht, zu bombardieren.

BELEIDIGEN: Abfällige Bemerkungen — egal, wie ausgeklügelt sie sind — berauben andere Menschen ihrer Würde und schädigen mit der Zeit ihr Selbstwertgefühl.

BESCHIMPFEN: Jemanden mit verächtlichen Schimpfnamen zu belegen — selbst wenn wir »nur Spaß machen« —, ist eine Form von Mißhandlung.

IGNORIEREN: Gleichgültigkeit ist grausam; die Vernachlässigung eines anderen ist eine Beleidigung. Menschen, die ignoriert wurden, haben Zweifel an ihrem Wert, wenn nicht gar an ihrem Recht, am Leben zu sein.

Heute will ich mir die mächtigen Auswirkungen bewußt machen, die meine schlechten Angewohnheiten auf andere Menschen haben können. Ich nehme mir vor, andere Verhaltensweisen zu lernen.

Was immer auch nur fast wahr ist,
Ist ziemlich falsch —
Und gehört zu den gefährlichsten
Aller Irrtümer.

Henry Ward Beecher

So ehrlich zu sein, daß am Ende die Abrechnung stimmt, ist für die meisten von uns normalerweise kein Problem. Wahrscheinlich betrügen wir die anderen nicht und stehlen auch nicht ihr Geld — und wir sind wohl keine pathologischen Lügner. Aber viele von uns haben trotzdem Schwierigkeiten mit der Aufrichtigkeit. Diese bringt uns zu Fall, sobald sie uns selbst betrifft.

Ehrlichkeit ist sowohl der Gewinn als auch die Last der Selbstfindung. Halbwahrheiten und nicht anerkannte Wahrheiten sind die Hauptursache der meisten der verwickelten, widersprüchlichen Situationen, in denen wir uns vorfinden. Wir haben nie klar zum Ausdruck gebracht, was wir dachten; wir haben nie frank und frei um das gebeten, was wir benötigten; wir haben nie unmißverständlich erklärt, was wir vorhaben. Unsere Halbwahrheiten und falschen Botschaften sind von einer offenen und direkten Kommunikation meilenweit entfernt.

Wenn wir ehrlich sind gegenüber uns selbst, müssen wir uns keine Sorgen machen, wenn wir es auch gegenüber anderen sind. Ein Mensch, der wahr ist zu sich selbst, kann Doppelzüngigkeit nicht ertragen. Es ist erstaunlich, um wie vieles einfacher das Leben ist für Menschen, die ehrlich mit sich selbst verfahren.

Die Dinge offen anzusprechen ist ein Ergebnis ehrlichen Denkens. Ich werde fähiger, beides zu tun.

21. Dezember

Zu sagen, ich sei geschaffen nach dem Bilde Gottes, bedeutet, daß mein Leben in der Liebe seinen Ursprung hat, denn Gott ist die Liebe.

Thomas von Kempen

Jedes menschliche Lebewesen hat zwei tiefe emotionale Bedürfnisse: das nach Anerkennung und das nach Liebe. Es will lieben und geliebt werden. Wir müssen die Gewißheit haben, daß wir für die Menschen, die wir schätzen, eine Bedeutung haben.

In Wahrheit sind wir alle geschaffen für die Liebe. Unsere Herzen sehnen sich nach der in sich geschlossenen Verbindung, die mit der Liebe einhergeht. Es ist nicht nur das Gefühl des Liebens oder des Geliebtwerdens, worauf es ankommt, sondern daß man wirklich zusammengehört. Wir wurden einfach nicht dazu geboren, allein zu leben.

Wir können diese Verbundenheit an vielen Stellen finden. Einige führt dieses grundlegende Bedürfnis zu wichtigen Beziehungen, in die sie sich ganz einbringen. Andere stillen es vor allem durch ein inniges Familienleben. Für wieder andere zeigt es sich in der Gestalt von »Ersatzfamilien« oder von tiefen Freundschaften — oder dadurch, daß sie freiwillig für Menschen arbeiten, die sie brauchen. Wir wollen mit anderen zusammensein. Wir wollen lieben und jemandem angehören.

Und einige entdecken, jenseits aller menschlichen Äußerungen dieses Bedürfnisses, am Grunde ihrer Existenz, daß jedes Verlangen nach Liebe ein Verlangen ist nach Gott. Nach dem Gott, wie er in ihrem Verständnis sich offenbart. Nach dem Gott, der die Liebe selbst ist.

Ich gehöre dazu. Ich habe einen Ort. Ich liebe und ich werde geliebt.

Ich habe nie jemandem vertraut. Dann habe ich gelernt, mir selbst ein klein wenig zu vertrauen. Und dann lernte ich, Gott zu vertrauen. Hank H.

Wenn man sagt, Menschen mit einer unglücklichen Kindheit haben ein Vertrauensproblem, so ist das, als würde man feststellen, daß der Papst katholisch ist. Und jeder von uns weiß, weshalb: Wir alle lassen mehr oder weniger unseren Eimer in den gleichen ausgetrockneten Brunnen hinab. Als er in der Vergangenheit wieder einmal leer hochkam, war das einmal zuviel, und wir beschlossen, daß es eine schlechte Idee ist, Vertrauen zu haben.

Unsere Freunde im Rahmen des Programms haben uns etwas anderes gelehrt. Jetzt erkennen wir, daß unser wahres Problem darin besteht, daß uns nicht beigebracht wurde, vertrauenswürdig zu sein. Wir werden vielleicht sagen, wir seien nicht sicher, wie Vertrauenswürdigkeit sich ausdrückt. Zuverlässigkeit, Loyalität, Beständigkeit — sind das die wichtigsten Bestandteile? Begehen wir einen Vertrauensbruch, wenn wir einer Sache nicht zustimmen oder eine eigene Meinung haben? Müssen wir in unserem Verhalten für andere genauso kalkulierbar sein wie ein Sonnenaufgang — jeden Tag, jeden Tag, jeden Tag?

Nein, wir müssen keine Roboter sein, um Vertrauen zu verdienen. Wir müssen lernen, uns selbst zu schätzen. Dann werden wir uns nicht fragen müssen, was Vertrauenswürdigkeit heißt. Wir werden es wissen.

Heute will ich mir selbst mehr vertrauen. Heute werde ich kleine Antworten finden, anstatt mich an den Fragen festzubeißen.

23. Dezember

Einige Leute gehen im Regen spazieren. Andere werden ganz einfach naß. Roger Miller

Was heißt es, wenn wir sagen: Wir feiern etwas? Ein Fest veranstalten? Sich von allem freimachen? Sich selbst etwas Schönes kaufen? Für viele von uns hat Feiern bedeutet: »Ich will mir nicht mehr so viele Gedanken machen. Ich will mich antörnen. Der Realität entfliehen.« Einige Spielarten sind schlimmer als andere, aber alle genannten sind nur Nachahmungen dessen, was wir unter Feiern verstehen.

Die wahre Feier ist nicht so sehr Flucht wie Rückkehr, nicht so sehr Minderung der Bewußtheit als vielmehr ihre Steigerung. Feiern heißt: den Geist wiedererschaffen, erfrischen und erneuern. Es heißt, daß wir innerlich wachsen, anstatt wegzulaufen oder etwas zu bekommen oder etwas an uns zu reißen. Um wie vieles glücklicher wird unser Leben sein, wenn wir sagen können: »Komm, laß uns feiern — laß uns sprechen. Komm, laß uns feiern — laß uns im Park spazierengehen. Komm, laß uns feiern — laß uns dem Wind lauschen und laß uns zusehen, wie es abends dämmert. Komm, laß uns feiern — laß uns die Einsamkeit vertreiben, einen Griesgram zum Lachen bringen, und laß uns aneinander teilhaben.«

Heute will ich meine alten Ansichten über das Feiern neu überdenken. Ich werde lernen, mich selbst auf neue Weise froh zu stimmen.

Jede Weihnacht erhoffe ich das Beste, aber erwarte das Schlimmste. Ein Mitglied unserer Gruppe

Sobald die Glocken läuten und von überall die Weihnachtslieder widerhallen, sollten wir nicht überrascht sein, uns in gedrückter Stimmung vorzufinden. Nicht deshalb, weil wir die Bedeutung des Weihnachtsfestes nicht verstünden oder es sogar ablehnten, sondern weil die ideale Form dieser Feier uns vorenthalten wurde. Wir sind vielleicht verärgert über die Tatsache, daß all dieser Frohsinn nur für andere Menschen zu existieren scheint, nicht aber für uns.

Unsere Erfahrungen haben wohl nur wenig zu tun gehabt mit einem Zusammengehörigkeitsgefühl innerhalb der Familie, die um den entzündeten Kamin versammelt ist, mit liebevollem Gespräch und vergnügtem Lachen. Solche Szenen wirken wie ein Affront, wenn die familiäre Nähe nicht bestand, wenn es vielleicht keine Geschenke und nur wenig oder gar keine Liebe gab, die offen gezeigt worden wäre. Natürlich ist es dann schlimm, wenn unsere eigene Erfahrung auf so schmerzliche Weise mit der allseits verkündeten Wirklichkeit zusammenprallt!

Aber jeder Tag ist eine Chance, neue Erfahrungen zu machen. Wir können uns heute entscheiden, selbst jene fröhliche Stimmung zu erzeugen, die uns nicht bereitet wurde. Es ist zu spät, um die vergangenen Enttäuschungen rückgängig zu machen, aber wir können diese Feiertage so gestalten, daß wir uns gern an sie erinnern — wenn wir uns dafür entscheiden.

Ich habe bewußt die Entscheidung getroffen, die früheren Weihnachtsfeste vergangen sein zu lassen. Heute werde ich nach meinem Plan feiern und so einen neuen Anfang machen.

25. Dezember

Die Kunst, Fortschritte zu machen, besteht darin, inmitten des Wandels die Ordnung aufrechtzuerhalten und inmitten der Ordnung den Wandel.

Alfred North Whitehead

Leben heißt immer: Abschiednehmen. Das Leben ist ein Prozeß, und wir sind unvermeidlich eingebunden in sein Fließen. Unser Leben ist eine lange Reise vom einen Stadium ins nächste, vom einen Zustand in den anderen. Wir sollten uns nicht allzusehr Gedanken darüber machen, wo wir in einem bestimmten Augenblick gerade sind; bald werden wir anderswo sein. Das trifft ganz besonders dann zu, wenn die innere Heilung in Betracht gezogen wird. Sie ist kein Prozeß, kein Wettbewerb gegen uns selbst oder irgend jemand sonst. Wir werden niemals endgültig am Ziel sein, weil unser Vermögen, innerlich zu wachsen, zu umfassend ist.

Viele von uns dachten, die Kindheit würde nie zu Ende gehen. Sie ging zu Ende. Dann dachten wir, wir wären nie etwas anderes als Heranwachsende. Wir durchliefen auch dieses Stadium. Vielleicht können wir uns nicht mehr einer Zeit erinnern, da wir nicht mehr verheiratet sind — aber diese Zeit gab es. Vielleicht dachten wir nie, es würde eine Zeit geben, da wir nicht mehr verheiratet sind — aber auch das mag schon eingetreten sein.

Wir sind in Bewegung wie ein Blatt im Strom. Es ist töricht, zu sehr an etwas Bestimmtem zu hängen, das uns auf der Reise begegnet.

Nun gehe ich zärtlich und offen mit meinem Leben um. Ich sehe insgesamt den Wechsel nicht mehr als etwas Negatives an.

Von nichts kommt nichts. Napoleon Hill

Wir haben oft gehört: »Das klingt zu gut, um wahr zu sein.« Ob wir es nun genau wissen oder nicht, ob wir diese Auffassung akzeptieren oder nicht: Die Erwartung, man bekäme etwas für umsonst, oder wenigstens eine Ermäßigung, stellt eine quälende Versuchung dar — oder doch zumindest eine Hoffnung.

Aber alle wirklich lohnenden Dinge im Leben erfordern ein großes Maß an Anstrengung und Fleiß. Was nicht in die richtige Richtung gebracht, was nicht gehegt und gepflegt wird, verfehlt unweigerlich sein Ziel. Das innere Wachstum bildet da keine Ausnahme.

Wenn wir uns freikämpfen wollen von den sinnlosen Verhaltensmustern, die in unserer unglücklichen Kindheit erzeugt wurden, müssen wir bereit sein, die Schritte zur inneren Heilung mindestens genauso konsequent zu praktizieren, wie wir es mit den Gewohnheiten taten, die tief in unserem Leben eingewurzelt sind und uns Kummer bereiten. Wie oft haben wir nicht diese zerstörerischen Weisen des Denkens, des Handelns, des Fühlens eingeübt? Jeden Tag. Viele Male am Tag!

Obwohl (und gerade weil) dieser Spruch gültig ist: Von nichts kommt nichts, können wir dankbar den Preis entrichten für die innere Heilung — und zwar jedes Mal ein klein wenig.

Ich bin willens, die Arbeit eines Tages für den Fortschritt an einem Tag zu leisten. Ich weiß, daß ich nicht mehr erwarten kann.

27. Dezember

Nachdem wir durch diese Schritte ein geistiges Erwachen erlebt hatten, versuchten wir, diese Botschaft an Alkoholiker weiterzugeben und unser tägliches Leben nach diesen Grundsätzen auszurichten. Zwölfter Schritt des AA-Programms

Es ist oft gesagt worden, daß die einzige Sache, von der man mehr bekommt, wenn man sie weitergibt, die Liebe sei. Der Zwölfte Schritt empfiehlt uns — durch liebende Herzen und dankbare Geister —, unsere Liebe wachsen zu lassen, indem wir sie teilen.

Unzählig viele andere Menschen leiden genausosehr und fühlen sich genauso verloren wie wir, ehe wir auf das Programm stießen. Zweifellos sind sie — wie wir damals — gerade im Begriff, die Suche nach Antworten und nach der Unterstützung, die sie so schrecklich brauchen, aufzugeben. Vielleicht befinden sie sich am Rande der Verzweiflung.

Im Zwölften Schritt reißen wir die Türen des Bankettsaals weit auf für jene, die immer noch draußen in der Kälte stehen. Wir heißen sie willkommen, wie wir willkommen geheißen wurden. Wir bieten ihnen unsere Erfahrung an, unsere Kraft und unsere Hoffnung.

Ich fühle mich privilegiert dadurch, daß ich eine Botschaft der Verständigung und der Hoffnung weitergeben kann an jeden Gefährten und jede Gefährtin in der Gemeinschaft, die das Bedürfnis haben zuzuhören.

Ich konnte mit meinem Revolver die Wand nicht treffen — aber ich kann ihn um den Finger wirbeln lassen. Das sieht gut aus. John Wayne

Viele von uns, die das innere Kind noch nicht gefunden haben, täuschen Gefühle vor, weil uns die vergangenen Erfahrungen nie lehrten, wie mit den eigenen Grenzen verfahren wird, wenn man mit Gefühlen umgeht. Nun sind wir oft verblüfft, wenn uns klar wird, wie wir fühlen oder handeln sollten in gewissen Situationen, an denen Empfindungen beteiligt sind.

Manchmal müssen wir lernen, uns solange etwas »vorzumachen, bis wir es richtig machen«. Wir sind aufgefordert, die Rolle zu spielen, bis die Rolle ein Teil von uns selbst geworden ist.

Vielleicht wissen wir nicht, wie man angesichts der kommenden Ferien Vorfreude empfindet — aber wir wollen dieses Gefühl erfahren. Vielleicht wissen wir nicht, wie es ist, einem anderen wirklich Vertrauen zu schenken, aber wir wären liebend gern dazu in der Lage. — Was wir lernen können ist: »So zu handeln, als ob«, bis wir tatsächlich das erleben, wonach wir suchen— indem wir die ganze Zeit daran arbeiten, die im Lauf der Jahre eingefrorenen Gefühle freizusetzen.

Meine neuen Verhaltensweisen und Gefühle werden eine Zeitlang steif und ungemütlich sein wie neue Schuhe. Ich bin bereit, die Phase des »Einlaufens« durchzustehen.

29. Dezember

Richtet nicht, auf daß ihr nicht gerichtet werdet.
Matthäus 7,1

Viele Menschen, die sich mit ihren in der Kindheit wurzelnden Problemen beschäftigen, haben neue Einblicke gewonnen und ihre Freiheit gefunden, indem sie ihre eigene Familiengeschichte aufarbeiteten. Das heißt, sie haben einen genauen Blick auf die Vergangenheit geworfen, um deren Auswirkungen auf sie selbst zu verstehen.

Während wir diesen Prozeß der Auseinandersetzung durchmachen, neigen wir manchmal dazu, eine beträchtliche Abneigung und Wut gegen unsere Eltern zu entwikkeln. Sobald einige Verhaltensmuster und Grundthemen erkannt werden, ist die Versuchung groß, sie für alle jetzigen Übel und Kränkungen verantwortlich zu machen.

Wir wollen den Blick fünf, zehn oder fünfzehn Jahre nach vorn werfen. Unsere Kinder werden dann dabei sein, ihre eigene Familiengeschichte aufzuarbeiten. Unser Leben mit ihnen heute ist ihre künftige Familiengeschichte. Dieser Gedanke besitzt die enorme Kraft, unsere eigenen Ressentiments abzuschwächen.

Bemühen wir uns nicht so konsequent, wie wir jetzt dazu in der Lage sind? Spielen wir nicht mit den besten Karten, die wir im Moment in der Hand halten? Egal, wie unzulänglich unsere Handlungen sind oder welche Fehler wir vielleicht machen — tun wir vielleicht nicht alles, wozu wir imstande sind?

Jene, die uns vorangingen — haben sie nicht dasselbe getan?

Ich lerne, von Schuldzuweisungen abzulassen, da ich mein eigenes Bedürfnis nach Gnade entdecke.

Der Held ist nicht mutiger als der gewöhnliche Mensch, aber er ist es fünf Minuten länger.

Ralph Waldo Emerson

Das Wort *Held* nimmt im »Lexikon der inneren Heilung« eine neue Bedeutung an. Normalerweise benutzen wir diesen Ausdruck als Umschreibung einer Person, die eine erstaunliche und große Tat unter dramatischen Umständen vollbringt. Einen anderen vor schweren Verletzungen bewahren, auf eigene Faust eine Maschinengewehrstellung erstürmen — das sind Dinge, die wir gewöhnlich als heroisch bezeichnen.

Das Heldentum der Menschen, die auf dem Weg zu sich selbst sind, ist nicht so großartig und fällt nicht so sehr ins Auge. Die kühne Tat mag ganz einfach darin bestehen, daß man nicht aufgibt und weitermacht, wenn all die vorhergehenden Bemühungen gescheitert sind; daß man wieder und wieder zur Gruppe zurückkehrt, trotz der tiefen Ängste. Die Menschen, welche die Wahrheit aussprechen, egal, was es sie kostet, sind gewiß Helden genauso wie jene, die vom Grunde ihres Herzens ein schmerzliches Unrecht vergeben, das ihnen in der Vergangenheit zugefügt wurde.

Wir alle sind fähig zu solch heroischen Handlungen, und jene unter uns, die sie wirklich ausführen, haben ganz einfach ein klein wenig länger ausgehalten.

Ich bitte um Vertrauen in die Zukunft und um die Stärke, weiterzumachen, wenn ich müde bin und entmutigt.

31. Dezember

Das Glück kommt aus dem Vermögen, tief zu empfinden, sich einfach zu freuen, frei zu denken, das Leben zu wagen und einem anderen beistehen zu können.
Storm Jameson

Der flüchtige Schmetterling des Glücks ist von allen Menschen aller Zeiten gejagt worden. Die Weisen haben davon gesprochen, daß das Glück in der Tat ein Schmetterling sei — wenn du versuchst, ihn einzufangen, flattert er davon; wenn du still sitzenbleibst, wird er sich auf deiner Schulter niederlassen.

Wer sind die glücklichsten Menschen, die wir kennen? Es sind jene, die ganz und gar Mensch sind — das heißt, sie verfügen über die Fähigkeit und die Bereitschaft, zu fühlen, zu feiern, alte Grenzen in Frage zu stellen, ein Wagnis zu unternehmen und es anderen zu gestatten, daß sie ihre Hilfe in Anspruch nehmen.

Alle diese Fähigkeiten werden in nicht intakten Familien schweren Angriffen ausgesetzt. Wir, die wir darin groß geworden sind, haben nicht gelernt, unseren Gefühlen zu vertrauen, Risiken einzugehen, kreativ zu denken. Wir benötigen unsere Energie, um uns selbst vor genau den Erfahrungen zu schützen, die unerläßlich sind für das Glück.

Die gute Botschaft lautet, daß wir über die Kraft verfügen, die Dinge zu ändern. Wir selbst können wie Schmetterlinge sein — aber wir müssen die Larve zurücklassen, wenn wir uns in die Lüfte erheben wollen.

Ich weiß, daß ich mich nicht gleichzeitig vom Leben zurückziehen und nach ihm greifen kann. Heute entscheide ich mich, nach ihm zu greifen.

Die 12 Schritte der AA

1. Wir gaben zu, daß wir dem Alkohol gegenüber machtlos sind — und unser Leben nicht mehr meistern konnten.
2. Wir kamen zu dem Glauben, daß eine Macht, größer als wir selbst, uns unsere geistige Gesundheit wiedergeben kann.
3. Wir faßten den Entschluß, unseren Willen und unser Leben der Sorge Gottes — wie wir Ihn verstanden — anzuvertrauen.
4. Wir machten eine gründliche und furchtlose Inventur in unserem Inneren.
5. Wir gaben Gott, uns selbst und einem anderen Menschen gegenüber unverhüllt unsere Fehler zu.
6. Wir waren völlig bereit, all diese Charakterfehler von Gott beseitigen zu lassen.
7. Demütig baten wir Ihn, unsere Mängel von uns zu nehmen.
8. Wir machten eine Liste aller Personen, denen wir Schaden zugefügt hatten, und wurden willig, ihn bei allen wieder gutzumachen.
9. Wir machten bei diesen Menschen alles wieder gut — wo immer es möglich war —, es sei denn, wir hätten dadurch sie oder andere verletzt.
10. Wir setzten die Inventur bei uns fort, und wenn wir Unrecht hatten, gaben wir es sofort zu.
11. Wir suchten, durch Gebet und Besinnung die bewußte Verbindung zu Gott — wie wir Ihn verstanden — zu verbessern.

Wir baten Ihn nur, uns seinen Willen für uns erkennen zu lassen, und um die Kraft, ihn auszuführen.

12. Nachdem wir durch diese Schritte ein geistiges Erwachen erlebt hatten, versuchten wir, diese Botschaft an Alkoholiker weiterzugeben und unser tägliches Leben nach diesen Grundsätzen auszurichten.

Kontaktadresse: 8000 München 2
Landwehrstraße 9

Register

F

G

L

M

N

O

P

R

S

T

U

V

W

HAZELDEN MEDITATIONSBÜCHER

Die Stille suchen – Gedanken zulassen – zu sich selbst finden.
Hazelden Meditationsbücher – intime Gesprächspartner für die entscheidenden Fragen unseres Lebens.

JEDER MORGEN BRINGT NEUE HOFFNUNG

Meditationen für jeden Tag
400 Seiten
12 s/w-Illustrationen
Broschur
Format 10 x 15 cm
Best.-Nr. 40/53
ISBN 3-453-02856-2

LICHT IN DER NACHT

Ein Buch zur nächtlichen Meditation
400 Seiten
12 s/w-Illustrationen
Broschur
Format 10 x 15 cm
Best.-Nr. 40/101
ISBN 3-453-03618-2

JEDER TAG IST EIN GESCHENK

Tägliche Meditationen für Familien
400 Seiten
12 s/w-Illustrationen
Broschur
Format 10 x 15 cm
Best.-Nr. 40/118
ISBN 3-453-03992-0

Wilhelm Heyne Verlag
München